En la portada: piso de la sala de visita del Pensionado, hoy oficina de Presupuesto y Compra, primer piso, ala izquierda del Edificio de Administración.

Asociación de Exalumnos
Universidad del Sagrado Corazón

Menú para hoy

Piso del cuarto del Sacerdote visitante, hoy oficina de la Decana de Administración, primer piso, a la izquierda del Edificio de Administración.

Este libro ha sido preparado por el Comité Del Libro de Cocina de la Asociación de Exalumnos de la Universidad del Sagrado Corazón.

Comité del Libro de Cocina:

Cynthia Boscio de Morales
esposa del Expresidente,
Lcdo. José Alberto Morales

Sonia González de Mora

Sara M. González Vda. de Pagán

Marina Martínez de Fernández Paoli

Margarita Pumarada Van Kirk

Fotografías:

Centro de Tecnología Educativa de la Universidad del Sagrado Corazón.

Edwin Bermúdez

Pedro Torres

Diseño y emplanaje:

Lileana Acosta de Márquez

Secretaria:

Margarita Sabater Vda. de Pico

PRIMERA EDICIÓN, mayo 1994
© UNIVERSIDAD DEL SAGRADO CORAZÓN, 1994
Producido por Plaza Mayor, Inc.
Río Piedras, Puerto Rico 00926
ISBN: 1-56328-054-X
Impreso en España/Printed in Spain
Talleres Gráficos Peñalara
Fuenlabrada (Madrid)
ISBN: 84-401-2117-2
Depósito legal: M-11863-1994

Dedicatoria iv

Los pisos v

Agradecimiento vi

Introducción vii

Aportaciones: ix

Términos culinarios
de uso habitual ix

Las frutas tropicales xii

Los quesos del país xiii

Libros de cocina por
autores puertorriqueños xv

Indice de menús xviii

Capítulos:

Pollo 1

Pasta 37

Mariscos y pescados 77

Grupos variados 113

Nacionalidades 167

Cocteles 203

Festejos 227

Bibliografía 286

Indice de recetas 287

Piso del cuarto del Sacerdote Visitante, hoy Oficina de la Decana de Administración, primer piso, ala derecha del Edificio de Administración.

Dedicatoria

Este libro está dedicado a todos los estudiantes becados de la Universidad del Sagrado Corazón, de ayer, de hoy y de mañana. Para unos la beca es la premiación del esfuerzo académico exitoso y para otros es el estímulo a su deseo de superación. Para unos y para otros la meta a lograr está acompañada de un camino largo y arduo, pero con su obtención sobrevendrá el triunfo, la alegría y la promesa de un futuro añorado.

Para nosotras, las editoras, aquellos que se inician en este camino son la esperanza de un Puerto Rico mejor, de un Puerto Rico más auténticamente cristiano. Es ésta una meta que postula nuestra Universidad y por lo que los exalumnos advocamos.

Por ello todo el fruto que se extraiga de la venta de este libro se abonará al Fondo de Becas de la Universidad del Sagrado Corazón.

Los pisos

El edificio del Antiguo Pensionado, hoy de Administración, declarado monumento histórico en 1983, luce en sus pisos una colección bellísima de losetas de cerámica que constituyen un distintivo de nuestro recinto y que hemos querido rescatar con su reproducción fotográfica en este libro. Evocan el pasado histórico de la Universidad como Institución docente y las imágenes de una vida estudiantil vivida intensamente, llena de recuerdos que nos unen entrañablemente como una familia que vive y respira al unísono un mismo espíritu de superación, de fraternidad y de excelencia.

Fue el Arquitecto-Ingeniero del Antiguo Pensionado, José Antonio Canals Vilaró, quien hizo traer muchos de los pisos desde Bélgica, donde había cursado sus estudios de Ingeniero Civil en la Universidad de Gante. Es de suponer que durante aquellos años llegó a admirar el diseño y la calidad de la industria belga de pisos, y en el momento oportuno, al iniciarse en 1906 la construcción del edificio, decidió importarlos para instalarlos en el Antiguo Pensionado.

También se instalaron aunque posteriormente y según se fueron remodelando y adicionando áreas al edificio, la losa nativa hidráulica que se fabricó en Puerto Rico en las décadas de 1920 y 1930, de base de cemento con superficie glaseada y que se cataloga como industria artesanal. Tanto la losa belga como la nativa se montaron formando un tapiz en el suelo con una cenefa alrededor y se variaban de un aposento a otro para darles individualidad y realce. En este libro les presentamos al comienzo de cada capítulo o sección una foto-muestra de estos hermosos pisos.

Piso de la Capilla de Mater y del dormitorio de Mayores, hoy oficinas del Decanato de Asuntos Académicos y de Desarrollo, primer y segundo piso, ala derecha del Edificio de Administración.

Piso de la Sala de Actos, hoy Oficina de Registro, segundo piso del Edificio San José.

Agradecimiento

El comité del Libro de Cocina le agradece a todos los exalumnos colaboradores quienes tan generosa y oportunamente nos enviaron sus recetas con las que hemos confeccionado este libro de Menús. Ellos proveyeron la substancia del libro.

Nuestro agradecimiento va también dirigido a todos los que hicieron posible este libro que es resultado del esfuerzo de un conjunto de personas.

A Lileana Acosta de Márquez, a quien Dios dotó de arte y paciencia, le agradecemos su dedicación de interminables horas frente a su computadora y el desinterés con que diseñó y emplanó este libro convirtiéndolo de una incitación gustativa en un disfrute visual armonioso y elegante. A la Decana de Estudiantes Madeline Villamil, en permitirnos compartir a Lileana, su ayudante, durante horas de trabajo del decanato. A Margarita Sabater Vda. de Pico, a quien rescatamos de sus labores familiares para servirnos de secretaria y se convirtió en traductora eficiente de nuestras jeringonzas caligráficas y de tediosas correcciones. Ella salpicó de humor burbujeante las horas de trabajo y de alegría contagiosa a los trashumantes de las oficinas del Decanato.

A Georgie Ayala, secretaria del Presidente, por fungir de enlace incondicional con la Biblioteca Madre María Teresa Guevara y tomar mensajes para el Comité. A la Decana de Desarrollo, Hna. Socorro Juliá, rscj., por facilitarnos su sala de conferencias para las reuniones de trabajo y de degustación, así como al personal de su decanato por las ayudas incidentales con que nos asistieron. A la Dra. Helena Lázaro por suplirnos material de referencia y velar por el estilo literario de los párrafos insertos en este libro.

A la oficina de Higiene de la Leche del Departamento de Salud por compartir su información registrada sobre la producción de "quesos del país". Al Arquitecto Armando Morales de la Oficina del Patrimonio Histórico Edificado del Instituto de Cultura, por suministrarnos datos sobre la industria nativa de pisos. A todos ellos nuestro mayor agradecimiento.

Introducción

En 1990 la Asociación de Exalumnos de la Universidad del Sagrado Corazón decidió responder al pedido de la Hna. Socorro Juliá, Decana de Desarrollo, asistiéndola en la producción de este libro de cocina con el propósito de levantar fondos para becas de estudiantes. El fin era encomiable y el tema estaba justificado desde el comienzo de los tiempos cuando en la Biblia Dios nos habla y dice:

> *"Mirad que os he dado toda hierba de semilla que existe sobre la faz de toda la tierra y todo árbol que lleva fruto de semilla: eso os servirá de alimento". (Génesis 1:29-30)*

Se organizó un Comité de cinco exalumnas al cual se invitó y quedó integrada la esposa del Presidente de la Universidad. El Comité se reuniría todos los miércoles en la tarde en sesiones de trabajo y degustación por tres años consecutivos. Este delineó sus metas de forma muy específica: el libro llevaría un mensaje social y de salud a la familia puertorriqueña.

La presentación de menús nos pareció la forma adecuada de señalar la importancia de una alimentación balanceada a la vez de dar relevancia a ese evento diario de nuestras vidas, importante para el fomento de buenas relaciones humanas: la cena servida en la mesa que *"reúne, junta siempre y evangeliza". ("La mesa" de Antonio Oliva Belmás).*

Otros dos elementos de interés general se incorporarían. Las citas insertas entre las recetas se colocaron con fines informativos, humorísticos o de reflexión. Y las fotografías de los pisos del Antiguo Pensionado, hoy Edificio de Administración, declarado monumento histórico en 1983, constituyen el tema decorativo y el legado histórico del libro. Ellos son un símbolo de enlace y continuidad entre el período inicial y el presente de la Institución.

El Comité se ciñó a una metodología de trabajo sencilla y precisa. Primero se hizo una solicitud por carta a la Asociación de Exalumnos de recetas originales, teniendo una buena respuesta de los exalumnos del Antiguo Pensionado, de la época del College así como de la coeducacional. De esta forma la aportación estuvo enriquecida con la contribución de exalumnos de todos los tiempos y de ambos sexos. Se leyeron las recetas; se probaron; se reescribieron para darles un estilo uniforme y se seleccionaron para compaginar los menús, quedando lamentablemente en el transcurso excluidas, muy a nuestro pesar, algunas recetas donadas.

El proceso fue largo y los miércoles se convirtieron en tardes de laboratorio culinario, de compartir y de visitas, pues la voz se corrió de que era el momento de probar "los platitos" que el Comité, jubiloso en sus éxitos y ruidoso otras veces por sus comentarios, preparaba.

En la segunda etapa se procedió a transcribir en la computadora todo el material escrito, seguido por el diseño y emplanaje del libro. Fue otra empresa que consumió muchas más horas de trabajo y de dedicación generosa. Para ello contamos también con la ayuda de dos exalumnas.

El libro fue una obra de conjunto y de esfuerzo bautizado con espíritu de compañerismo y gran ilusión. Sentimos mucho la partida de aquellos miembros del Comité que por diversos motivos no nos pudieron acompañar hasta el final.

Desde el inicio de su trabajo el Comité tuvo presente a las Madres del Sagrado Corazón. Estas Religiosas enfocaron de múltiples formas nuestra educación; entre ellas estaba el desarrollo de nuestro gusto... desarrollando nuestro gusto por el buen comer. De ellas rescatamos la receta de aquel sabroso chocolate caliente de nuestra infancia, hecho con:

> *3 latas de leche evaporada, 1 barra de 8 onzas de chocolate Cortés y 3 latas de agua (la misma medida de la leche).*
> *El chocolate se derretía en el agua, se le agregaba la leche y de vez en cuando se le daba una movida para que no se ahumara.*

Nos sabía a gloria y perdura entre nuestros recuerdos más punzantes de sencillo gozo.

En el transcurso de nuestro trabajo, el arte culinario nos fue develando sus dificultades, a unas más que a otras que no eramos cocineras *"cordon bleu"*. Entonces las palabras de aquella Religiosa feminista americana, Sor Juana Inés de la Cruz resonaron impulsadoras de ánimo ante el reto que habíamos asumido:

> *"Pues ¿qué os pudiera contar señora, de los secretos naturales que he descubierto guisando... pero ¿qué podemos saber las mujeres sino filosofías de cocina? Bien dijo Lupercio Leonardo: Que bien se puede filosofar, y aderezar la cena y yo suelo decir, viendo estas cosillas: Si Aristóteles hubiera guisado, mucho más hubiese escrito."*
> (Respuesta de la poetisa a la muy ilustre Sor Filotea de la Cruz).

No eran de vuelos tan filosóficos como los de Sor Juana Inés todas las cocineras que nos precedieron en la historia. Si Sor Juana Inés fue cocinera por accidente, otras hubo que fueron servidoras humildes de nuestras casas cuyas sabrosas recetas, devoción y lealtad contribuyeron al bienestar de la familia y a quienes Virgilio Dávila rescató del anonimato en su poesía "La Cocinera" describiéndola así: *"Era una viejecita morena y bien morena la que confeccionaba los platos de mi hogar. Aquella viejecita era buena, tan buena, que todos la mirábamos como a un ser familiar"*.

De Sor Juana Inés de la Cruz a la viejecita morena a los grandes *"Chefs de cuisine"* de hoy existen grandes escaladas, pero entre medio queda un gran espacio, que personas comunes como nosotros los miembros del Comité, madres de familia y aficionadas al arte culinario, ocupamos con responsabilidad y deleite. Desde este espacio anhelamos comunicar a nuestros lectores el entusiasmo por la buena cocina como medio idóneo para reavivar las cálidas relaciones familiares y comunitarias.

Al finalizar la encomienda que le fuera hecha, el Comité presenta satisfecho a la Asociación de Exalumnos de la Universidad del Sagrado Corazón su aportación al Alma Mater y a la comunidad puertorriqueña en general, este libro concebido con el propósito de ayudar a mejorar la calidad de vida de Puerto Rico.

Aportaciones

Acompañamos el recetario de Exalumnos con el fruto de un trabajo de investigación que pretende ampliar nuestro conocimiento culinario así como dar a conocer algunas de las iniciativas puertorriqueñas en áreas vinculadas con la alimentación usualmente vistas aisladamente y que ahora presentamos como un conjunto significativo.

- Términos culinarios de uso habitual
- Nombres de los frutos tropicales en español y en inglés
- Los quesos del país
- Libros de cocina por autores puertorriqueños

Términos culinarios de uso habitual

Las formas de preparar ciertos platos ha adquirido el nombre de acuerdo a su lugar de origen, y en otros casos, de algún personaje famoso.
A continuación se describen aquellos que aparecen con frecuencia en menús de restoranes.

A la andaluza	Con pimientos dulces, berenjenas y tomates.
A la archiduque	En salsa de crema y paprika o pimentón.
A la dijonesa	Con mostaza
A la florentina	Carnes, aves o huevos preparados con espinacas o acelgas y generalmente en salsa blanca.
A la griega	Vegetales cocidos en aceite aromatizado y agua.
A la lionesa	Platos complementados con papas cortadas en trozos rehogados con cebolla picada.
A la inglesa	Cocido en agua o en caldo blanco.
Melba	Con melocotón; generalmente una copa de helado, también tostadas de pan seco.
Moka o mocha	Con café o una combinación de café y chocolate.
A la milanesa	Rebosado en pan y huevo y frito en mantequilla.
A la napolitana	Cubierto con salsa de tomate y queso mozzarella y luego gratinado.
Al natural	Sin aliños ni acompañamientos.
A la nizarda o nicoise	Con aceitunas negras, tomate, ajo, anchoa y aceite de oliva.
A la parmentière	Forma de preparar sopas, aves y carnes utilizando la papa como ingrediente principal.
A la provençale	Con ajo, aceite de oliva, tomate y aceitunas.
A la portuguesa	En salsa de cebolla, ajo y tomate.
Rossini	Con pasta de hígado.
Soubise	Con *purée* de cebolla.
Veronique	Con uvas blancas.

acaramelar	Untar o bañar con caramelo.
aliñar	Condimentar, aderezar, sazonar.
aspic	Plato frío, bien de carnes pescados o legumbres, enmoldados y envueltos en una capa de gelatina.
baño de María	Modo de cocer alimento en que se coloca un recipiente dentro de otro que contenga agua caliente. Lo mismo puede cocinarse al horno que sobre la llama.
blanquear	Poner en agua hirviendo durante unos minutos; carnes, pescados u hortaliza para que estas se ablanden o blanqueen.
clarificar	Hacer límpido un líquido como caldo, jugo o mantequilla agregándole claras de huevo crudas, o cascarones de huevo que al coagularse recogen las impurezas. El sedimento luego se cuela.
cocer	Someter un alimento al fuego, hirviéndolo en agua, caldo en su salsa, bien sea al horno, a baño de María, o al vapor.
compota	Dulce de fruta bien sea fresca como seca, cocida con agua y azúcar y sazonada con canela o cáscara de limón o licor.
canapés	Rebanaditas de pan de miga, frito o tostado, que se recubre con guarniciones diversas para acompañar aperitivos y como entremeses.
croutons	Trocitos de pan fritos en manteca o aceite, que se usan para complementar ensaladas y sopas. Pueden sazonarse con hierbas o especias.
curry	Condimento picante en polvo de origen indio, preparado con una combinación variable de especias tales como el cilantro, canela, jengibre, claro, nuez moscada, y cúrcuma. Se usa en la confección de platos de vegetales, huevos, aves, carnes, pescado y mariscos.
decantar	Trasvasar un líquido de un recipiente a otro para eliminar el sedimento.
desleír	Disolver o desunir un ingrediente, tal como yemas o harina, agregándole líquido y moviéndolo continuamente con cuchara de madera para que no haga grumos.
deshuesar	Dejar una carne o ave limpio de huesos.
dorar	Cocer un alimento hasta que tome un color dorado. Es también untar con una mezcla de yema de huevo crudo y agua o leche una masa de harina antes de hornearla.
empanar	Envolver un alimento en miga de pan después de haberlo pasado por huevo crudo batido.
enharinar	Envolver un alimento en harina para freírlo o rehogarlo.
escaldar	Sumergir un alimento en agua hirviendo por unos minutos. Facilita pelar algunas verduras, tomates y almendras, así como desplumar aves.
escalfar	Cocer un alimento en agua o caldo hirviendo durante unos minutos en cacerola destapada.
escalope	Rebanada fina de filete de carnes (generalmente ternera), aves o pescado, completamente libre de hueso, pellejo o grasa.
estofado	Guiso en el cual los ingredientes se cuecen a fuego lento, habiéndose colocado crudos en olla tapada.

freír	Cocinar un alimento en manteca o aceite hirviendo.
glasear	Dar brillantez a un alimento untándole azúcar o jugo de fruta, gelatina o huevo ligado con agua o leche.
gratinar	Dorar bajo el asador un alimento ya cocido y recubierto de una capa de queso o pan rallado.
guarnición	Todo lo que sirva para acompañar y/o adornar el ingrediente principal.
guisar	Cocer carnes o legumbres en salsa condimentada luego de haberlos rehogado.
infusión	Producto de extraer el sabor de alguna sustancia orgánica sumergiéndola en agua hirviendo o leche. El ejemplo más claro lo presenta el té.
juliana	Forma de cortar vegetales en tiras muy finas. Por extensión se aplica también al modo de cortar queso, aves, jamón y otros fiambres.
macedonia	Mezcla de diversas frutas frescas cortadas en trozos y maceradas en su jugo. Puede añadírsele licor.
macerar	Sumergir cualquier alimento en un medio líquido sazonado, durante varias horas, para enriquecer su sabor.
marinar	Sumergir cualquier alimento en una mezcla de hierbas aromáticas, especias, jugo de limón o vinagre para ablandarlo y/o realzar su sabor.
mousse	Preparación de consistencia espumosa a base de yemas y claras batidas. Puede ser salado o dulce.
mechar	Introducir en una pieza de carne tiras de jamón, de tocino, de frutas, aceitunas y otros condimentos.
potaje	Cocido a base de legumbres secas, además de otros ingredientes como carnes, vegetales y pastas.
reducir	Cocinar un líquido para hacerlo más sustancioso por los efectos de la evaporación.
rehogar	Cocinar un vegetal en grasa o aceite a fuego lento o mediano, moviéndolo constantemente hasta que tome color.
salpimentar	Sazonar con sal y pimienta.
salpicón	Picadillo de ave, jamón, carne, pescado o mariscos cocido y bien condimentado.
saltear	Cocer un alimento en grasa o aceite a fuego alto, moviéndolo continuamente.
salcochar	Cocinar un alimento en agua y sal solamente.
sancochar	Cocinar un alimento en líquido, dejándolo a media cocción.
sazonar	Condimentar con sal y especias.
trinchar	Cortar en porciones, una vez cocida, una pieza entera de ave o carne.

Frutas Tropicales

¡Cuán infinita y múltiple natura
alardes hace de óptima grandeza
variando especies, formas y figuras
al símbolo feliz de su riqueza!

.....

Ya es el verde **aguacate**, que cubierto
de delicada piel, tersa y bruñida,
como manjar sabroso de desierto
con su carne olífera convida;

Ya es el rojo **mamey**, que cuando abierto
abundante presenta la comida...

Ya el copudo **mangó** cargado lleva
de hoja y fruta el robusto brazo,
que en elegante pabellón lleva
fresca la sombra dando en su regazo;

Ya es el **caimito**, que los pies abreva
en el húmedo margen del ribazo.

.....

Y así del monte denso...
así en la abrupta colosal montaña
como en el valle...
la carne brinda de su fresca entraña
el **guanábano**, el **jobo** y el **guayabo**,
y así la miel el **corazón** presenta
como el agraz la **jagua** cenicienta.

.....

Agria y a un tiempo dulce la cajera
del **naranjo** también puebla la rama...
Luce así la **toronja** en grande esfera
el carnudo topacio de la escama
y brindan a la par jugos y aromas
la **lima** y el **limón** en dulces pomas...

José Gualberto Padilla
Canto a Puerto Rico

Español	Inglés
acerola	west indian cherry, acerola
anón	sugar apple, sweet pop
aguacate	avocado, alligator pear
algarrobo	mesquite fruit
almendro	west indian almond
cajuil, pajuil	cashew nut
calamandine	Panama orange
caimito	star apple
carambola	star pickle
cereza	cherry
cidra	citron
corazón	custard apple
coco de agua	coconut
china	sweet orange
fresa de montaña	mountain or West Indian rasberry
grosella	otoheite gooseberry
guamá	guama
granada	prommegranate
guanábana	sour sop
guineo	banana
higuera	gourd
icaco, hicaco	coco-plum, jicaco
jagua	marmalade box genip
jobo	jamaican plum
limón de cabro	rough lemon
limón amarillo	lemon
limón dulce	sweet lime
limón verde	Tahiti lemon
mangó, mango	mango
mandarinas	tangerines
melón verde por dentro	honeydew
melón anaranjado	cantaloupe
melón amarillo	Persian melon
melón pinto y redondo	Spanish melon
mamey	memmee apple
naranja agria	seville or sour orange
parcha	passion fruit
papaya, lechoza o fruta bomba	papaya, papaw
piña, ananas	pineapple
pomarrosa	malayan apple
quenepa	quenepe
quinoto o quinua	kumquat
sandía	watermelon
tamarindo	tamarindo
toronja	grapefruit or pomelo
uva de playa	sea grape

Quesos del País

La industria
La industria de quesos del país se encuentra geográficamente concentrada en el norte y el oeste de Puerto Rico. Se destacan por el número de sus productos los pueblos de Lares, Hatillo e Isabela. Es esta industria una de fabricación en pequeña escala que mercadea localmente sus productos.

Tipos de queso
Los tipos de queso del país son básicamente el queso de hoja *1 y el requesón. Están hechos con leche de vaca (con excepción de "Queso El Rey" fabricado con leche de cabra *2, sal, coagulantes tal como ácido acético glacial, y se someten a tratamiento térmico. Son empacados en bolsas plásticas cerradas a mano o al vacío.

Los requesones
Los requesones son por lo general de 6, 8 ó 9 onzas de peso; de formas variadas: redonda, ovalada, cuadrada o rectangular y de no más de 2" de alto. Son de consistencia blanda o semi-dura y de sabor soso, saladito como "Queso El Delicioso" o con un ligero gusto a limón, como son "Requesón Delicioso" y Requesón de Ferdi-Farm" *3.

Hasta el momento la industria del queso en Puerto Rico continua siendo una tradición de familia. Algunos esfuerzos de la gran industria por producir quesos han sido exitosos. Ejemplo de ello son el de la Industria Lechera de Puerto Rico que produce "Indulac" y "La Campiña" y el de General Meat Trading Inc. quien distribuye "Queso Blanco D'Hoja".

La lista de quesos y productores que a continuación se presenta no es exhaustiva pero sí representativa de esta industria nativa.

Pueblos de Puerto Rico donde se elaboran los quesos del país.

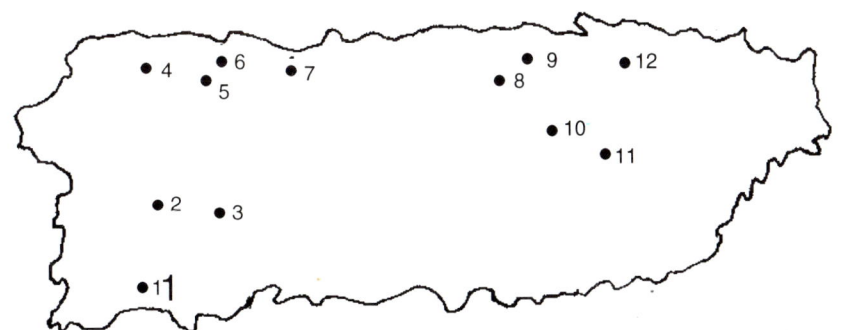

	Pueblos (12)	Productos (24)
1.	San Germán	1
2.	San Sebastián	1
3.	Lares	6
4.	Isabela	3
5.	Camuy	2
6.	Hatillo	4
7.	Arecibo	2
8.	Vega Alta	1
9.	Vega Baja	1
10.	Naranjito	1
11.	Caguas	1
12.	Hato Rey	1

Nombre del Queso	Productores	Dirección
Queso de hoja *1 de mi finca	Mario Acevedo Luciano	Bo. Galateo Alto Carr. 446 Km.6-H3 Isabela
Queso de hoja *1 Los Gallitos	Antonio Juarbe González	Calle Union #1, Isabela
La Esperanza	Esteban Acevedo	Carr. 466 Km 1.2 Barrio Galateo Alto, Isabela
Requesón El Delicioso	David Vilella	Bo. Callejones, Lares
Requesón *3 Queso Amasao Queso Natural	Ferdinand Ramírez "Ferdi-Farm"	Buzón 3988 Bo. Callejones, Lares
Requesón Del Bueno	Fernando Santiago	Bo. Piletas Arce, Lares
Queso El Delicioso	David Vilella	Bo. Callejones, Lares
La Hacienda	Heriberto Rios	Carr. 447 Km I.I Bo. Hoyamala San Sebastián
Queso El Rey *2	Angel Ramírez	Carr. 321 Km. 1.2 Bo. Ancones San Germán
Crema Tridas	Carlos Hernández Vega	Muñoz Rivera 59º Interior, Camuy
———	Jaime Martínez	Bo. Membrillo, Camuy
El Reyecito	Tomasa Amador	Buzón HC-01-5286 Hatillo 00659-9702
Requesón Cruz Pitre	Herminio Cruz	Carr. 489 Bo. Aibonito, Hatillo
Requesón La Lomita	José Portalatín	Carr. 129 Km. 4.2 Bo. Aibonito Hatillo
Declet	Efraín Reyes	Carr. 429 Km 3.1 Bo. Corcobado Hatillo
Miranda	Iraida Molina Mercado	Ramal 367 Km. 0.5 Int. Bo. Miraflores, Arecibo
Requesón El Casero	Alfredo Pérez	Buzón 20593 Bo. Dominguito Arecibo
Don Juan	Iraida M. de Miranda	Productos Don Juan PO Box 1283, Vega Alta 00692
Queso Mima	Esteban Lomba	Calle E #3 Quintas de Vega Baja Vega Baja 00693
La Naranjitena	Antonia Ortiz	Carr. 826 Bo. Guadina, Naranjito
Quesos Polo	Hipólito Sánchez	Buzón 56113 Bo. La Changa Caguas
La Campiña Indulac	Industria Lechera de Puerto Rico	209 O'Neill, Hato Rey 00918
Queso blanco D'Hoja	Empacado por General Meat Trading Inc.	San Juan 00936

Información obtenida del Departamento de Salud, Oficina de Higiene de la Leche, en septiembre de 1992 y de la investigación hecha por las editoras.

Libros de cocina por autores puertorriqueños

Al recopilar en una lista representativa, aunque no exhaustiva, los libros de cocina de autores puertorriqueños, se pretende colocar en una perspectiva histórica el esfuerzo realizado sobre el tema en poco más de un siglo de historia. Existen ciertamente otras publicaciones de temas culinarios pero éstos no se ajustan al tipo de libro que reseñamos, de circulación en el mercado comercial de las librerías.

En Puerto Rico, los libros de cocina publicados enfocan de forma tradicional sus recetarios. Son el producto de un esfuerzo de compilación de recetas, como lo es **El Cocinero Puerto - Riqueño** de 1859, o son recetas propias del autor del libro, reconocidos chefs en la Isla. Pioneras en este campo han sido Carmen Aboy de Valldejuli y Berta Cabanillas. La lista de chefs se ampliará progresivamente hasta sumar 15 o más en las décadas del 80 y 90. Enriquecen esta lista los nombres de varones, tales como: José A. Antonsanti, Edgar Stella, Henry Corona y Luis Antonio Cosme.

Es de señalar que el primer libro de cocina publicado en Puerto Rico en 1859 demostraba preocupación por el comer adecuadamente para mantener la salud. Anteceden a sus capítulos observaciones sobre el uso adecuado de los alimentos en determinadas deficiencias o enfermedades del cuerpo. No es hasta 1986 que el interés por la salud se hace de nuevo evidente en **Cocinando Criollo con Menos Calorías** y en 1992 en **Cocinando al Natural**.

Aunque los títulos de las publicaciones son en su mayoría títulos abarcadores, podemos señalar tres momentos en que afloran intereses particulares o específicos como en **Café Puertorriqueño**: recetas de café, o de interés regional como **Cocinando en San Germán**, o de una orientación sofisticada como **Sencillamente Gourmet**.

El deseo de rescatar los platos criollos del olvido se manifiesta ya en 1859 y continúa en 1954 con **Cocina Criolla** y en 1980 con **Así se cocinaba en Puerto Rico**. Luego este esfuerzo toma el giro de facilitar las labores culinarias dentro del marco de una vida moderna que dispone de poco tiempo para la cocina y aparece **Cocine Fácil y Variado**. Más adelante se adicionaron nuevos y típicos ingredientes a esta cocina quedando esta iniciativa consignada en **La Cocina Puertorriqueña de Hoy**; a la vez se buscó la adaptación a la nueva tecnología del microondas que irrumpió en los años '80 produciéndose así **Exitos con su Microondas, Microondas y algo más**, etc.

El siglo XX, en sus primeras cuatro décadas, se inició vacío de publicaciones culinarias; en nuestras casas se guardaban las recetas anotadas en una libreta. La década del '50 ve, no obstante, un despuntar con una publicación; la del '60 fue lenta con solo dos publicaciones; en los años '70 se aviva la gestión contándose hasta 5 los libros publicados; luego llegan los años '80, escenario de un verdadero *aggiornamento*, con 16 publicaciones equivalentes a 1 1/2 libro por año, proseguidos por la avalancha de los tres primeros años de los '90 cuando se publican 13 libros que promedian 4.3 libros por año, ritmo que pudiera mantenerse durante el resto de la década.

El acervo de nuestra bibliografía culinaria irá enriqueciéndose sin duda alguna con los años, esto no opacará sin embargo el hecho de que nació no solo con conciencia regional, sino también social al contar desde 1954 con una versión en Braille para los no videntes titulada **Cocina Criolla.**

Título	Autor	Primera edición	Editorial
El Cocinero Puerto - Riqueño	———	1859 -1ra. ed. 1974 - 4ta.ed.	Editorial Coquí San Juan, Puerto Rico
Cocina Criolla	Carmen Aboy Valldejuli	1954	Pelican Publishing Co. Gretna, L.A. VEA
The Art of Caribbean Cookery	Carmen Aboy Valldejuli	1963	Doubleday & Co. Garden City, New York
Puerto Rican Dishes	Berta Cabanillas y Carmen Ginorio	1966 -2da.ed.	"M. Parejas" - Barcelona España
Cocine Conmigo	Dora R. Romano	1970	Ramallo Bros. Printing Inc. Hato Rey, Puerto Rico
Cocina con Henry Corona	Henry Corona	1970	Ben Crown Enterprises San Juan, Puerto Rico
Cocinar Cantando	Anita Gatell Bagué	1972	Model Offset Printing Inc. Santurce, Puerto Rico
Puerto Rican Cookery	Carmen Aboy Valldejuli	1975	Publishing Co. Inc. Gretan, LA, USA
Cocinemos Todos Juntos	Asociación de Ex-Alumnos, Universidad Sagrado Corazón	1976	Editorial Cordillera Santurce, Puerto Rico
Así se Cocinaba en Puerto Rico	Raquel Sivila Vda. de Fernández	1980	Ediciones S.M. Madrid, España
Café Puertorriqueño: recetas de café	José A. Antonsanti	1982	Editorial Isla Inc. Mayagüez, Puerto Rico
Friendo y Comiendo	Luis Antonio Cosme	1983	Ramallo Bros. Printing Inc. Hato Rey, Puerto Rico
Exitos con su Microondas	Awilda Arenas de Plá	1984	Imprenta Cartagena Inc. Caguas, Puerto Rico
Cocinando desde La Fortaleza	Recopilación de Kate Romero en colaboración de un grupo de amigas y el chef de Fortaleza	1984	Publishing Resources Inc. San Juan, Puerto Rico
777 Aventuras de Cocina	Carmen Busó de Casas PH. D	1984	Editorial Culturas Hato Rey, Puerto Rico
Cocinando a la Criolla con Microondas	Olga Rubio	1984	Publigraph Inc. Hato Rey, Puerto Rico
Cocine Mejor con Microondas	Olga Rubio	1985	Esmaco Printers Corp. Hato Rey, Puert Rico

Título	Autor	Primera edición	Editorial
Juntos en la Cocina	Carmen Aboy Valldejuli	1986	Pelican Publishing Co. Gretna, L.A., USA
Más Exitos con su Microondas	Awilda Arenas de Plá	1986	Imprenta Cartagena Inc.
Rice and Beans and Tasty Things	Dora Romano	1986	Ramallo Printing Inc. Hato Rey, Puerto Rico
Cocinando Criollo con Menos Calorías	Edgar Stella	1986	Imprenta Cartagena Caguas, Puerto Rico
Cocina Especial 295 Recetas	Escuela Especial Nilmar	1988	———
Las ñapas del Horno Microondas	Irma Arce de Rivera	1988	Esmaco Printers Corp. Río Piedras, Puerto Rico
Doña Irma en ...Microondas y Algo Más	Irma Arce de Rivera	1989	Esmaco Printers Corp. Río Piedras, Puerto Rico
Cocine a Gusto	Berta Cabanillas, Carmen Ginorio y Carmen Quirós de Mercado	1989	Editorial Universidad de Puerto Rico Río Piedras, Puerto Rico
Recetas para Compartir	Sociedad de Esposas de Médicos de la Asociación Médica de Puerto Rico	1990	Ramallo Bros. Printing Inc. San Juan, Puerto Rico
Sencillamente Gourmet	Vivian Ramos Umpierre	1990	Ramallo Brothers Inc. Hato Rey, Puerto Rico
Cocine Fácil y Variado Todos los Días	Zeny Hernández	1991	Ramallo Bros. Printing Inc. Hato Rey, Puerto Rico
La Cocina de Giovanna Recetario Núm. 1 Recetario Núm. 2 Recetario Núm. 3	Giovnna Huyke	1990 1991 1992	Pronto Printing, Stce. P.R. Esmaco Printers Corp. Hato Rey, Puerto Rico
Cocinando al Natural con Norman - Lucy - Bizcocho	Dra. Lucy Rodriguez Otilio Warrington	1992	Gadejo Inc. Puerto Rico
De Parranda con Doña Irma	Irma Arce de Rivera	1992	———
La Cocina Puertorriqueña de Hoy	Giovanna Huyke	1992	Esmaco Printers Corp. Hato Rey, Puerto Rico
Cocinando en San Germán	Marina Martínez de Irizarry y Yuya Alcaráz Vda. de Vivoni	199_	Caribbean Printing Ind. Inc., Puerto Rico
Lo Mejor de Teddy Vega... Cocinando con Sabor	Teddy Vega	1992	Multi Print Aguadilla, Puerto Rico
Menú 500 Años Conmemorando y Festejando el Encuentro de dos Mundos	Lilia S. Pol	1992	Mayagüez, Puerto Rico

Indice de menús

Pollo

Pollo 1 — 2
- Pollo en salsa de naranja
- Arroz con con vegetales mixtos
- Puerros y chayotes en mantequilla
- *Clafouti* de pera

Pollo 2 — 4
- Pastelón de maíz con pollo
- Salpicón de habichuelas tiernas
- Bizcocho de china

Pollo 3 — 6
- Pollo al vermouth
- Brazo gitano de plátano
- Habichuelas tiernas almendradas
- Dulce de piña con *kiwis*

Pollo 4 — 8
- Pollo al jerez con *curry*
- Arroz con tocineta
- Calabaza con alcachofas
- Crema quemada

Pollo 5 — 10
- Sopa de avellana
- Ensalada de repollo, zanahoria y cebollines
- Arroz al *curry*
- Pinchos de pollo
- Cocada relámpago

Pollo 6 — 12
- Espárragos con mayonesa y mostaza
- Pollo a la toronja
- Batatas al licor
- Arroz con pasas y piñones
- Mangó al *Cointreau*

Pollo 7 — 14
- *Casserole* de pollo con arroz
- Budín de maíz
- Ensalada de tomatitos con setas
- Flan de calabaza

Pollo 8 — 16
- Pollo en salsa de chocolate
- Arroz con maíz y cebolla
- Mandarinas a la menta con helado

Pollo 9 — 18
- Pollo al caldero con leche
- Arroz con espinaca
- Sorullitos de maíz con salsa rosada
- Ambar de frutas

Pollo 10 — 20
- Gallinitas rellenas con mofongo y guineo verde
- Arroz con castañas chinas
- Ensalada de espinaca con aderezo tibio de tocineta
- Flan de panapén

Pollo 11 — 22
- Pollo al ron
- Arroz con setas y perejil
- Habichuelitas tiernas y tomates en salsa de crema agria
- Bizcocho con dulce de leche y melocotón

Pollo 12 — 24
- Pollo en crema de setas
- Calabacines con zanahoria
- *Lingüine* con mantequilla, ajo y perejil
- Tarta de frambuesa y nueces

Pollo 13 — 26
- Pollo al ajo con uvas
- Tarta de cebolla
- Arroz con alcachofas
- Flan meloso

Pollo 14 — 28
- Pechugas con avellanas
- Budín de calabacines
- *Spaghetti* con perejil y tomate
- Dulce de coco

Pollo 15 — 30
- Sopa de zanahoria y coliflor
- Papas asadas con romero
- Tomates en salsa caliente con ajo y perejil
- Pollo horneado con queso
- Manzanitas glaseadas

	pág.		pág.

Pollo 16 — 32

    Pollo en vino blanco
    Casserole de habichuelas tiernas y habas verdes
    Fritos de *purée* de papas
    Crema de ciruela

Pollo 17 — 34

    Pollo con puerros en salsa de soya
    Arroz con tocineta y cebolla moruna
    Ensalada de tomate y orégano
    Pastel de albaricoque

Pasta

Pasta 1 — 38

    Lingüine con frutos del mar
    Ensalada de coliflor con mostaza
    Helado de parcha

Pasta 2 — 40

    Gazpacho
    Conchiglie con habichuelas
    Caleidoscopio de melocotón

Pasta 3 — 42

    Bacalao con china
    Fettuccine en salsa de setas
    Ensalada picadita
    Tarta rápida de manzana

Pasta 4 — 44

    Casserole de espinacas con setas
    Conchiglie con pollo y uvas
    Tarta melo-coco

Pasta 5 — 46

    Lasagne de espinaca
    Ensalada de tomate y aguacate
    Rollitos de amarillo
    Bizcocho económico

Pasta 6 — 48

    Antipasto de brécol
    Fettuccine de espinacas con queso
    Ensalada de palmito, manzana y piña
    Parfait de limón

Pasta 7 — 50

    Lasagne de pollo
    Ensalada de pimientos tricolor
    Tostones de guineos verdes
    Merengón

Pasta 8 — 52

    Fettuccine con salmón
    Ensalada de huevos y anchoas
    Fresas con chocolate

Pasta 9 — 54

    Casserole de *spaghetti* con pollo
    Ensalada cocida con aderezo de limón
    Mousse de fresas

Pasta 10 — 56

    Lasagne de pollo y espinaca
    Ensalada de manzanas y uvas
    Pastel frío de piña

Pasta 11 — 58

    Farfalle con calabacines
    Ensalada de berros con china y cebolla
    Piña al licor

Pasta 12 — 60

    Lasagne de brécol
    Garbanzos con cebolla y tocineta
    Bizcocho de piña

Pasta 13 — 62

    Tortellini de queso con caviar rojo
    Coles de Bruselas con *prosciutto*
    Mousse de guanábana

Pasta 14 — 64

    Lingüine con *prosciutto* y setas
    Brécol al limón
    Tarta de chocolate

Pasta 15 — 66

    Ravioli con salsa de carne y zanahorias
    Ensalada de tomatitos con perejil
    Bizcochitos de nueces y caramelo

Pasta 16 — 68

    Capellini con caviar negro y pesto
    Ensalada de coliflor con anchoas
    Tiramisu

Pasta 17 — 70

    Spaghetti con salsas variadas
    Ensalada con aderezo de parcha
    Peras al vino

Pescados y mariscos

pág.

Pescados y mariscos 1 —————— 76

    Langosta en salsa de chocolate
    Brécol con cebollines y setas
    Papas al ajo
    Natilla de vainilla con licor
    Café al *Cointreau*

Pescados y mariscos 2 —————— 78

    Sopa de puerros
    Salmón en salsa de aguacates
    Soufflé de calabaza
    Sherbet de tamarindo

Pescados y mariscos 3 —————— 80

    Merluza en salsa de guisantes verdes
    Papas escaldadas al ajo
    Tomates asados
    Tarta choco-pera

Pescados y mariscos 4 —————— 82

    Lenguado relleno envuelto en lechuga
    Ensalada de papas y tomate
    Budín de zanahorias
    Tarta caliente de manzana

Pescados y mariscos 5 —————— 84

    Sopa de pepinillo y remolacha
    Dorado al *whisky*
    Ensalada de espinaca con setas y tocineta
    Mousse de chocolate

Pescados y mariscos 6 —————— 88

    Flor de alcachofas a la vinagreta
    Chillo al estragón
    Papas rojas con perejil
    Apio verde escaldado
    Crema de limón abizcochado

Pescados y mariscos 7 —————— 92

    Crostini con tomate y queso
    Pulpo al vino
    Arroz con zanahorias y perejil
    Habichuelas tiernas al limón
    Helado de guanábana

Pescados y mariscos 8 —————— 94

    Guisado de jueyes con funche de coco
    Mangú
    Ensalada de tomates y cebollines
    Crema de chocolate

pág.

Pescados y mariscos 9 —————— 96

    Gazpacho de bacalao
    Viandas hervidas
    Ensalada de aguacate al ron
    Pastel de queso crema

Pescados y mariscos 10 —————— 98

    Bacalao guisado con guingambó
    Guineitos niños con queso parmesano
    Arroz con lentejas
    Flan fácil de queso

Pescados y mariscos 11 —————— 100

    Berenjenas rellenas con cangrejo y cerdo
    Casserole de papas con anchoas
    Arroz con cebollas, cebollines y aceitunas
      negras
    Flan de piña

Pescados y mariscos 12 —————— 102

    Crema de jueyes
    Camarones al vino
    Arroz con calabacines y maíz
    Brécol con almendras
    Flan de queso del país

Pescados y mariscos 13 —————— 104

    Sopa de apio
    Vieiras al vino
    Arroz con hojas verdes
    Budín de berenjena
    Pastel de pera

Pescados y mariscos 14 —————— 108

    Rodaballo al *champagne*
    Papas en crema de setas y cebolla
    Arroz al limón
    Fresas a la crema con *Cointreau*

Pescados y mariscos 15 —————— 110

    Ensalada de manzanas y uvas
    Clafouti de mariscos
    Papas gratinadas
    Bizcocho de chocolate y canela

Grupos Variados

Visita de cumplido 1 — 114
   Aguacates rellenos con habichuelas negras
   Filete en salsa de china
   Arroz griego con cebollas y pimientos morrones
   Flan de queso con mermelada de guayaba

Vista de cumplido 2 — 116
   Ensalada de chayote y espinaca
   Arroz con culantro
   Zanahorias con azúcar y mantequilla
   Filete relleno de queso y *prosciutto*
   Flan al *Cognac*

Visita de cumplido 3 — 118
   Sopa de ajo
   Pechugas de pavo en salsa de albaricoque
   Ensalada de espinaca con ajonjoli
   Arroz gratinado
   Cebollas rellenas
   Chinas nebo al moscatel

Vistia de cumplido 4 — 120
   Sopa de brécol
   Ternera con alcachofas
   Arroz con maíz y pimiento verde
   Calabacines gratinados
   Tarta de nísperos

Grupo pequeño 1 — 124
   Chuletas rellenas con manzanas y pasas
   Garbanzos fritos
   Soufflé de coliflor
   Flan de china

Grupo pequeño 2 — 126
   Filetitos de cerdo con soya y ajonjolí
   Salpicón de apio amarillo
   Cebollas horneadas
   Manzanas rellenas asadas

Familia 1 — 128
   Ensalada de pollo con papas
   Quiche de espinaca con embutidos
   Bizcocho de un huevo con azucarado

Familia 2 — 130
   Ternera guisada al vino
   Arroz con perejil y laurel
   Ruedas de berenjena gratinadas
   Pastel *chiffon* de guayaba

Familia 3 — 132
   Calabaza rellena de carne
   Habichuelas tiernas al ajo
   Arroz con setas
   Budín mayagüezano de mangó

Familia 4 — 134
   Albondigón aguadillano
   Arroz con guinganbó
   Frituras de panapén
   Crema de arroz

Estudiantes 1 — 136
   Dip de frijoles
   Hamburguesas rellenas
   Mezcla de jamón y queso para emparedado
   Galletas de queso crema

Estudiantes 2 — 138
   Salchichas en salsa de tacos
   Emparedados calientes de pavo, jamón y queso
   Platanutres largos
   Batida de melocotones y mantecado de vainilla

Día lluvioso — 140
   Sopón de siete habichuelas
   Pan de cebollines
   Budín amelcochado de chocolate

Pasadía en bote — 142
   Dip de aguacate
   Carne chili con nachos
   Ensalada de pollo
   Ensalada de atún
   Brownies del pecado
   Galletas de avena

Pasadía de campo — 146
   Antipasto de atún
   Ensalada de arroz con chorizo
   Pastelón de panapén con pollo
   Orejones de toronja en almíbar
   Requesón
   Barritas de pasas y dátiles

Tarde de patio — 150
   Dip de queso con frutas
   Alitas rechupete
   Maíz con pimiento
   Ensalada de papas con alcachofas
   Brazo gitano borracho

Almuerzo liviano 1 — 154
   Mimosa de parcha con *champagne*
   Ensalada de pollo con piña y uvas
   Casserole de espárragos
   Merengón con fresa y *kiwi*

	pág.		pág.

Almuerzo liviano 2 — 156

    Refresco de cerveza y limón
    Sandwichón de cuatro rellenos
    Ensalada de frutas y tomates
    Parfait de vainilla

Almuerzo liviano 3 — 158

    Bul de fresas
    Ensalada de papas y berros
    Rollitos de jamón con espinaca y berros
    Tarta de guineo y piña

Vegetariano 1 — 160

    Pasta cabello de angel al ajo
    Berenjenas con queso
    Alcachofas con habichuelas tiernas y rojas
    Ponqué con crema de guanábana

Vegetariano 2 — 162

    Tarta de queso y tomate
    Budín de arroz
    Ensalada de setas y brotes de habichuelas
    Budín de zanahoria e higo

Vegetariano 3 — 164

    Bollitos de repollo
    Ensalada de papa y pepinillo
    Frituras de calabaza
    Pan de guineo

Nacionalidades

Puerto Rico — 168

    Sopa de calabaza
    Carne cecina
    Tostones de pana
    Arroz con habichuelas blancas
    Bienmesabe

Estados Unidos — 170

    Soufflé de avena
    Corned beef brisket estilo Nueva Inglaterra
    Boston baked beans casserole
    Pecan pie

México — 172

    Sopa de tomates
    Ensalada de aguacate y huevo
    Chilaquiles
    Torrejas

El Caribe — 176

    Sopón Calalú
    Arañitas de plátano
    Pan de coco
    Sherbet de mangó

Argentina — 178

    Tarta pascualina
    Lengua a la vinagreta
    Papas con queso
    Crêpes de queso con melocotones

España — 182

    Coca mallorquina
    Palitos tostados con queso
    Pote asturiano
    Buñuelos

Francia — 186

    Vichyssoise fácil
    Sesos en mantequilla
    Chuletas de cordero en salsa
      de lentejas
    Soufflé de avellanas
    Charlotte de manzana

Italia — 190

    Osso buco (garrón de ternera)
    Lingüine al pesto
    Ensalada de tomate y queso *mozzarella*
    Frutas tricolor

Polonia — 192

    Pierogi (masitas rellenas)
    Kaputsa (sopa de col)
    Golumbki (col rellena)
    Bigos (guiso de col)
    Clastki (galletas)

Cercano Oriente — 196

    Sopa de lentejas
    Kibbeh de cordero
    Hommos (*purée* de garbanzos)
    Tabuleh (ensalada de perejil)
    Barritas de dátiles y nueces
    Café árabe

	pág.
India	200

    Arroz con canela y clavos
    Cordero al *curry*
    Ensalada de pepinillo con *yogurt*
    Halwa (*fudge* de zanahoria)

Cocteles

Formal 1 — 204

    Roast beef
    Canapés de queso
    Platón de *crudités*
    Pâté de hígado de ternera
    Bocaditos de maíz y canela
    Tomatitos con salmón
    Tartitas de guayaba
    Champagne brut

Formal 2 — 208

    Pie de caviar
    Dip de alcachofas
    Jamón con hueso
    Antipasto de pollo
    Albondiguitas agridulce
    Brochetas de camarones
    Bocaditos de limón
    Coctel de manzana, vino y ginebra

Formal 3 — 212

    Bolitas de queso
    Quiche Lorraine
    Filete al tiempo
    Camarones en cerveza
    Hígados de pollo al vino
    Bombones de chocolate
    Sangría de tres vinos

Informal 1 — 216

    Camarones al limón
    Pâté del atún
    Mollejas al vino
    Sorpresa *Brie*
    Dip de espárragos
    Mofonguitos de plátanos
    Polvorones de nueces
    Sangría con frutas

Informal 2 — 220

    Fondue de queso
    Uvas glaseadas
    Escargots con setas
    Dip de jamón
    Mousse de salmón
    Rueditas de dátiles
    Coctel de parcha

	pág.
Informal 3	224

    Dip de camarones
    Setas rellenas
    Chorizos al vino
    Bocaditos de coco y nueces
    Coctel de *champagne*

Festejos

Navidad — 228

    Queso del país a la vinagreta
    Frituras de yuca
    Filete navideño
    Rollo de papa
    Ensalada de tomates y pimientos asados
    Budín de arroz
    Coquito de ron
    Ponche al ron

Día de Reyes — 232

    Frituras de yautía
    Cabrito en cerveza
    Gandules en vinagreta
    Ensalada de col
    Arroz con leche

Cuaresma — 234

    Mousse de aguacate
    Sopón de mariscos
    Crostini con mostaza
    Mantecado de huevo

Pascua de Resurrección — 236

    Endibias con salmón
    Pierna de cordero
    Budín de batata
    Ensalada de espinaca con piñones y peras
    Budín de chocolate quebradillano

	pág.
Acción de gracias	238

- Bul de frutas
- *Crostini* con caviar
- Arroz con *vermicelli*
- Pavo relleno de: maíz, castañas o arándanos
- *Mousse* de batata con *praline*
- Coles de Bruselas al ajillo
- Gelatina de sangría
- Tarta de calabaza

Bautizo	244

- Mimosa de china
- *King crab* a la vinagreta
- Pierna de jamón con salsa de arándanos o de especias
- Arroz marroquí con soya
- Brazo gitano de queso
- Ensalada de papa con pimientos
- Bizcocho tradicional
- Polvorones de nueces

Cumpleaños	248

- Ensalada César
- Paella valenciana
- *Soufflé* de amarillo
- Flan de coco y caramelo
- Sangría de vino blanco

Graduación	252

- Bul de *champagne*
- *Dip* de berenjena
- Pechugas de pavo al *vermouth*
- Enrollado de espinaca
- Cazuela de arroz y cebolla
- *Chiffon* de chocolate
- Polvorones de avellanas

Aniversario de boda	256

- Sopa de apio
- Conejo al vino
- Arroz griego con col
- Ensalada caliente de espinaca
- Budín de almendras

San Valentín	260

- Sopa de col
- Filetes de cerdo al tamarindo
- *Soufflé* de plátanos maduros
- Arroz con cilantro y perejil
- Bizcocho esponjoso con salsa de fresa
- Besitos de coco

	pág.
Día de las Madres	264

- *Dip* de habichuelas, queso y tomate
- Filete con mostaza
- Papas y batatas gratinadas
- Ensalada de brécol, setas y lechuga
- Merengue con fresas y chocolate

Día de los Padres	268

- Sopa de calabacines
- Chuletas rellenas con manzana y tocineta
- Papas escladadas con calabacines
- *Casserole* de espinaca estilo *creole*
- Tarta rellena y coronada con merengue

Descubrimiento de Puerto Rico	272

- Sopa de amarillo y plátano
- Carne estofada en escabeche
- Arroz con pimientos verdes
- Habichuelas fritas
- Crema dulce de chayote

Noche de San Juan	274

- *Pâté* de pollo
- Plátanos al vino
- Filete a la barbacoa
- Arroz mamposteao
- Crema planchada

Noche de Elecciones	278

- *Crostini* de *mozzarella* y anchoas
- *Dip* de alcachofas
- Ensalada de langosta y camarones
- Garbanzada Arroz blanco
- Bizcocho de limón

Cena con el Presidente de la Universidad del Sagrado Corazón	280

- Sopa fría de espinacas
- Filete *Wellington* expreso
- Zanahorias y calabacines blanqueados
- Ensalada verde (opcional)
- Peras rellenas de jengibre, piña y queso crema

La mesa

Este mueble familar, con figuras en torno, es quien gobierna la casa.

El acoje a los padres y a los hijos; acoje al pan, al vino y a la fruta, al mantel, las botellas y los platos.

La misión de la mesa es apostólica. Ante ella, soy más que un comensal: soy una clara fuente que medita, unas manos que luchan, que trabajan, un corazón que adora el Universo.

No sólo las espigas y las uvas sobre la mesa están. También se hallan los días y las noches, las llanuras y las montañas.

Junto a la mesa miro a los patriarcas y los ángeles; reviso la tierra, el aire y las estrellas. La blanca leche, la dorada miel, la transparente agua del vaso, en su tablero cantan amorosas.

Tierna, sagrada mesa: nunca alejes de tí la vida, el gozo, la esperanza. Madre de nuestra prole: no rechaces jamás al hombre, a la mujer, al niño.

Reúne, junta siempre, evangeliza.

Antonio Oliva Belmás
Libro de odas

Capítulo I

Pollo

Piso de los salones de clase de las Mayores, hoy Oficina de Servicios Institucionales y de Investigación Académica, primer piso, ala derecha del Edificio de Administración.

Pollo 1

- Pollo en salsa de naranja
- Arroz con vegetales mixtos
- Puerros y chayotes con mantequilla
- *Clafouti* de pera

Pollo en salsa de naranja
Sonia González de Mora

35 minutos
6 personas

Ingredientes:
3 pechugas cortadas en mitades
adobo preparado en polvo
2 cucharadas de aceite de oliva
1/4 taza de jugo de china concentrado
3/4 taza de agua
1 cucharada de jugo de limón
2 cucharadas rebosantes de mermelada de china
1 cucharada de miel
1/4 cucharadita de jengibre en polvo
1/8 cucharadita de nuez moscada
1/8 cucharadita de sal
1 1/2 onza de pasas
1 onza de almendras en lascas
1/2 cucharadita de maicena

Procedimiento:
1. Adobe ligeramente las pechugas.
2. Dore ligeramente las pechugas en el aceite caliente.
3. Mezcle el jugo de china, el agua, el limón, la mermelada, la miel, el jengibre, la nuez moscada y la sal.
4. Vierta sobre las pechugas; añada las pasas y las almendras, y cocine tapado a fuego bajo por 20 minutos, bañando ocasionalmente con la salsa.
5. Espese la salsa con la maicena; tape y continúe la cocción por 3 minutos más

Arroz con vegetales mixtos
Marina Martínez de Fernández Paoli

40 minutos
6-8 personas

Ingredientes:
2 ajos
4 onzas de mantequilla
2 tazas de arroz grano corto
4 tazas de agua
sal a gusto
2 cubitos de caldo de pollo
1 paquete de 2 libras de vegetales mixtos congelados
1/2 taza de queso parmesano

Procedimiento:
1. Sofría el ajo en la mantequilla.
2. Agregue el arroz, el agua, la sal y los cubitos.
3. Mueva la mezcla y añada los vegetales.
4. Espolvoree con el queso cuando el arroz se seque y tape.
5. Cocine 20 minutos hasta que el grano esté tierno.

Puerros y chayotes con mantequilla
Las editoras

Ingredientes:
1 chayote grande pelado y picado en cuadritos
2 tazas de agua
1 cucharada de mantequilla
1/2 cucharadita de sal
2 dientes de ajos machacados
2 puerros picados en rueditas

Procedimiento:
1. Hierva el chayote en agua, escurra y reserve.
2. Sofría a fuego moderado en la mantequilla los ajos machacados con la sal.
3. Baje el fuego e incorpore los puerros.
4. Cocine tapado por 5 minutos.
5. Destape y añada el chayote revolviendo bien.
6. Cocine tapado por 5 minutos más.

20 minutos
3-4 personas

El puerro es conocido en Europa como el "espárrago del pobre". Tiene un particular sabor dulce. Es ingrediente primordial en las sopas; sirve de relleno en la tortilla o el quiche y se come como un vegetal.

Clafouti de pera
Margarita Pumarada Van Kirk

Ingredientes:
3 peras mondadas y rebanadas en medias lunas finitas
2 cucharadas de *Cointreau*
1 cucharada de jugo de limón
1/2 cucharadita de azúcar blanca
1 cucharadita de canela
4 onzas de mantequilla
2 huevos
1/2 taza de crema para batir
1/2 taza de harina
3/4 taza de azúcar morena
1/2 taza de almendras sin cáscara molidas
canela a gusto

Procedimiento:
1. Macere por 15 mins. las peras en la mezcla de *Cointreau*, limón y azúcar.
2. Coloque en un molde de hornear engrasado y espolvoree con canela.
3. Bata por separado la mantequilla, los huevos y la crema.
4. Una los tres ingredientes anteriores e incorpore la harina, el azúcar morena y las almendras; bata hasta mezclarlos bien.
5. Vierta sobre las peras y espolvoree con canela.
6. Hornee a 350°F por 30 mins. hasta que quede firme y dorado.

1 hora
4-6 personas

Pollo 2

- Pastelón de maíz con pollo
- Salpicón de habichuelas tiernas
- Bizcocho de china

Pastelón de maíz con pollo
Camelia Alvarado de Montilla

1 1/2 horas
8-10 personas

Ingredientes:
Relleno -
1 onza de tocino picadito
2 onzas de jamón de cocinar picado
1 cebolla grande picada
1/2 pimiento verde picado
1 tomate picado
1 ají dulce picado
8 aceitunas
1 cucharadita de alcaparras
1 cucharada de vinagre
2 hojas de laurel
1/4 taza de pasas sin semillas
1 taza de salsa de tomate
1 cucharadita de orégano seco
1 cucharada de aceitunas
pimientos morrones cortados en tiritas
3 pechugas grandes cortadas en mitades y adobadas con sal y ajo

Masa -
1 1/2 taza de harina de maíz
3 tazas de leche
2 onzas de mantequilla
2 cucharadas de azúcar
sal a gusto
1 lata de 6 onzas de maíz en crema

Procedimiento:
Relleno -
1. Dore en un caldero el tocino y el jamón.
2. Incorpore el resto de los ingredientes menos las pechugas y sofría.
3. Agregue las pechugas y cocine a fuego alto hasta hervir; luego reduzca el fuego a moderado y tape por 30 minutos. Cueza destapado por 15 minutos más.
4. Deje enfriar, deshuese y desmenuce las pechugas.

Masa -
1. Cocine a fuego bajo los primeros tres ingredientes.
2. Añada el maíz en crema cuando cuaje.
3. Coloque la mitad de la masa en un molde grande para hornear; acomode el relleno y tape con la otra mitad de la masa.
4. Hornee a 350°F por 1 hora hasta que dore.

...huelas tiernas congeladas
...n cocido en cuadritos
...a picada en ruedas finitas

...ceite
...nagre
...l
...chacados

...habichuelas tiernas con la cebolla

...azone las habichuelas con la
...del mismo.
...a temperatura natural.

Emilia Vallecillo

... onzas de mantequilla
2 tazas de azúcar blanca
2 huevos batidos
2 tazas de harina
1 cucharada de polvo de hornear
1/2 cucharadita de sal
1/2 cucharadita de bicarbonato de soda
1 taza de leche evaporada sin diluir
jugo y corteza de 1 china grande
1/2 taza de azúcar negra
1 taza de pasas

Procedimiento:
1. Bata la mantequilla con el azúcar blanca hasta quedar cremosa y añada los huevos.
2. Cierna la harina con el polvo de hornear y la sal.
3. Disuelva el bicarbonato en la leche.
4. Incorpore la harina a la mezcla de mantequilla alternándo con la leche hasta que una bien.
5. Mezcle el jugo de la china con el azúcar negra; cuele y reserve.
6. Triture las pasas y la corteza de la china en el procesador de alimentos; incorpore a la masa del bizcocho.
7. Vierta en un molde grande de hornear rectangular engrasado.
8. Hornee a 325ºF por 40-50 minutos.
9. Riegue el jugo de china sobre el bizcocho aún tibio.
10. Sirva sin sacar del molde.

1 hora
6-8 personas

Pollo 3

- Pollo al *vermouth*
- Brazo gitano de plátano
- Habichuelas tiernas almendradas
- Dulce de piña con kiwis

Pollo al *vermouth*
Evy Lucío

Ingredientes:
6 presas de pollo (sus favoritas)
2 dientes de ajo machacados
2-3 cucharadas de mostaza
sal y pimienta (opcional)
1 taza de *vermouth* dulce
2 cucharadas de mantequilla
1 cebolla grande picada
2 pimientos verdes cortados en tiritas
1 lata de 10.5 onzas de sopa de crema de setas
3 cucharaditas de *Master Gravy o Kitchen Bouquet*

Procedimiento:
1. Adobe las presas con ajo, mostaza, sal y pimienta si desea.
2. Marine por 30 minutos las presas en el *vermouth*.
3. Escurra y dore las presas en la mantequilla derretida.
4. Añada la cebolla y los pimientos y sofría por dos mins.
5. Agregue el *vermouth*, la crema de setas y el *Master Gravy*; mezcle bien.
6. Cocine tapado a fuego lento por 30 minutos aproximadamente.

1 hora
4-6 personas

Brazo gitano de plátano
Marta Serrano García

Ingredientes:
3 plátanos bien maduros
3 huevos ligeramente batidos
1 cucharadita de maicena
3 cucharaditas de canela en polvo
1 libra de queso parmesano rallado
8 onzas de queso de bola rallado
miel de abeja (opcional)

Procedimiento:
1. Hierva y maje los plátanos.
2. Una los huevos con la maicena e incorpore a los plátanos.
3. Extienda la masa de plátanos sobre papel de aluminio engrasado hasta tener un espesor de 3/4".
4. Espolvoree la mitad de la canela sobre la masa; coloque alternando los quesos y enrolle como brazo gitano.
5. Espolvoree con la canela restante y hornee a 350°F por 10 minutos.
6. Corte en ruedes y sirva con miel de abeja si gusta.

30 minutos
6-8 personas

Habichuelas tiernas almendradas
Sara González de Pagán

15 minutos
4-6 personas

Ingredientes:
2 cucharadas de mantequilla
1 cebolla picadita
1 paquete de 10 onzas de habichuelas tiernas congeladas
1/2 taza de almendras lasqueadas

Procedimiento:
1. Amortigue la cebolla en mantequilla la cebolla hasta quedar transparente.
2. Agregue las habichuelas tiernas descongeladas y rehogue por 5 minutos.
3. Añada las almendras y cocine por 5 minutos más.

"Donde no hay amor, poned amor y encontraréis amor".

"Si en medio de adversidades persevera el corazón con serenidad, con gozo y con paz, esto es amor".

Santa Teresa de Jesús
¿Qué es amor?

Dulce de piña con kiwis
Sara González de Pagán

40 minutos
10-12 personas

Ingredientes:
2 tazas de piña fresca picada en trozos
1/2 taza de nueces picadas
5 kiwis mondados en cuadritos
1 taza de azúcar

Procedimiento:
1. Pase la piña, las nueces y los kiwis por el procesador de alimentos, cada uno por separado.
2. Mezcle en un caldero la piña, las nueces y los kiwis.
3. Ponga a cocinar a fuego moderado alto y añada poco a poco el azúcar.
4. Deje espesar hasta obtener bastante consistencia.
5. Sirva frío acompañado de queso blanco.

Pollo 4

- Pollo al jerez con *curry*
- Arroz con tocineta
- Calabaza con alcachofas
- Crema quemada

Pollo al jerez con *curry*
Vicky Coughlin de Rossi

1 hora
6 personas

Ingredientes:
3 pechugas cortadas en mitades
1 taza de agua
sal
4 onzas de mantequilla
8 onzas de crema de leche
1/4 taza de Jerez
1 cucharadita rebosada de maicena
1 cucharadita rebosada de polvo de *curry*
4 onzas de queso suizo rallado
pizca de pimentón *(paprika)*

Procedimiento:
1. Cocine las pechugas en agua con sal; escurra y reserve el líquido.
2. Deje refrescar y luego remueva el pellejo y los huesos.
3. Rehogue por 10 minutos las pechugas en la mantequilla.
4. Baje el fuego; agregue la crema y continue la cocción sin dejar que hierva.
5. Disuelva la maicena y el *curry* en el jerez y añada a las pechugas.
6. Mueva constantemente hasta espesar.
7. Espolvoree con el queso y el pimentón.
8. Hornee en el asador hasta dorar.

Arroz con tocineta
Cynthia Boscio de Morales

45 minutos
4-6 personas

Ingredientes:
4 onzas de tocineta
3 latas de 10 1/2 onzas de sopa de cebolla
3 tazas de arroz

Procedimiento:
1. Fría la tocineta a fuego alto.
2. Mezcle la tocineta y parte de la grasa que suelte con la sopa y deje hervir.
3. Incorpore el arroz y cocine a fuego alto hasta que seque.
4. Baje el fuego y cocine tapado 20 minutos más.

"Cómo habría de saludarte señor,
que eres el soñado alimento,
Cómo llamarte arroz,
viajero de China,
A ti que eres el maravilloso
pan de todas las bocas."

Vicente Huidobro

Calabaza con alcachofas
Sonia González de Mora

Ingredientes:
1 1/2 libra de calabaza con corteza picada en cuadritos
2 tazas de caldo pollo
1/2 taza de aceite de oliva
1 cebolla pequeña picada
6-8 corazones de alcachofas picados en cuartos
1 taza de aceitunas rebanadas
1 cucharadita de alcaparras
1/2 cucharadita de sal
pimienta a gusto
queso parmesano a gusto

Procedimiento:
1. Cocine la calabaza en el caldo de pollo y deje refrescar.
2. Rehogue la cebolla en el aceite.
3. Baje el fuego e incorpore las alcachofas, las aceitunas las alcaparras, la sal y la pimienta.
4. Cocine destapado por 5 minutos moviendo frecuentemente e incorpore la calabaza.
5. Espolvoree con queso al servir.

30 minutos
4 personas

Comed a voluntad, bebed con sobriedad.

Sentencia inglesa

Crema quemada
Marina Martínez de Fernandez Paoli

Ingredientes:
1 taza de leche
2 potes de 4 onzas de crema para batir
6 yemas de huevos
1/3 taza de azúcar blanca
1 cucharadita de maicena
1 1/2 cucharada de vainilla
1/4 taza de azúcar morena

Procedimiento:
1. Hierva la leche con la crema moviendo constantemente.
2. Bata las yemas con el azúcar e incorpore la leche.
3. Diluya la maicena con un poco de esta leche; luego mezcle la maicena diluida con el resto de la leche.
4. Añada la vainilla y continue moviendo hasta cuajar.
5. Vierta en un molde de *quiche* y enfríe.
6. Cierna el azúcar negra y riegue finamente por encima.
7. Hornee en el asador por 4 minutos hasta que dore.
8. Refrigere y sirva bien frío.

30 minutos
8-10 personas

Pollo 5

- Sopa de avellana
- Ensalada de repollo, zanahorias y cebollines
- Arroz al curry
- Pinchos de pollo
- Cocada relámpago

Sopa de avellana
Sonia González de Mora

30 minutos
4-6 personas

Ingredientes:
3 cucharadas de mantequilla
1 cebolla picadita
1/4 taza de harina
4 tazas de agua
2 1/2 cubitos de caldo de pollo
6 1/2 onzas de avellanas
1 hoja de laurel
3/4 tazas crema de leche

Procedimiento:
1. Sofría la cebolla en la mantequilla sin dorarla.
2. Agregue la harina y cocine por 2 minutos.
3. Incorpore el caldo poco a poco moviendo todo el tiempo.
4. Añada las avellanas y el laurel.
5. Hierva tapado por 20 minutos a fuego bajo.
6. Deje refrescar y licue sin la hoja de laurel.
7. Refrigere por 3 horas y al servir agregue la crema.

Ensalada de repollo, zanahorias y cebollines
Jacqueline Biscombe

1 1/2 hora
4-6 personas

Ingredientes:
1/2 repollo morado pequeño
1 libra de zanahorias
6 cebollines picados
1/3 taza de vinagre blanco
2/3 taza de aceite de oliva
1/2 cucharadita de sal
pimienta (opcional)

Procedimiento:
1. Ralle el repollo y la zanahoria en el procesador de alimentos o el guayo.
2. Prepare el aliño con los cebollines, el vinagre el aceite y la sal y vierta sobre los vegetales.
3. Refrigere y sirva fría.

Arroz al curry
Cynthia Boscio de Morales

35 minutos
8 personas

Ingredientes:
1 cebolla grande rebanada
2 onzas de mantequilla
2 tazas de arroz grano largo
5 tazas de caldo de pollo
2 cucharaditas de polvo de *curry*
sal a gusto

Procedimiento:
1. Sofría la cebolla en la mantequilla.
2. Incorpore el arroz y rehogue ligeramente.
3. Añada el caldo y sazone con el *curry* y la sal.
4. Deje hervir y cuando seque, reduzca el fuego y cocine tapado 20 mins. más o hasta que el grano esté tierno.

Pinchos de pollo
Jacqueline Biscombe

Ingredientes:
3 pechugas en mitades deshuesadas y sin piel

Salsa -
1 cebolla grande picada en cuartos
2 dientes de ajo
jugo de 1 limón grande
2 cucharaditas de sal
pimienta (opcional)
10 gotas de salsa *Tabasco*
1 cucharada de salsa inglesa
1/2 taza de mostaza
1/4 taza de aceite vegetal
3 cucharadas de azúcar negra
1 cucharadita de pimentón *(paprika)*
1 cucharada de agua

Pincho -
1 pimiento verde picado en cuadritos de 1".
2 cebollas medianas picadas en cuadritos de 1" ó 20 cebollitas pequeñitas *(pearl)* peladas.
8 onzas setas frescas.
1 manzana grande picada en cuadritos de 1".
4 tiras tocineta en pedazos de 1".

Procedimiento:
1. Prepare la salsa mezclando los ingredientes en la licuadora.
2. Coloque el pollo en un molde de cristal y macere con la salsa, en la nevera, de un día para otro.
3. Prepare los pinchos ensartando el pollo en palitos individuales alternando con trocitos de pimiento, cebolla, setas, manzanas y tocineta.
4. Cocínelos al carbón o bajo el asador alrededor de 8 minutos por cada lado.

* Rinde para 24 pinchos.

12 horas- maceración
45 minutos- preparación y cocción
12-14 personas

Cocada relámpago
Nydia M. Pesquera de Soler

Ingredientes:
2 huevos
1/8 cucharadita de sal
1 lata de 18 onzas de coco rallado en almíbar
canela en polvo

Procedimiento:
1. Bata los huevos con la sal y añada el dulce de coco.
2. Vierta en un molde de hornear y espolvoree con canela.
3. Hornee a 375ºF en horno precalentado por 20 minutos o hasta que dore.
4. Sirva acompañado de queso blanco.

30 minutos
6 personas

Pollo 6

- Espárragos con mayonesa y mostaza
- Pollo a la toronja
- Batatas al licor
- Arroz con pasas y piñones
- Mangó al Cointreau

Espárragos con mayonesa y mostaza
Margarita Pumarada Van Kirk

20 minutos
4 personas

Ingredientes:
16 onzas de espárragos congelados
1/4 taza de mayonesa
1/4 taza de mostaza
1 cucharadita de jugo de limón
sal y pimienta a gusto

Procedimiento:
1. Cocine los espárragos según instrucciones del paquete.
2. Una la mayonesa, la mostaza, el limón y sazone con sal y pimienta.
3. Vierta sobre los espárragos al servir.

El espárrago es universalmente utilizado y pertenece a la familia de los lirios.

Las variedades de espárragos más conocidas son el espárrago púrpura o italiano, el espárrago blanco o belga, el espárrago verde del que se utilizan las puntas y el espárrago francés, el más conocido de todos.

Enciclopedia Espasa-Calpe

Pollo a la toronja
Sonia González de Mora

45 minutos
6 personas

Ingredientes:
1 pollo troceado ó 3 pechugas cortadas en mitades
sal, pimienta y romero a gusto
1 cebolla picada en ruedas finitas
1 tallo de apio verde *(celery)* en ruedas finitas
1/2 taza de puerros *(leek)* rebanados finitos
1 toronja grande en gajos pelados
1 cubito de caldo de pollo
1 taza de vino blanco
3 cucharadas de aceite de oliva
1 taza de jugo de toronja

Procedimiento:
1. Condimente el pollo con sal, pimienta y romero.
2. Acomode en un molde de hornear la cebolla, el apio, los puerros y por último la toronja formando una cama encima de la cual colocará el pollo.
3. Diluya el cubito de pollo en el vino; mezcle con el aceite y el jugo de toronja, y rocíe sobre el pollo.
4. Hornee tapado a 350ºF por 20 minutos; luego destape y aumente la temperatura para que las presas se doren ligeramente.

Batatas al licor
Cynthia Boscio de Morales

Ingredientes:
2 1/2 libras de batatas mameyas horneadas y majadas
1 cucharada de mantequilla
1 cucharadita de sal
1 cucharadita de vainilla
1 cucharada de *Cognac*
3 cucharadas de crema de cacao
3 cucharadas de leche
3 cucharadas de azúcar negra
2 claras de huevo
1/4 taza de almendras picadas

Procedimiento:
1. Incorpore a las batatas: la mantequilla, la sal, la vainilla, los licores, la leche y el azúcar mezclando bien.
2. Añada las claras batidas a punto de nieve mezclando de forma envolvente.
3. Espolvoree con las almendras y hornee a 325ºF por 10 minutos y luego dore a 400ºF por 5 minutos.

8 personas
45 minutos

Arroz con pasas y piñones
Sor Gloria Flores Gómez, H. A. D.

Ingredientes:
1/2 cebolla picadita
2 onzas de mantequilla
1 taza de arroz
2 1/4 tazas de agua
1 cubito de caldo de pollo
sal y pimienta a gusto
1 onza de nueces de piñón o piñones salteados en mantequilla
2 onzas de pasas remojadas en agua caliente
perejil

Procedimiento:
1. Sofría la cebolla en la mantequilla.
2. Incorpore el arroz y rehogue 3 minutos.
3. Añada el agua y el cubito.
4. Sazone con sal y pimienta a gusto.
5. Hornee a 350ºF. tapado por 25 mins.
6. Añada al arroz los piñones y las pasas escurridas.
7. Adorne con perejil y sirva caliente.

35 minutos
4 personas

Mangó al Cointreau
Margarita Pumarada Van Kirk

Ingredientes:
2-3 mangós grandes sin fibra picados en tajadas.
4 cucharadas de *Cointreau*
1 cucharadita de jugo de limón
pizca de azúcar

Procedimiento:
1. Macere las tajadas de mangó en la mezcla de *Cointreau*, limón y azúcar.
2. Sirva sobre mantecado de vainilla.

30 minutos
6 personas

Pollo 7

- *Casserole* de pollo con arroz
- Budín de maíz
- Ensalada de tomatitos con setas
- Flan de calabaza

Casserole de pollo con arroz
Hna. María Clemencia Benítez, rscj

1 horas
4-6 personas

Ingredientes:
1 pollo troceado, adobado, cocinado al horno y desmenuzado
2 tazas de arroz cocido
1 cebolla picadita
2 cucharadas de mantequilla
1 latita de setas escurridas
1/2 taza de vino blanco
boronías de tocineta
3 onzas de queso *mozarella*

Procedimiento:
1. Ponga en un molde para hornear la mitad del arroz y encima el pollo.
2. Sofría la cebolla en mantequilla y añada las setas.
3. Vierta sobre el pollo las cebollas, las setas y el vino.
4. Cubra con la otra mitad del arroz, riegue la tocineta y el queso.
5. Hornee a 350ºF hasta que el queso se derrita.

"Las mazorcas de maíz
a niñitos se parecen:
en las cañas maternales
bien prendidas se mecen,
y debajo de la vaina,
como niños escondidos,
con sus dos mil dientes de oro
ríen, ríen sin sentido..."

Gabriela Mistral
Canción al maizal

Budín de maíz
Sonia González de Mora

1 1/2 horas
6-8 personas

Ingredientes:
1 lata 12 onzas de maíz en grano
1/4 libra mantequilla
1 lata 12 onzas leche evaporada
3 cucharadas maicena
4 cucharadas azúcar
3 huevos

Procedimiento:
1. Acaramele un molde hondo de hornear.
2. Licúe todos los ingredientes y vierta en el mode.
3. Hornee en baño de María a 350ºF por 1 hora o hasta que cuaje.

Ensalada de tomatitos con setas
Jacqueline Biscombe

30 minutos
10 personas

Ingredientes:
2 cajitas de 16 onzas de tomates en miniatura (cherry tomatoes)
8 onzas de setas frescas rebanadas
3 cucharadas de perejil fresco picadito
3 cucharadas de vinagre de vino
9 cucharadas de aceite de oliva
sal y pimienta a gusto

Procedimiento:
1. Remoje los tomatitos en agua hirviendo, fuera de la hornilla por un minuto hasta que pueda pelarlos con facilidad.
2. Dele un hervor a las setas y escurra.
3. Una los tomatitos con las setas.
4. Aliñe con la mezcla de perejil, vinagre, aceite, sal y pimienta.

Flan de calabaza
Carmen Carmona Cruz

30 minutos
8 personas

Ingredientes:
1 libra de calabaza
pizca de sal
1 taza de azúcar
1 1/2 tazas de agua
6 huevos
1 lata de 12 onzas de leche evaporada
1 lata de 14 onzas de leche condensada
1 cucharadita de vainilla

Procedimiento:
1. Cocine la calabaza hasta que ablande con una pizca de sal y escurra.
2. Acaramele un molde de hornear con el azúcar y el agua.
3. Mezcle en la licuadora los huevos, las dos leches y la vainilla.
4. Vierta la mezcla en el molde acaramelado y hornee a 350ºF por 45-60 minutos hasta que esté firme.

Sembré pepitas,
me nacieron sogas,
de sogas campanas,
de campanas bolas,
larga, larga como una soga
y en la punta una carambola.

Adivinanza puertorriqueña
La calabaza

Pollo 8

- Pollo en salsa de chocolate
- Arroz con maíz y cebolla
- *Nectarines* a la menta con helado

Pollo en salsa de chocolate
Margarita Pumarada Van Kirk

1 hora
4-6 personas

Ingredientes:
3 libras de caderas y/o muslos de pollo
1 cucharada de sal
1/4 cucharadita de pimienta
1 cebolla
1 hoja de laurel
1/4 cucharadita de nuez moscada
1/4 taza de aceite de oliva
3 cucharadas de vinagre
10 onzas de caldo de pollo
1 taza de salsa de tomate
6 ciruelas
12 aceitunas
2 onzas de almendras
1 onza de chocolate dulce rallado

Procedimiento:
1. Adobe el día antes las presas con la sal y la pimienta.
2. Cocine tapadas las presas de pollo a fuego lento con el resto de los ingredientes hasta que ablanden.
3. Prepare varias horas antes de servir para que adquiera más gusto.

"Pollos he comido ¡Oh gran Paulino!
con arroz, amarillo y salchichón,
con fideos, con sopas, con jamón,
con canela, pimientos y con vino,
con vino generoso o con peleón,
con la salsa que llaman de lechón,
con papas, con cebollas y pepino.

Pollos he comido, ¡Oh gran Delgado!
con acelgas, con coles o tomate,
con lizas, con vinagre o estofado,

También los comí con aguacate,
pero nunca, jamás había probado
pollos ¡gran Dios! "con chocolate"

P.P. ¡Qué pollos!
Historia de la Gastronomía Española

Arroz con maíz y cebolla
Sara González de Pagán

Ingredientes:
4 onzas de mantequilla
1 sobre de sopa de cebolla
2 cubitos de caldo de pollo
2 tazas de arroz
1 lata de 16 onzas de maíz en grano
3 tazas de agua
1/2 taza de queso parmesano

Procedimiento:
1. Derrita la mantequilla en un caldero e incorpore la sopa y los cubitos de pollo.
2. Agregue el arroz y sofría.
3. Añada el maíz y el agua.
4. Cocine tapado por 20 minutos y al secarse el arroz espolvoree el queso moviendo bien.
5. Cueza por 20 minutos más a fuego bajo.

40 minutos
6 personas

"Yo, Sancho nací para vivir muriendo y tú para morir comiendo."

Miguel de Cervantes Saavedra
Don Quijote de la Mancha

Nectarines a la menta con helado
Jacqueline Biscombre

Ingredientes:
1/4 taza de azúcar
1/2 taza de agua
jugo de medio limón pequeño
6 *nectarines* (guiñones) peladas en tajadas
2 cucharadas de hojas picaditas de menta
helado o *yogurt* congelado de vainilla

Procedimiento:
1. Derrita el azúcar en el agua sazonada con limón para formar un almibar.
2. Macere por dos horas las *nectarines* en el almíbar y las hojas de menta.
3. Sirva las *nectarines* sobre helado o *yogurt*.
4. Rocíe con el almíbar.

2 1/4 horas
6 personas

Pollo 9

- Pollo al caldero con leche
- Arroz con espinaca
- Sorullitos de maíz con salsa rosada
- Ambar de frutas

Pollo al caldero con leche
Carmen Ana Fuertes de Roig

Ingredientes
1 pollo troceado u 8 presas de su gusto
sal y pimienta a gusto
2 ajos machacados
aceite de oliva
1/2 taza de harina
2 cucharadas de mantequilla
2 tazas de leche

Procedimiento:
1. Adobe el pollo con la sal, la pimienta y los ajos.
2. Rocíe las presas con unas gotitas de aceite y espolvoree con la harina.
3. Sofría las presas en la mantequilla y cubra con leche.
4. Hierva y cocine tapado a fuego bajo por 25 minutos o hasta que la leche seque en grumos.

1 hora
4-5 personas

"Ven, come alegremente tu pan y bebe tu vino con corazón contento pues que se agrada a Dios en tus obras".

Eclesiastés 9:7

Arroz con espinaca
Sonia González de Mora

Ingredientes:
Arroz -
2 tazas de arroz
3 tazas de agua
1 cucharadita de sal

Relleno -
1 libra de espinacas descongeladas y escurridas
2 onzas de mantequilla en trocitos
1 cebolla grande cortada en ruedas
3 onzas de queso parmesano
boronías de tocineta
1 pote de 8 onzas de crema de leche

Procedimiento:
1. Cocine el arroz en el agua con la sal.
2. Coloque la mitad del arroz cocido en un molde engrasado de hornear.
3. Rellene colocando en camadas la espinaca, la mantequilla, la cebolla, el queso y la tocineta.
4. Cubra con la segunda mitad del arroz y vierta encima la crema de leche.
5. Hornee a baño de María a 350°F por 30 minutos.

45 minutos
6-8 personas

Sorullitos de maíz con salsa rosada
Gilda C. Viuda de Solá

1 1/2 hora
12-20 porciones

Ingredientes:

Masa-
1 taza de agua
pizca de sal
2 cucharadas de mantequilla
1 taza harina de maíz
1 huevo
2 cucharadas de queso parmesano

Salsa-
1/4 taza de mayonesa
1/3 taza de *ketchup*
2 cucharadas de mostaza
gotas de salsa picante

Procedimiento:
1. Hierva el agua sazonada con la sal y la mantequilla y retírela del fuego.
2. Vierta la harina poco a poco en el agua para disolverla y compactarla.
3. Añada el huevo y el queso y más harina si fuera necesario para que no se pegue a la mano al darle forma.
4. Forme los sorullos y fría en aceite bien caliente.
5. Prepare la salsa mezclando la mayonesa con el *ketchup*, la mostaza y la salsa picante.
6. Sirva los sorullitos acompañados de esta salsa.

"Llevo yo rico néctar... rica y dulce / fresca y sabrosa,/ como la fruta de la tierra/ que me vio nacer..."

Augusto Rodríguez
El piragüero

Ambar de frutas
Jacqueline Biscombe

20 minutos
6 personas

Ingredientes:
2 tazas de mangós sin fibra pelados y cortados en cuadritos
2 tazas de papaya pelada y cortada en cuadritos
2 tazas de *nectarines* (guiñones)
jugo de 2 chinas
1 cucharada de azúcar
1 cucharada de *Cointreau* o *brandy*
ralladura de china a gusto

Procedimiento:
1. Combine el mangó, la papaya y la *nectarine*.
2. Mezcle el jugo de china con el azúcar, la ralladura de china y el licor y vierta sobre las frutas.
3. Refrigere y sirva bien frío.

Pollo 10

- Gallinitas rellenas con mofongo de guineos verdes
- Arroz con castañas chinas
- Ensalada de espinaca con aderezo tibio de tocineta
- Flan de panapén

Gallinitas rellenas con mofongo de guineos verdes
Margarita Pumarada Van Kirk

30 minutos preparación
1 1/4 horas cocción
4 personas

Ingredientes:
Mofongo -
10 guineos verdes pelados y cortados en trozos de 1/2"
1/2 taza de aceite vegetal
4 dientes de ajo machacados
1/4 taza de chicharrón en boronías
2 lonjas de tocineta frita y en boronías
4 cucharadas de aceite de oliva

Gallinitas y adobo -
4 gallinitas lavadas en limón y adobadas el día antes
3 ajos machacados
1 cucharada de aceite de oliva
2 cucharadas de vino
sal y pimienta a gusto

Procedimiento:
1. Fría los guineos en aceite hasta tornarse amarillos.
2. Macháquelos en el pilón y añada los ajos, el chicharrón, la tocineta y el aceite.
3. Rellene las gallinitas con el mofongo y ciérrelas con palillos.
4. Colóquelas en molde de hornear con enrejillado.
5. Vierta en el fondo del molde el adobo escurrido de las gallinitas y 3 cucharadas de agua.
6. Hornee tapado a 350ºF por una hora.
7. Cubra cada gallinita con dos mitades de tocineta y regrese destapada al horno por 30 minutos.

Arroz con castañas chinas
Marina Martínez de Fernández Paoli

30 minutos
6 personas

Ingredientes:
1 cebolla picadita
2 tallos de apio verde *(celery)* picadito
perejil fresco a gusto
2 cucharadas de mantequilla
1 latita 5 onzas de castañas chinas *(water chesnuts)*
sal y pimienta a gusto
2 tazas de arroz grano largo
1 lata de 10 1/2 onzas de consomé de res
1 lata de 10 1/2 onzas de agua
queso parmesano a gusto
perejil

Procedimiento:
1. Sofría la cebolla, el apio verde y el perejil en la mantequilla.
2. Incorpore las castañas y sazone con sal y pimienta.
3. Añada el arroz, el consomé y el agua.
4. Cocine tapado hasta que seque y el grano esté tierno.
5. Espolvoree con queso parmesano y adorne con perejil.

Ensalada de espinaca con aderezo tibio de tocineta
Fernando Rosado

Ingredientes:
Ensalada -
1 paquete de 10 onzas de espinacas frescas sin tallo
4 huevos duros
8 setas rebanadas
1/2 cebolla morada cortada en ruedas finitas

Aderezo tibio -
1 libra de tocineta
1/2 taza de aceite vegetal
1 cebolla pequeña picadita
2 hojas de recao picadito
1/2 taza de vinagre de vino
sal y pimienta a gusto

Procedimiento:
1. Acomode las espinacas en una ensaladera y adorne con los huevos, las setas y la cebolla morada.
2. Cocine la tocineta a fuego alto en una sartén y escurra.
3. Sofría en el aceite vegetal el recao y la cebolla amarilla.
4. Incorpore el vinagre y sazone con la sal y la pimienta.
5. Aliñe la espinaca con esta salsa y cubra con la tocineta desbaratada.

30 minutos
4 personas

Las castañas chinas son tubérculos de plantas acuáticas que crecen en Asia. Son muy populares en la cocina oriental porque añaden textura sin alterar el sabor de la receta.

Flan de panapén
Alex I. Angleró

Ingredientes:
1/2 taza de azúcar
1 taza de panapén pelado, hervido y majado
5 huevos
1 cucharada de vainilla
pizca de sal
1 lata de 14 onzas de leche condensada

Procedimiento:
1. Acaramele con azúcar un molde de hornear redondo.
2. Mezcle en la licuadora el panapén con los huevos, la vainilla, la sal y la leche.
3. Vierta la mezcla en el molde y hornee a baño de María por una hora a 350ºF.

1 1/4 horas
8-10 personas

Pollo 11

- Pollo al ron
- Arroz con setas y perejil
- Habichuelitas tiernas y tomates en salsa de crema agria
- Bizcocho con dulce de leche y melocotón

Pollo al ron
Jacqueline Biscombe

Ingredientes:
2 pechugas cortadas en mitades y sin piel
2 cucharadas de salsa soya
1 cucharada de salsa inglesa
2 cucharadas de ron
1 diente de ajo
2 cucharadas de cebollines picaditos
1 cebolla picada
1 cucharadita de jengibre fresco picado
2 cucharadas de aceite de oliva
2 cucharadas de azúcar negra

Procedimiento:
1. Macere el pollo en la nevera de un día para otro con las salsas, el ron, el ajo, los cebollines, la cebolla y el jengibre.
2. Caliente el aceite y añada el azúcar para derretirla.
3. Escurra el pollo y dore rápidamente en el aceite.
4. Añada el líquido de maceración y cueza tapado a fuego lento por 15 minutos.

30 minutos-cocción
4 personas

El ron es un licor destilado de la fermentación de la caña de azúcar. La mayor parte de los rones del mundo vienen del Caribe.

Para las recetas que llevan ron se recomienda usar el ron color oro porque tiene más aroma que el ron blanco.

The Book World Encyclopedia

Arroz con setas y perejil
Diana Guerrero

Ingredientes:
4 dientes de ajo machacados
perejil a gusto
8 onzas de setas frescas rebanadas
1 cucharada de mantequilla
1 lata de 14 1/2 onzas de caldo de res
1 taza de agua
1 cubito de caldo de res
2 tazas de arroz

Procedimiento:
1. Sofría los ajos, el perejil y las setas en la mantequilla.
2. Agregue el caldo, el agua y el cubito y cuando hierva añada el arroz.
3. Cocine tapado a fuego bajo por 20 minutos hasta que el grano esté tierno.

1/2 hora
6 personas

Habichuelitas tiernas y tomates en salsa de crema agria
Las editoras

Ingredientes:
1 libra de habichuelitas tiernas frescas picadas en mitades
3 tazas de agua
1 cucharadita de sal
1 cebolla grande rebanada finita
1 pimiento verde picadito
4 cucharadas de mantequilla
2 tomates pelados sin semillas y picados
2 cucharadas de albahaca
3/4 taza de crema agria
pimienta y sal a gusto

Procedimiento:
1. Hierva las habichuelitas en agua con sal por 10 minutos o hasta estar blandas; escurra y reserve.
2. Amortigue la cebolla y el pimiento en la mantequilla derretida.
3. Agregue los tomates y la albahaca y cueza por 2 minutos más a fuego bajo.
4. Incorpore la crema agria
5. Sazone con sal y pimienta.
6. Mézcle con las habichuelas tiernas.

* Esta receta es de origen ruso

20 minutos
4 personas

Bizcocho con dulce de leche y melocotón
Cynthia Boscio de Morales

Ingredientes:
8 huevos: yemas y claras separadas
8 cucharadas de azúcar
10 cucharadas de harina cernida
1 cucharadita de polvo de hornear
1 lata de 29 onzas de melocotones en tajadas
1 lata de 14 onzas de leche condensada hervida a baño de María por una hora en la lata perforada
8 onzas de crema batida
3 cucharadas de azúcar extra fina

Procedimiento:
1. Bata las claras a punto de nieve y agregue el azúcar y las yemas una a una batiendo suavemente por 5 minutos.
2. Añada la harina y el polvo de hornear.
3. Vierta en molde de hornear engrasado y hornee a 375ºF por 30-35 minutos.
4. Haga 2 cortes horizontales al bizcocho cuando enfríe para rellenarlo en un nivel con los melocotones y en el otro con el dulce de leche.
5. Bata a punto de nieve la crema con el azúcar fina.
6. Cubra el bizcocho con esta crema.

1 hora
8-10 personas

Pollo 12

- Pollo en crema de setas
- Calabacines con zanahorias
- Lingüine con mantequilla, ajo y perejil
- Tarta de frambuesa y nueces

Pollo en crema de setas
Teresa Rodríguez

1 1/4 hora
6 personas

Ingredientes:
3 pechugas cortadas en mitades y sin piel
adobo preparado en polvo
3 pimientos verdes picaditos
2 cebollas rebanadas
2 cucharadas de aceite
1 lata de 10 1/2 onzas de crema de setas
1 lata de 10 1/2 onzas de crema de pollo
4 onzas de queso suizo rallado
2 cucharadas de queso parmesano

Procedimiento:
1. Sazone ligeramente las pechugas con el adobo.
2. Sofría en aceite los pimientos y las cebollas en el aceite.
3. Una las cremas con el queso suizo.
4. Coloque las pechugas en un molde de hornear; vierta por encima los pimientos, las cebollas y las cremas y espolvoree con queso parmesano.
5. Hornee a 350ºF por una hora.

La zanahoria fue en el siglo XVII una novedad en la corte inglesa. Las señoras usaban el follaje verde de la zanahoria para engalanar sus sombreros.

Larrouse Gastronomique

Calabacines con zanahorias
Las editoras

25 minutos
4 personas

Ingredientes:
2 zanahorias medianas cortadas en tiritas
4 calabacines *(zucchini)* cortados en tiritas
2 cucharadas de mantequilla
1 cucharadita de salvia *(sage)*
1 cucharadita de semillas de eneldo *(dill)*
1 1/2 cucharaditas de jugo de limón
1/4 cucharaditas de sal
1/4 cucharadita de pimienta

Procedimiento:
1. Cocine al vapor las zanahorias; al hervir el agua reduzca el fuego y cocine 3 minutos más.
2. Rehogue los calabacines en mantequilla por 4-6 minutos hasta estar tiernos.
3. Añada las zanahorias.
4. Sazone con el resto de los ingredientes.
5. Cocine destapado 2-3 minutos moviendo constantemente.

Lingüine con mantequilla, ajo y perejil
Margarita Pumarada Van Kirk

20 minutos
4-6 personas

Ingredientes:
1 paquete de 16 onzas de *lingüine*
2 dientes de ajo machacados
4 onzas de mantequilla derretida
1/2 taza de perejil picadito
queso parmesano

Procedimiento:
1. Hierva los *lingüine* según las instrucciones del paquete y escurra.
2. Cocine por 5 minutos los ajos con la mantequilla.
3. Vierta sobre los *lingüine* y mezcle bien.
4. Cubra con el perejil y espolvoree con queso.

"No hay tal cosa como un poco de ajo."

Arthur Baerr

Los chinos, los egipcios y los hebreos conocían las cualidades alimenticias y medicinales del ajo. El ajo elefante y el rosado son de sabor suave y el blanco o violeta es de sabor fuerte.

El olor y sabor fuerte que deja el ajo se disipa mascando perejil o menta.

Secretos de la Buena Cocina

Tarta de frambuesa y nueces
Margarita Pumarada Van Kirk

1 1/4 horas
6 personas

Ingredientes:
8 onzas de mantequilla a temperatura ambiente
3/4 taza de azúcar
1 huevo
2 yemas de huevo
2 tazas de harina
1 1/2 tazas de nueces molidas *(pecans y/o walnuts)*
1 taza de mermelada de frambuesa *(red raspberry)*

Procedimiento:
1. Mezcle la mantequilla con el azúcar, el huevo, las yemas, la harina y las nueces, batiendo a mano hasta formar una pasta.
2. Coloque la mitad de la pasta en un molde de hornear engrasado y aplane con las manos.
3. Rellene con la mermelada.
4. Cubra con la otra mitad de la pasta y acomode con las manos.
5. Hornee a 350ºF por 45 minutos.

Pollo 13

- Pollo al ajo con uvas
- Tarta de cebolla
- Arroz con alcachofas
- Flan meloso

Pollo al ajo con uvas
Margarita Pumarada Van Kirk

30 minutos-coción
4 personas

Ingredientes:
6 caderas con muslos sin piel
4 dientes de ajo machacados
1 cucharada de aceite de oliva
1 cucharada de vino blanco
1 cucharada de jugo de limón
sal y pimienta a gusto
4 cucharadas de mostaza tipo Dijon
4 cucharadas de salsa soya
3 cucharadas de miel
3 cucharadas de vinagre de vino
2 cucharadas de semillas de ajonjolí
2 tazas de uvas sin semillas rojas o blancas

Procedimiento:
1. Adobe el pollo con los ajos, el aceite, el vino, el limón, la sal y la pimienta.
2. Deje reposar por una hora.
3. Hornee tapado a 350°F por 25 minutos.
4. Mezcle la mostaza, la soya, la miel y el vinagre y vierta sobre el pollo.
5. Cubra con el ajonjolí y las uvas.
6. Hornee destapado por 15 ó 20 minutos más.

Tarta de cebolla
Ileana Pumarada de Surillo

50 minutos
6 personas-plato principal
10 personas-aperitivo

Ingredientes:
3 tazas de cebolla picadita
2 cucharadas de mantequilla
2 cucharadas de aceite de oliva
1/2 cucharadita de sal
1/4 cucharadita de pimienta
1 cubierta para tarta cocida *(pie crust)*
2 tazas de queso suizo rallado
1 cucharada de anchoa picada ó 2 cucharadas de tocineta frita desbaratada
2 cucharadas de queso parmesano
perejil picadito

Procedimiento:
1. Sofría la cebolla en la mantequilla y el aceite, hasta que quede suave y transparente.
2. Sazone con sal y pimienta.
3. Rellene la cubierta de la tarta colocando en camadas la mitad del queso y de la cebolla, luego la segunda mitad de estos.
4. Cubra con las anchoa o la tocineta, las aceitunas y el queso.
5. Hornee a 350°F por 20 minutos.
6. Esparza por encima el perejil y sirva bien caliente.

Arroz con alcachofas
Cynthia Boscio de Morales

Ingredientes:
4 cubitos de caldo de pollo
5 tazas de agua
2 tazas de arroz grano largo
1/2 cucharadita de sal
1 cucharadita de *polvo de curry*
2 cebollas picaditas
1 cucharada de aceite
1 pimiento verde picadito
1 latita de 4 onzas de pimientos morrones picaditos
6-8 corazones de alcachofas en mitades
1 paquete de 10 onzas de guisantes verdes congelados

Procedimiento:
1. Disuelva los cubitos en el agua.
2. Cocine tapado el arroz con el caldo de pollo, la sal, el *curry* y el aceite.
3. Sofría las cebollas en la cucharada de aceite.
4. Mezcle las cebollas, los pimientos, las alcachofas y los guisantes con el arroz seco y casi hecho.
5. Cocine tapado 5-10 minutos más a fuego lento.

30 minutos
6-8 personas

"No sé como nadie es capaz de comer una cosa que se llama alcachofa."

Salvador Tió
Tirabuzón

Flan meloso
María Mercedes Lázaro de Goenaga

Ingredientes:
1 litro de leche
1 libra de azúcar
6 tostadas de bizcocho
1/4 libra de queso de bola rallado
6 huevos batidos
1 cucharadita vainilla

Procedimiento:
1. Una la leche con el azúcar.
2. Ablande bien las tostadas en la leche y pase por un colador.
3. Incorpore el queso, los huevos y la vainilla.
4. Hornee en molde engrasado a 425ºF por 40 minutos o hasta que el cuchillo salga limpio.

90 minutos
15 personas

Pollo 14

- Pechugas con avellanas
- Budín de calabacines
- Spaghetti con perejil y tomates
- Dulce de coco

Pechugas con avellanas
Sonia González de Mora

45 minutos
6-8 personas

Ingredientes:
4 pechugas deshuesadas y sin piel, cortadas en mitades
sal y pimienta a gusto
3 1/2 onzas de avellanas
2 rebanadas de pan de *sandwich* desmenuzadas
1/4 taza de crema de leche
1 manzana rallada
1 huevo batido
1 taza de harina
2 onzas de mantequilla
1/2 taza de caldo de pollo
1/4 taza de vino blanco
7 onzas de crema de leche

Procedimiento:
1. Sazone las pechugas con sal y pimienta.
2. Mezcle las avellanas trituradas con las migas de pan, la crema y la manzana.
3. Bañe las pechugas en huevo y rebócelas con harina.
4. Saltee las pechugas a fuego bajo en la mantequilla volteándolas.
5. Coloque la mezcla de avellana sobre las pechugas.
6. Vierta el caldo y el vino alrededor de las pechugas.
7. Hierva a fuego bajo hasta que las pechugas estén tiernas.
8. Añada la crema de leche caliente a la salsa de las pechugas.
9. Sirva las pechugas acompañadas de la salsa.

Budín de calabacines
Sonia González de Mora

45 minutos
4-6 personas

Ingredientes:
2 1/2 libras de calabacines pelados y picados en tajadas
3 cucharadas de mantequilla
4 onzas de queso parmesano
4 huevos batidos
sal y pimienta a gusto

Procedimiento:
1. Cocine tapados los calabacines a fuego mediano en la mantequilla hasta estar tiernos.
2. Mezcle los calabacines y su líquido con el queso y los huevos.
3. Sazone con sal y pimienta.
4. Vierta en un molde engrasado y enharinado.
5. Hornee a baño de María hasta estar firme.
6. Sáquelo del molde y sirva caliente.

Spaghetti con perejil y tomates
Las editoras

Ingredientes:
2 cucharadas de perejil fresco picadito
2 ajos picaditos
2 cucharadas de aceite
2 tazas de tomatitos miniatura picaditos
1/2 taza de vino blanco
8 onzas de *spaghetti* #8
1/4 taza de queso parmesano
2 cucharadas de albahaca picadita
1 cucharada de alcaparras

Procedimiento:
1. Rehogue el perejil y los ajos en el aceite.
2. Incorpore los tomates y el vino; al hervir reduzca el fuego y cocine tapado por 30 minutos moviendo ocasionalmente.
3. Cocine los *spaghetti* según indicaciones del paquete; escurra y ponga en un molde de hornear.
4. Vierta la mezcla sobre los *spaghetti* y espolvoree con el queso y la albahaca.
5. Añada las alcaparras y hornee tapado por 8 minutos.

1 hora
4 personas

El coco oriundo de Malasia se introdujo en Puerto Rico para el siglo XVI. Es uno de los 10 árboles más útiles de la humanidad cuyas bondades cantó el poeta Luis Lloréns Torres: "para el cansado viajero, brinda sombra y pan y agua el cocotero"

Dulce de coco
Luisa Fernández de Juliá

Ingredientes:
1 coco seco rallado ó 2 latitas de 3 1/2 onzas de coco rallado
3 yemas de huevo
ralladura de un limón
2 tazas de azúcar
3 claras de huevo
jugo de 1 limón

Procedimiento:
1. Combine el coco con las yemas, la ralladura de limón y parte del azúcar reservando 3 cucharadas.
2. Vierta en molde de hornear y hornee a 350°F por 30 minutos.
3. Bata las claras a punto de nieve e incorpore el azúcar y el jugo de limón.
4. Cubra el dulce con este merengue y hornee por 20 minutos o hasta que dore.

1 hora
4 personas

Pollo 15

- Sopa de zanahoria y coliflor
- Papas asadas con romero
- Tomates en salsa caliente de ajo y perejil
- Pollo horneado con queso
- Manzanitas glaseadas

Sopa de zanahoria y coliflor
Sonia González de Mora

30 minutos
6-8 personas

Ingredientes:
1 libra de zanahorias en ruedas
1 coliflor picada
1 cebolla picada
1 pimiento verde picado
2 cubitos de caldo de pollo
2 cucharadas de sofrito
4 tazas de agua

Procedimiento:
1. Cueza tapados los ingredientes a fuego bajo por 1 hora.
2. Triture en la licuadora y sirva.

Papas asadas con romero
Las editoras

30 minutos
4-6 personas

Ingredientes
12 papas rojas pequeñas picadas en cuartos
2 cucharadas de mantequilla derretida
1 cucharadita de romero triturado
1/2 cucharadita de sal
1/2 cucharadita de pimienta
romero fresco (opcional)

Procedimiento
1. Coloque las papas en un molde de hornear.
2. Rocíelas con la mantequilla y sazone con el romero, la sal y la pimienta.
3. Cocine en horno precalentado a 450ºF por 20-25 minutos.
4. Adorne con romero fresco antes de servir.

Tomates en salsa caliente de ajo y perejil
Las editoras

25 minutos
6 personas

Ingredientes:
1/4 taza aceite
2 cucharadas perejil picadito
4 ajos picaditos
10 onzas de aceitunas negras sin semillas y rebanadas
8 tomates cortados en pedazos
1/2 cucharadita de sal
1/4 cucharadita de pimienta

Procedimiento:
1. Sofría en aceite el perejil y los ajos.
2. Incorpore las aceitunas, los tomates, la sal y la pimienta.
3. Reduzca el fuego y cocine por 3 minutos más moviendo constantemente.

Pollo horneado con queso
Evelyn Soto Alicea

Ingredientes:
4 pechugas deshuesadas y sin piel
adobo de su gusto
1 huevo batido
1 taza de polvo de galletas para empanar
1/2 taza de aceite vegetal
1 cebolla picadita
1 pimiento picadito
2 cucharaditas de aceite de oliva
1 lata de 10 1/2 onzas sopa de tomate
4 onzas de queso suizo rallado
4 onzas de queso parmesano rallado

Procedimiento:
1. Adobe las pechugas; bañe con el huevo; empane, fríalas y descarte el aceite sobrante.
2. Sofría la cebolla y el pimiento en aceite de oliva; incorpore la sopa y cocine por 10 minutos.
3. Coloque las pechugas en un molde de hornear; rocíe con la salsa y cubra con los quesos.
4. Hornee por 15 minutos hasta que el queso se derrita.

1 1/2 horas
6-8 personas

Francia, debido a sus condiciones climatológicas y de suelo y a sus muchas razas de vacas, ovejas y cabros, es el país con más variedad de quesos, más de 400. Sin embargo es Suiza el país que produce y exporta más quesos.

Secretos de la Buena Cocina

Manzanitas glaseadas
Rosi Cancio de Rabell

Ingredientes:
12 manzanitas pequeñas (preferiblemente agrias)
1 1/2 taza de agua
2 tazas de azúcar
1 raja de canela
2 clavos

Procedimiento:
1. Lave las manzanitas.
2. Móndelas y reserve las cáscaras.
3. Córtelas a lo ancho y remueva el centro.
4. Hierva las cáscaras en el agua por 5 minutos y sáquelas.
5. Añada al agua, el azúcar, la canela y los clavos.
6. Coloque en el agua las manzanas con la parte recta hacia abajo; al hervir reduzca a fuego bajo y cocine 1/2 hora hasta formarse un sirop espeso.
7. Sirva frío de nevera en recipientes individuales.

2 horas
12 personas

Pollo 16

- Pollo en vino blanco
- *Casserole* de habichuelas tiernas y habas verdes
- Fritos de *purée* de papas
- Crema de ciruela

Pollo en vino blanco
Las editoras

35-45 minutos
4 personas

Ingredientes:
2 pechugas cortadas en mitades
3 dientes de ajo machacados
1 cucharada de aceite de oliva
1 cucharadita de sal
pimienta a gusto
2 cucharadas de aceite de oliva
1 cucharada colmada de azúcar morena
1/2 botella de vino blanco
2 hojas de laurel

Procedimiento:
1. Adobe un rato antes el pollo con el ajo, el aceite, la sal y la pimienta.
2. Derrita el azúcar en el aceite sin dejarlo quemar.
3. Dore por ambos lados las pechugas en el azúcar por 10 minutos en el caldero tapado.
4. Destape y añada el vino y el laurel.
5. Vuelva a tapar y cocine por 25 minutos más.

Casserole de habichuelas tiernas y habas verdes
Margarita Pumarada VanKirk

1 hora
6-8 personas

Ingredientes:
1 paquete de 16 onzas de habichuelas tiernas descongeladas
1 paquete de 16 onzas de habas verdes descongeladas
8 onzas de castañas chinas *(water chesnuts)*
2 cucharadas de cebolla rallada
3 cucharadas de mantequilla
1 lata de 10 onzas de sopa de setas sin diluir
8 onzas de crema agria
2 onzas de queso suizo
2 cucharadas de mayonesa
4 cucharadas de leche
1/4 taza de queso parmesano

Procedimiento:
1. Mezcle las habichuelas tiernas, las habas y las castañas en un molde para hornear.
2. Sofría la cebolla en una cucharada de mantequilla a fuego bajo.
3. Añada poco a poco la sopa, la crema, el queso la mayonesa y la leche, moviendo constantemente.
4. Vierta esta mezcla sobre los vegetales.
5. Riegue con dos cucharadas de mantequilla derretida y el queso parmesano.
6. Hornee a 350ºF por 40-45 minutos

Fritos de *purée* de papas
Sonia González de Mora

45 minutos
8 personas

Ingredientes:
4 lonjas de tocineta
4 tazas de *purée* de papas frescas o de paquete
2 huevos batidos
1 taza de harina
2 cucharadas de polvo de hornear
1 cucharadita de sal

Procedimiento:
1. Fría la tocineta, desbarátela y agréguela con su aceite al *purée*.
2. Incorpore las harinas cernidas juntas.
3. Sazone con la sal.
4. Fría esta mezcla por cucharadas en aceite caliente, por 3-5 minutos o hasta que doren.

Yugoeslavia es el primer productor mundial de ciruelas. De esta fruta, oriunda del sud-oeste asiático, se conocen tres variedades: la europea o la más extensamente cultivada, la japonesa que es firme y jugosa, y la americana es más dura y de clima más frío.

El árbol de ciruela es útil no solo por su fruto sino como planta decorativa ya que al comienzo de la primavera se cubre de hermosas flores blancas.

Enciclopedia Espasa-Calpe

Crema de ciruela
Sonia González de Mora

2 1/2 horas
12 personas

Ingredientes:
12 onzas de mantequilla a temperatura ambiente
1 lata de 14 onzas de leche condensada
1 pote de 25 onzas de ciruelas en almíbar
1 paquete de 6 onzas de almendras picaditas
24 plantillas

Procedimiento:
1. Bata la mantequilla con la leche y deje enfriar.
2. Sáquele las pepitas a las ciruelas y junto con el almíbar incorpore a la mezcla de la mantequilla.
3. Bata hasta lograr una crema uniforme.
4. Enfríe en la nevera por un par de horas.
5. Al momento de servir vierta en copas individuales, riéguele almendritas por encima y acompañe con cada copa 2 plantillas.

Pollo 17

- Pollo con puerros en salsa de soya
- Arroz con tocineta y cebolla moruna
- Ensalada de tomate con orégano
- Pastel de albaricoques

Pollo con puerros en salsa soya
Sonia González de Mora

35 minutos
4 personas

Ingredientes:
2 pechugas cortadas en mitades
2 cucharadas de salsa soya
2 cucharadas de azúcar negra
3 cucharadas de vino blanco
2 puerros
3 zanahorias chicas
8 onzas de setas frescas cortadas en tajadas
3 cucharadas de aceite
2 1/4 onzas de almendras picadas en lascas (opcional)

Procedimiento:
1. Macere por 1 hora las pechugas en la mezcla de salsa soya, azúcar y vino.
2. Corte los puerros en tiritas finas a lo largo y subdividida en trocitos.
3. Corte las zanahorias en tiras con el pela papas.
4. Escurra las pechugas y saltee ligeramente en aceite.
5. Incorpore los vegetales y el líquido de maceración; baje el fuego y cocine tapado por 15 minutos.
6. Fría aparte las almendras en un poco de aceite revolviendo continuamente hasta que doren, luego escurra y reserve.
7. Incorpore directamente las almendras a las pechugas si opta por no freírlas.
8. Cocine tapado por 15 minutos más.
9. Decore con el resto de las almendras al momento de servir.

Me están matando y al mismo tiempo me están llorando.

Adivinanza puertorriqueña
La cebolla

Arroz con tocineta y cebolla moruna
Las editoras

30 minutos
4-6 personas

Ingredientes:
3 tazas de arroz cocido
3 lonjas de tocineta fritas y picadas
1/4 taza de cebolla moruna (*chives*) picadita
1/2 cucharadita de sal
1/8 cucharadita de pimienta
1 cucharada de salsa *Worcestershire*

Procedimiento:
1. Mezcle el arroz con la tocineta y la cebolla.
2. Sazone con la sal, la pimienta y la salsa.
3. Caliente bien antes de servir.

Ensalada de tomate con orégano
Jackeline Biscombe

Ingredientes:
1 cebolla mediana en rebanadas finas
3 tomates maduros en rebanadas

Aliño-
2 cucharadas de aceite de oliva
1 cucharada de vinagre
sal y pimienta a gusto
1 cucharada de orégano

Procedimiento:
1. Remoje las rebanadas de cebolla en agua con sal por 1/2 hora y luego escúrralas.
2. Coloque las rebanadas de tomate en una fuente llana y encima ponga las rebanadas de cebolla.
3. Sazone con el aliño.

30 minutos
4-6 personas

El orégano es condimento indispensable de la cocina mejicana, italiana y española.

En las últimas dos décadas se ha incrementado en 2,000% su uso en América atribuible ello tal vez a la popularidad adquirida por la *pizza*.

Italian Cooking

Pastel de albaricoques
Sara González de Pagán

Ingredientes:
1/2 taza de azúcar
2 cucharadas de maicena
1 cucharadita de sal
1 1/2 taza de leche
1 lata de 17 onzas de albaricoques
4 yemas de huevo
1 cucharada de extracto de almendras
1 cubierta para pastel cocida
1 taza de crema batida instantánea *(cool whip)*

Procedimiento:
1. Combine el azúcar, la maicena y la sal con la leche y el líquido de los albaricoques.
2. Cocine moviendo constantemente con una cuchara de madera y al hervir retire del fuego.
3. Agregue las yemas y el extracto de almendras; cocine por 3 minutos más.
4. Vierta sobre la cubierta de pastel y refrigere por 1 hora.
5. Coloque los albaricoques a vuelta redonda.
6. Rellene entremedio de los albaricoques con la crema batida (puede usar una manga de decorar).

1 1/4 horas
6 personas

Capítulo II

Pasta

Piso de la Sala de Visita del Pensionado, hoy Oficina del Presidente, primer piso, ala derecha del Edificio de Administración.

Pasta 1

- *Lingüine* con frutos del mar
- Ensalada de coliflor con mostaza
- Helado de parcha

Lingüine con frutos del mar
Sonia González de Mora

1 1/2 hora
4 personas

Ingredientes:
3/4 libra de camarones
3/4 libra de calamares
1 lata de 8 onzas de cangrejos
2 cucharadas de aceite de oliva
1 cebolla picada finita
2 dientes de ajo picaditos
1/2 taza de vino blanco
1 libra de tomates picados
sal y pimienta a gusto
1 paquete de 16 onzas de *lingüine*
1 cucharada de perejil picadito

Procedimiento:
1. Lave bien los frutos del mar; pele los camarones y troce los calamares.
2. Sofría en aceite la cebolla y los ajos.
3. Agregue los calamares y a mitad de cocción incorpore los camarones y el cangrejo.
4. Añada el vino y déjelo evaporar a fuego alto.
5. Baje el fuego; añada los tomates, la sal, la pimienta y el perejil y cocine lentamente por una hora.
6. Añada aceite si la salsa llegara a secarse.
7. Vierta sobre los *lingüine* cocidos según indicaciones del paquete.

Ensalada de coliflor con mostaza
Jacqueline Biscombe

30 minutos
4 personas

Ingredientes:
1 coliflor
1/4 taza de leche
sal a gusto
1 huevo duro majado
2 cucharaditas de mostaza tipo Dijon
2 cucharadas de vinagre de vino tinto
6 cucharadas de aceite de oliva
pimienta a gusto
2 cucharadas de perejil picadito

Procedimiento:
1. Descarte los tallos y las hojas de la coliflor y desmémbrela en ramilletes.
2. Hierva los ramilletes en un poco de agua con sal junto con la leche.
3. Baje el fuego y cocine 15 minutos o hasta que estén tiernos; escurra.
4. Mezcle el huevo con la mostaza y el vinagre; incorpore poco a poco el aceite batiendo rápidamente.
5. Añada la pimienta y el perejil. Sirva sobre la coliflor.

Helado de parcha
Sara González de Pagán

30 minutos
4-6 personas

Ingredientes:
1 lata de 12 onzas de leche evaporada
1 lata de 14 onzas de leche condensada
1 lata de 12 onzas de concentrado de parcha congelado.

Procedimiento:
1. Enfríe la lata de leche evaporada por 4 horas.
2. Mezcle todos los ingredientes en la licuadora.
3. Congele por 4 horas y sirva.

A principios del siglo XVIII un monje agustino llevó a Roma el dibujo de la flor de la parcha o passiflora descubierta en Sudamérica.

Estudiosos del Vaticano reconocieron el potencial simbólico de tan espectacular brote en la evangelización de los indios de América y la asociaron de inmediato a la Pasión de Cristo.

De acuerdo a sus interpretaciones, el conjunto de cinco pétalos y cinco sépalos representan los diez apóstoles presentes en la Crucifixión; los filamentos, a la Corona de Espinas; las cinco anteras, las heridas que Cristo sufrió en la cruz; y las tres estigmas, los clavos de la cruz.

The New York Times

La parcha, que es una planta trepadora, tradicionalmente se sembraba en las guardarrayas de las fincas de Puerto Rico.

Pasta 2

- Gazpacho
- *Conchiglie* con habichuelas
- Caleidoscopio de melocotones

Gazpacho
Sonia González de Mora

20 minutos
4-6 personas

Ingredientes:
2 pepinillos pelados en ruedas
4 tomates picados y picados
1 diente de ajo picadito
1/2 pimiento verde
1/2 taza de aceite
1/2 taza de vinagre
sal a gusto (opcional)
agua (opcional)
croutons o cebolla picadita

Procedimiento:
1. Triture todos los ingredientes sólidos en la licuadora.
2. Incorpore poco a poco el aceite, el vinagre y la sal.
3. Si lo prefiere menos espeso, añada un poco de agua.
4. Sirva frío con *croutons* o cebollas picaditas.

El gazpacho es una sopa fría cuya composición varía mucho de una localidad a otra. El gazpacho sevillano está hecho con tomates, ajos y pepinillos; el de Málaga con uvas y almendras y aún otros se confeccionan en un caldo blanco de leche y de vegetales con pimientos, pepinillo y huevos.

El Libro de la Cocina Española

Conchiglie con habichuelas
Las editoras

45 minutos
4-6 personas

Ingredientes:
2 cucharadas de aceite de oliva
1 cebolla picada
7 onzas de tocineta frita picada
2 dientes de ajo picaditos
1 libra de habichuelas blancas grandes frescas
1 taza de consomé
1 ají picado finito
1 cucharadita de perejil picadito
sal y pimienta a gusto
2 libras de *conchiglie* (pasta caracol) mediano #22

Procedimiento:
1. Sofría en el aceite la cebolla, la tocineta y los ajos.
2. Incorpore las habichuelas y el consomé; hierva lentamente añadiéndole agua si fuese necesario para que no se seque.
3. Agregue el ají y la pimienta.
4. Cueza aproximadamente 25 minutos hasta que las habichuelas estén tiernas.
5. Sazone con sal; añada el perejil y sirva con la pasta caracol previamente cocida.

Caleidoscopio de melocotones
Rina Biaggi

15 minutos
6-8 personas

Ingredientes:
1 lata de 16 onzas de melocotones en tajadas
14 malvaviscos *(marshmallows)*
8 onzas de queso crema
1 sobre de 1/4 onza de gelatina sin sabor
1/2 taza de agua
cerezas rojas (opcional)

Procedimiento:
1. Caliente el almíbar de los melocotones e incorpore los malvaviscos moviendo hasta disolverlos.
2. Bata el queso crema en la licuadora y añada el almíbar y la gelatina disuelta en el agua.
3. Coloque artísticamente los melocotones en una fuente de nevera (engrasada si desea desmoldarlo) y cubra con la mezcla de queso.
4. Cuaje en la nevera y sirva adornado con cerezas.

El árbol de melocotón se supone originario de la China donde es considerado una planta sagrada: el árbol del bien y del mal. Se introdujo a Europa a través de Persia.

Dr. Alfredo Masoni

Pasta 3

- Bacalao con china
- *Fettuccine* en salsa de setas
- Ensalada picadita
- Tarta rápida de manzana

Bacalao con china
Maruja Hernáiz

Ingredientes:
2 tazas de bacalao desmenuzado
4 chinas nevo
3 cebollines picaditos
1/2 taza de aceitunas negras
aceite, vinagre y sal a gusto
jugo de 1 china

Procedimiento:
1. Desale el bacalao poniéndolo en agua por 24 horas. Cámbiele el agua 2 ó 3 veces.
2. Pele la china y pique en pedazos de 1 1/2 ".
3. Mezcle el bacalao con los cebollines y las aceitunas.
4. Sazone con aceite, vinagre, sal y jugo de china.
5. Coloque alrededor los pedazos de china y espolvoree un poquito de sal.

20 minutos
4 personas

* Esta receta se usa mucho en el sur de España durante el verano y la sirven en cazuela como plato de entrada.

Fettuccine en salsa de setas
Las editoras

Ingredientes:
10 cucharadas de mantequilla
1/2 cebolla picadita
16 onzas de setas frescas picadas
1/2 taza de vino blanco seco
1 cubito de caldo de carne
1 taza de agua
1 taza de crema de leche
2 cucharadas de salsa para *spaghetti* (opcional)
queso parmesano rallado
sal y pimienta a gusto
1 1/4 libra de *fettuccine*

Procedimiento:
1. Dore la cebolla en la mantequilla e incorpore las setas.
2. Agregue el vino y déjelo evaporar.
3. Añada el cubito disuelto en agua y cocine a fuego bajo 20 minutos.
4. Mezcle con la crema de leche y la salsa para *spaghetti*.
5. Sazone con sal y pimienta y cueza 5 minutos más a fuego bajo hasta que la salsa espese.
6. Sirva con queso parmesano rallado sobre los *fettuccine* cocidos según instrucciones del paquete.

30 minutos
4 personas

Ensalada picadita
Jacqueline Biscombe

Ingredientes:
2 tomates grandes
1 pepinillo grande
8 onzas de rábanos
1 mazo de cebollines o 1 cebolla pequeña
4 tallos de apio verde *(celery)*
1 pimiento verde
2 zanahorias
1 lata de 16 onzas de garbanzos
1/2 taza de perejil fresco picadito

Aliño-
1 cucharadita sal
1/3 taza jugo de limón fresco
2/3 tazas aceite de oliva
pimienta a gusto (opcional)

Procedimiento:
1. Pique todos los vegetales en cuadritos pequeños y trate de que el tamaño sea lo más uniforme posible.
2. Añada los garbanzos y el perejil.
3. Aliñe y sirva bien fría.

30 minutos
12 personas

Tarta rápida de manzana
Lileana Acosta de Márquez

Ingredientes:
4 onzas de mantequilla
1/2 taza de azúcar
3 huevos
1/2 cucharadita de vainilla
1 taza de harina preparada
1 manzana grande pelada y cortada en tajadas de 1/4"
1/4 taza de azúcar negra
1 cucharadita de canela
1/4 taza de almendras picadas

Procedimiento:
1. Bata la mantequilla con el azúcar.
2. Incorpore los huevos y bata hasta esponjar.
3. Añada la vainilla y la harina mezclando bien.
4. Esparza la mezcla en molde redondo de 9" engrasado.
5. Introduzca en la mezcla las tajadas de manzana en forma de abanico.
6. Mezcle aparte el azúcar negra, la canela y las almendras y espolvoree sobre la mezcla.
7. Hornee a 375ºF por 30 minutos o hasta que el palillo salga limpio.

* Puede sustituir la manzana por tajadas de mangó sin fibra dándole así un carácter tropical.

45 minutos
6-8 personas

Pastas • 43

Pasta 4

- *Casserole* de espinacas con setas
- *Conchiglie* con pollo y uvas
- Tarta melo-coco

Casserole de espinacas con setas
Margarita Pumarada Van Kirk

45 minutos
6-8 personas

Ingredientes:
2 paquetes de 10 onzas de espinacas congeladas
4 cucharadas de mantequilla
1 cebolla grande picada
2 tazas de setas frescas picadas
1 taza de leche
6 onzas de queso crema
1 pote de crema para batir
4 huevos batidos
sal y pimienta a gusto
1 cucharadita de estragón
4 lascas de tocineta fritas y desbaratadas
queso parmesano rallado

Procedimiento:
1. Descongele las espinacas; escurra y exprima para quitarle toda el agua.
2. Sofría en mantequilla la cebolla y las setas y retire del fuego.
3. Incorpore las espinacas y parte de la leche mezclando bien.
4. Suavice el queso crema con el resto de la leche y agregue a las espinacas.
5. Bata la crema hasta espesar y mezcle de forma envolvente con las espinacas.
6. Añada los huevos batidos y sazone con sal, pimienta y estragón.
7. Vierta en un molde engrasado.
8. Cubra con la tocineta y con queso parmesano en abundancia.
9. Hornee a 350ºF por 30 minutos hasta que cuaje y dore.

La palabra italiana *soffritto* significa lo mismo que la francesa *sauté* o freír ligeramente en aceite o mantequilla.

Italian Cooking

En Puerto Rico es el picadillo de condimentos tales como la cebolla, el pimiento, los ajíes y el jamón de cocinar que sirven de base para un guiso, una sopa etc...

Conchiglie con pollo y uvas
Margarita Pumarada Van Kirk

Ingredientes:
1 paquete de 16 onzas de *conchiglie* (pasta caracol) mediano #22
1 cucharada de aceite de oliva
2 1/2 botellas frías de 8 onzas c/u de aderezo para ensalada *blue cheese chunky*
4 mitades de pechugas hervidas y picadas en trozos de 1"
4 tallos de apio verde *(celery)* picado.
10 tallos de cebollines *(scallions)* picados
2 tazas de uvas blancas sin semillas
1 lata de 6 onzas de aceitunas negras sin semillas
1 paquete de 4 onzas de boronías de queso azul,
sal y pimienta a gusto

Procedimiento:
1. Hierva el *conchiglie* según indicaciones del paquete; escurra y rocíe con el aceite y media botella de aderezo.
2. Enfríe en la nevera media hora.
3. Mezcle bien en un recipiente grande la pasta con el pollo, el apio, los cebollines, las uvas, las aceitunas, una botella de aderezo, las boronías de queso, sal y pimienta.
4. Tape y enfríe en la nevera.
5. Prepare el día anterior y al servir sazone con el aderezo restante.

45 minutos
8-10 personas

Tarta melo-coco
Alice Huyke

Ingredientes:
1 paquete de 18 1/2 onzas de mezcla de bizcocho de vainilla con *pudding*
1 lata de 3 1/2 onzas de coco rallado
4 onzas de mantequilla
1 lata de 16 onzas de melocotones en tajadas
8 onzas de crema agria
1 huevo
2 cucharaditas de azúcar
canela a gusto

Procedimiento:
1. Mezcle con un cuchillo la harina de bizcocho, el coco y la mantequilla.
2. Vierta en molde de hornear engrasado y hornee a 350ºF por 10 minutos.
3. Cubra artísticamente con las tajadas de melocotón.
4. Mezcle la crema agria con el huevo y vierta sobre los melocotones.
5. Espolvoree con el azúcar y la canela mezcladas.
6. Hornee a 350ºF por 20 minutos más.

45 minutos
6-8 personas

Pasta 5

- *Lasagne* de espinacas
- Ensalada de tomate y aguacate
- Rollitos de amarillo
- Bizcocho económico

Lasagne de espinacas
Edgardo Ríos Ruíz

Ingredientes:
1 paquete de *lasagne*
2 paquetes de 15 onzas de espinacas congeladas
8 onzas de queso *mozzarella* rallado
8 onzas de queso suizo rallado
8 onzas de queso *ricotta*
1 pote de salsa sin carne para *spaghetti*

Procedimiento:
1. Hierva la *lasagne* según indicaciones del paquete.
2. Cocine las espinacas según indicaciones del paquete.
3. Coloque en molde para hornear, a todo lo largo, una camada de *lasagne*, luego mitad de la espinaca, después la tercera parte de los quesos y la mitad de la salsa. Repita las camadas de *lasagne*, espinaca y queso. Termine con *lasagne*, la segunda mitad de la salsa y la tercera parte de los quesos.
4. Hornee a 350ºF por 15 minutos.

1 hora
8 personas

* Incluya en cualquier menú vegetariano.

Unos van en bote, otros van en yate y nosotros vamos en latas de tomate.

Refrán popular

Ensalada de tomate y aguacate
Jacqueline Biscombe

Ingredientes:
2 aguacates picados en trozos
4 tomates picados en trozos
1 cebolla pequeña rebanada
2 huevos duros picados en cuartos
1 ajo machacado
2 cucharadas de vinagre de vino
6 cucharadas de aceite de oliva
pizca de comino en polvo
1 cucharada de cilantro picadito
sal y pimienta a gusto

Procedimiento:
1. Mezcle todos los ingredientes.
2. Refrigere un par de horas.
3. Revuelva antes de servir.

30 minutos
6-8 personas

Rollitos de amarillo
Jacqueline Biscombe

Ingredientes:
3 plátanos maduros grandes
3 cucharadas de mantequilla
1/2 cucharadita de aceite vegetal
jugo de medio limón
1 cucharada de azúcar negra

Procedimiento:
1. Monde y corte los plátanos a lo largo en tajadas de 1/4" de espesor.
2. Derrita la mantequilla junto con el aceite y fría los plátanos a fuego mediano hasta dorar.
3. Coloque en molde de hornear enrollando cada tajada en forma de caracol.
4. Rocíe con el limón y el azúcar.
5. Hornee a 350ºF por 15 minutos.

30 minutos
6 personas

*Verde fue mi mocedad,
amarilla mi vejez
cuando vine a morir
negrito como un pez.*

Adivinanza puertorriqueña
El plátano

Bizcocho económico
Iraida Echeandia

Ingredientes:
2 tazas de harina preparada *(self rising)*
1/2 taza cocoa en polvo
1/2 cucharadita de bicarbonato de soda
1 cucharadita de polvo de hornear
1 taza de leche condensada
1 taza de agua
1/2 taza de mantequilla derretida
2-3 gotas de vainilla

Procedimiento:
1. Cierna la harina con la cocoa y el bicarbonato.
2. Mezcle la leche con el agua, la mantequilla y la vainilla.
3. Agregue la harina y bata bien.
4. Vierta en molde engrasado y hornee a 350ºF por 40-45 minutos.
5. Adorne a su gusto.

1 hora
12-15 personas

Pasta 6

- Antipasto de brécol
- *Fettuccine* de espinaca con queso
- Ensalada de palmito, manzana y piña
- *Parfait* de limón

Antipasto de brécol
Maggie Magraner de González

Ingredientes:
3 cajitas de 10 onzas de brécol picado congelado
8 onzas de queso amarillo de untar *(cheese Whiz)*
4 cucharadas de mayonesa
1 lata de 10 onzas de crema de setas sin diluir
4 huevos batidos
polvo de galletas

Procedimiento:
1. Hierva el brécol, escurra y reserve.
2. Mezcle el queso, la mayonesa, la crema de setas y por último los huevos batidos.
3. Una la mezcla de queso con el brécol.
4. Vierta en molde engrasado y hornee a 350ºF por 40 minutos

* Sirva como acompañante o entremés.

1 hora
4-6 personas

"La alegría y el amor son alas para las grandes empresas".

J. W. Goethe

Fettuccine de espinaca con queso
Maggie Magraner de González

Ingredientes:
1 paquete de 16 onzas de *fettuccine* de espinaca
4 onzas de mantequilla derretida
3 dientes de ajo machacados
8 onzas de queso crema
8 onzas de queso amarillo tipo *Velveeta*
1 paquete de 8 onzas de crema de leche

Procedimiento:
1. Cocine los *fettuccine* según las instrucciones del paquete y escurra.
2. Sofría los ajos en la mantequilla y mezcle bien los *fettucine*.
3. Caliente juntos en el microondas por 3 minutos los quesos y la crema de leche.
4. Vierta la mezcla de quesos sobre los *fettucine* y sirva.

30 minutos
4-6 personas

La pasta para ensalada se hierve en agua con sal y un poco de aceite para darle firmeza y suavidad. También se debe lavar con agua fría después de hervida.

Ensalada de palmito, manzana y piña

Sonia González de Mora

20 minutos
6 personas

Ingredientes:
1 lata de 14 onzas de palmitos picados en rueditas
1 lata de 16 onzas de piña en pedacitos escurrida
1 1/2 manzanas picadas en cuadritos
1 tallo de apio verde *(celery)* picadito
3 cucharadas de crema de leche
2 cucharadas de mayonesa
2 cucharadas de jugo de limón o a gusto

Procedimiento:
1. Coloque los palmitos, la piña, las manzanas y el apio verde en un recipiente hondo.
2. Mezcle aparte la crema de leche, la mayonesa y el limón.
3. Vierta sobre las frutas y mezcle bien.
4. Sirva frío de nevera.

En 1636 Fray Juan de Solís escribía sobre Puerto Rico: "(frutas) hay pocas de España pero hay otras incomparables mejores, la Reyna de todas, y de quantes crió la Naturaleza es la Piña..."

El Puertorriqueño y su Alimentación

Parfait de limón

Marilú Gómez de Redondo

15 minutos
6 personas

Ingredientes:
8 galletitas María pulverizadas
2 cucharadas de mantequilla derretida
1 lata de leche evaporada
1 lata de leche condensada
1/2 taza de jugo limón
1 lata 17 onzas frutas de su predilección (melocotones, fresas, kiwis, coctel de frutas)

Procedimiento:
1. Mezcle las galletas con la mantequilla y coloque en el fondo de 6 copas de helado.
2. Una en la licuadora las leches con el limón.
3. Vierta esta crema en las copas y adorne con las frutas cortadas.
4. Refrigere y sirva bien frío.

Pasta 7

- *Lasagne* de pollo
- Ensalada de pimientos tricolor
- Tostones de guineos verdes
- Merengón

Lasagne de pollo
Conchi González de Gorbea

1 hora
6 personas

Ingredientes:
2 libras de pechugas de pollo
1 cucharada de aceite de oliva
1 pote de 15 onzas de salsa *marinara*
8 onzas de queso crema
sal a gusto
1 paquete de 16 onzas de *lasagne no boil*
1/2 taza de queso parmesano rallado

Procedimiento:
1. Hierva por 30 minutos las pechugas en agua con sal, luego escurra y desmenuce.
2. Mezcle en una sartén el aceite, las pechugas, la mitad de la salsa marinara y el queso.
3. Forre un molde rectangular de hornear con *lasagne* ya cocida; coloque en camadas la mitad de las pechugas y de la *lasagne*, luego la segunda mitad de éstas.
4. Cubra con la segunda mitad de la salsa *marinara* y el queso parmesano.
5. Hornee a 350ºF por 30 minutos.

Ensalada de pimientos tricolor
Ana Belén García de Bermudez

30 minutos
4 personas

Ingredientes:
1 pimiento verde picadito
1 pimiento rojo picadito
1 pimiento amarillo picadito
1/2 cebolla roja picadita
1/2 taza vinagre balsámico
1 cucharadita de mostaza tipo *Dijon*
2 cucharaditas de concentrado de jugo de manzana

Procedimiento:
1. Mezcle en un recipiente los pimientos y la cebolla.
2. Prepare un aliño con el vinagre, la mostaza y el jugo de manzana.
3. Vierta sobre los pimientos mezclando bien.
4. Refrigere tapado hasta el momento de servir.

Tostones de guineos verdes
Jacqueline Biscombe

1/2 hora
4 personas

Ingredientes:
12 guineos verdes mondados y picados en mitades
2 tazas de aceite para freir
sal a gusto

Procedimiento:
1. Fría los guineos en aceite bien caliente y al estar medio cocidos sáquelos.
2. Coloque entre dos papeles y aplaste cada mitad.
3. Bañe en agua con sal y regrese al aceite caliente hasta que doren.

Merengón
Conchi González de Gorbea

Ingredientes:
Merengón-
1 taza de claras de huevo
1 pizca de cremor tártaro
1 cucharadita de vainilla
1 1/4 tazas de azúcar

Caramelo-
1 taza de azúcar
3 cucharadas de agua

Crema-
5 yemas
1/2 taza de azúcar
1 cucharadita de vainilla
1 taza de leche evaporada
1 raja de canela
ralladura de 1 limón

Procedimiento:
Merengón-
1. Bata las claras a punto de nieve y añada el cremor, la vainilla y el azúcar poco a poco hasta formar picos firmes.
2. Vierta en molde acaramelado y hornee a 400ºF por 10 minutos.
3. Apague el horno y déjelo 3 ó 4 horas hasta enfríar.

Caramelo-
1. Coloque en el microondas un molde hondo de hornear con el azúcar y el agua por 5 minutos o hasta que el caramelo se dore color clarito.

Crema-
1. Mezcle las yemas con el azúcar y la vainilla.
2. Hierva la leche con la canela y la ralladura de limón en baño María.
3. Incorpore poco a poco las yemas moviendo bien hasta formar una crema.
4. Deje refrescar; luego licúe para hacer la crema bien liviana.

Modo de servir-
1. Desmolde el merengón.
2. Bañe al momento de servir las porciones individuales de merengón con la crema.

1 hora
12 personas

* Vistoso postre que puede incluir en cualquier menú de gala.

Nunca amarga el manjar por mucho azúcar.
Refrán español

Pasta 8

- *Fettuccine* con salmón
- Ensalada de huevos, lechuga y anchoas
- Fresas con chocolate

Fettuccine con salmón
Marina Martínez de Fernández Paoli

Ingredientes:
1 paquete de 16 onzas de *fettuccine*
1/2 cucharadita de mantequilla
1/2 taza de cebollines *(scallions)* picaditos
1/4 cucharadita de nuez moscada
sal y pimienta a gusto
1/4 libra de salmón ahumado en lascas
1 pote de 8 onzas de crema de leche
1/2 taza de *vermouth* blanco seco
1/2 taza de queso *mozzarella*
4 onzas de queso parmesano rallado
1 taza de guisantes verdes *(petit-pois)* congelados

Procedimiento:
1. Hierva los *fettuccine* según las indicaciones de la caja.
2. Rehogue en mantequilla los cebollines con la nuez moscada, la sal y la pimienta.
3. Añada el salmón en trozos pequeños y saltee por 1 minuto.
4. Agregue la crema, el *vermouth*, los quesos y mueva bien.
5. Añada por último los guisantes verdes y cocine 1 minuto más.
6. Sirva los *fettuccine* con esta salsa y espolvoree a gusto con más queso parmesano.

30 minutos
4 personas

Ensalada de huevos lechuga y anchoas
Las editoras

Ingredientes:
3 cucharadas de aceite
l cucharada de vinagre
l cucharadita de hierbas finas
sal y pimienta a gusto
1/2 mazo de lechuga romana picada
1/2 mazo de lechuga escarola picada
2-3 cucharadas de mayonesa
4 huevos duros rebanados
15 filetitos de anchoa picaditos
8 aceitunas picadas en mitades

Procedimiento:
1. Prepare el aliño con el aceite, el vinagre, las hierbas finas, la sal y la pimienta.
2. Aliñe las lechugas y coloque en una bandeja en forma de montaña.
3. Cubra ligeramente con mayonesa.
4. Adorne alrededor con los huevos, las anchoas y las aceitunas.

20 minutos
4-6 personas

Fresas con chocolate

Margarita Pumarada Van Kirk

20 minutos
4 personas

Ingredientes:
1 paquete de 8 onzas de chispitas de chocolate *(chocolate chips)*
8 onzas de leche condensada
1 cucharada de *Cointreau*
1 paquete de fresas frescas grandes

Procedimiento:
1. Derrita los chocolatitos con la leche en una olla de *fondue*.
2. Añada el *Cointreau* y encienda el fuego para mantener derretido el chocolate.
3. Sirva las fresas aparte acompañadas de tenedores largos.
4. Invite a los comensales a bañar sus fresas en este *fondue*.

El chocolate se confecciona con semillas de cacao pulverizadas. Estas se encuentran dentro del fruto que crece pegado a la rama o al tronco del árbol de cacao y que contiene de 20 a 40 semillas.

Los indios mejicanos utilizaban las semillas de cacao como moneda. Durante el siglo XIX en Venezuela, los hacendados del cacao adquirieron gran poder económico y se les denominó "los reyes del cacao". Actualmente, en América, Brasil es su mayor productor de cacao.

World Book Encyclopedia

Pasta 9

- *Casserole* de *spaghetti* con pollo
- Ensalada cocida con aderezo de limón
- *Mousse* de fresas

Casserole de *spaghetti* con pollo
Marina Martínez de Fernández Paoli

1 hora
8 personas

Ingredientes:
4 pechugas de pollo troceadas
2 cucharadas de aceite de oliva
1 hoja de laurel
1/4 cucharadita de orégano
sal y pimienta a gusto
2 dientes de ajo picaditos
1 cebolla grande cortada en ruedas
1 pimiento verde picadito
1 pimiento morrón cortado en tiras
5 aceitunas pequeñas
1 cucharadita de alcaparras
1/2 taza de pasas
2 cucharadas de sofrito preparado
1/2 taza de salsa tomate
1/2 taza de caldo de pollo o 1 cubito disuelto en 1/2 taza de agua
1/2 taza de vino o *vermouth* blanco
1 paquete de 16 onzas de *spaghetti* #8
1/2 taza de queso parmesano rallado

Procedimiento:
1. Dore el pollo en el aceite e incorpore el resto de los ingredientes.
2. Cocine a fuego lento por 30 minutos.
3. Hierva los *spaghetti* según las instrucciones del paquete.
4. Mezcle los *spaghetti* con el pollo y espolvoree con el queso.
5. Hornee a 350ºF por 20 minutos.

Hasta el siglo XIX los italianos manufacturaban la pasta solo en el verano cuando podían secarla al sol. Con el advenimiento de máquinas secadoras movidas por gas la producción y el consumo de la pasta se extendió a todo el año.

Italian Cooking

Ensalada cocida con aderezo de limón
Jacqueline Biscombe

Ingredientes:
1 paquete de 16 onzas de guisantes verdes *(petit-pois)* congelados
1 taza de habichuelas tiernas frescas picadas
1 papa mediana pelada y picada
1 paquete de 10 onzas de alcachofas congeladas
4 zanahorias peladas y picadas en ruedas
1 paquete de 10 onzas de hojas de espinacas congeladas

Aliño-
1 onza de jugo de limón fresco
3 onzas de aceite de oliva
1/2 cucharadita de sal
pimienta a gusto
hierba fresca: orégano o albahaca (opcional)

Procedimiento:
1. Cocine al vapor los vegetales por 20 minutos.
2. Escurra y deje refrescar.
3. Sazone con el aliño.
4. Refrigere hasta el momento de servir.

30 minutos
4-6 personas

La fresa se cultiva comercialmente en casi todos los países. En la Roma antigua se cultivó la fresa silvestre.

Para los años 1700 los franceses produjeron una variedad híbrida al cruzarla con las traídas de Norte América y Chile. Actualmente en California se cultivan tres cuartas partes de la producción total de los Estados Unidos.

World Book Encyclopedia - 1986

Mousse de fresas
Sonia González de Mora

Ingredientes:
1 lata de 12 onzas de leche evaporada
6 onzas de gelatina de fresas
2 tazas de agua
3/4 tazas de azúcar
1 libra de fresas congeladas

Procedimiento:
1. Enfríe la leche por media hora en el congelador.
2. Prepare la gelatina con el jugo de las fresas y el agua; añada el azúcar.
3. Licúe las fresas.
4. Mezcle las fresas con la leche y la gelatina.
5. Refrigere varias horas antes de sacar del molde.

45 minutos
8 personas

Pasta 10

- *Lasagne* de pollo y espinaca
- Ensalada de manzanas y uvas
- Pastel frío de piña

Lasagne **de pollo y espinaca**
Georgina Ortíz de Colón

Ingredientes:
Salsa-
4 dientes de ajo machacados
8 onzas de margarina
1 taza de harina
2 cucharaditas de sal
4 tazas de leche
4 tazas de caldo de pollo
4 tazas de *mozarella* rallado
1 taza de queso parmesano rallado
2 cebollas medianas picadas
2 cucharaditas de albahaca
1/2 cucharadita de orégano
1/2 cucharadita de pimienta

Relleno-
9-12 lonjas de *lasagne* cocida
16 onzas de queso *ricotta*
2 tazas de pollo en trocitos
2 paquetes de 10 onzas de espinacas congeladas
1/2 taza de queso parmesano

Procedimiento:
1. Sofría los ajos en la mantequilla.
2. Incorpore la harina y la sal moviendo constantemente hasta que comience a burbujear.
3. Retire del fuego y añada la leche y el caldo.
4. Regrese al fuego moviendo constantemente; cocine 1 minuto más después que hierva.
5. Añada el queso *mozzarella*, el queso parmesano, la cebolla, la albahaca, el orégano y la pimienta.
6. Cocine a fuego bajo hasta que los quesos se derritan.
7. Vierta en un molde de hornear rectangular 1/4 parte de la salsa de queso.
8. Coloque subsiguientemente en camadas: 3-4 lonjas de *lasagne*, la mitad del *ricotta*; 1/4 de salsa de queso; 3-4 lonjas de *lasagne*; la otra mitad del *ricotta*; el pollo en trocitos; la espinaca cocida y escurrida; 1/4 de salsa de queso; 3-4 lonjas de *lasagne* y la restante salsa de queso.
9. Espolvoree con queso parmesano y hornee destapado a 350ºF por 35-40 minutos.

1 1/4 hora
4 personas

* Deje refrescar por 15 minutos antes de servir.

Ensalada de manzanas y uvas
Sonia González de Mora

Ingredientes:
2 cucharaditas de azúcar
2 cucharaditas de jugo de limón
2 cucharaditas de *brandy*
1 ramita de menta
2 manzanas peladas y picadas en tajadas finas
1/2 libra de uvas blancas sin semillas picadas en mitades

Procedimiento:
1. Mezcle el azúcar con el limón y el *brandy*.
2. Vierta sobre las manzanas.
3. Añada las uvas y mezcle bien.
4. Tape y enfríe por una hora en la nevera.

1 1/2 hora
4 personas

El queso parmesano se hace de leche de vaca y el romano de leche de oveja. El romano pecorino es oriundo de Roma y el romano sardo de la isla de Cerdeña; el queso romano tiene un sabor más fuerte debido a la dieta de las ovejas que pastan en predios abiertos.

Italian Cooking

Pastel frío de piña
Juanita Berríos

Ingredientes:
3/4 taza de azúcar
5 huevos separados
4 onzas de mantequilla
1 lata de 15 onzas de piña picada y escurrida
2 paquetes de 7.5 onz. de galletas de canela *Graham* molidas
8 onzas de crema para batir
3 cucharadas de azúcar
1/2 cucharadita de vainilla
cerezas para adornar

Procedimiento:
1. Bata el azúcar con las yemas y la mantequilla hasta formar una crema.
2. Mezcle a mano la crema con la piña e incorpore las claras batidas a punto de nieve.
3. Coloque por camadas en un molde enmantequillado de 9" y de costados removibles: primero la galleta molida bien compactada, luego la crema de piña, otra de galleta, otra de piña y termine con galleta.
4. Cubra el molde y refrigere por 24 horas.
5. Retire los costados del molde y cubra con la crema batida con el azúcar y la vainilla.

30 minutos
24 horas de refrigeración
6-8 personas

Pasta 11

- *Farfalle* con calabacines
- Ensalada de berros con china y cebolla
- Piña al licor

Farfalle con calabacines
Jacqueline Biscombe

45 minutos
4 personas

Ingredientes:
8 onzas de *farfalle*
3 cebollas medianas picadas
1/4 taza de aceite
2 calabacines *(zucchini)* cortados en ruedas
14 onzas de salsa de tomate para *spaghetti* sin carne
2 onzas de queso parmesano rallado
sal

Procedimiento:
1. Hierva los *farfalle* según instrucciones del paquete y escurra.
2. Dore la cebolla en aceite; sáquela y reserve.
3. Dore en el mismo aceite los calabacines.
4. Coloque los *farfalle* en un molde de hornear engrasado; cubra con la salsa de tomate; acomode encima la cebolla y los calabacines y espolvoree con queso.
5. Hornee a 350ºF por 15 minutos o hasta que el queso dore.

El origen de la pasta en Italia es debatible. Unos alegan que Marco Polo la introdujo a su regreso de la China, y otros citan textos del 1200 que aluden a su ya acentuada popularidad.

New York Times Food Encyclopedia

Ensalada de berros con china y cebolla
Cynthia Boscio de Morales

25 minutos
4 personas

Ingredientes:
1 mazo de berros
4 chinas peladas y rebanadas
6 ruedas finitas de cebolla roja desensortijada
2 cucharadas de aceite de oliva
1 cucharadita de vinagre de vino tinto
1/4 cucharadita de sal

Procedimiento:
1. Haga una cama de berros.
2. Acomode encima las chinas y luego las cebollas.
3. Prepare un aliño con el aceite, el vinagre y la sal.
4. Vierta sobre los berros antes de servir.

Piña al licor

Jacqueline Biscombe

20 minutos
6-8 personas

Ingredientes:
1 piña mediana picada en trozos
2 onzas de azúcar blanca
1 cucharadita de canela en polvo
4 cucharadas de ron

Procedimiento:
1. Rocíe la piña con el azúcar y la canela.
2. Caliente el ron a baño de María sin poner sobre la hornilla.
3. Vierta el ron poco a poco sobre la piña y al final enciéndalo con un fósforo.
4. Sirva al extinguirse la llama.

La piña por su perfección, su sabor y perfume se le ha llamado: "La Novena Sinfonía de las Frutas".

Parece ser originaria de las regiones tropicales de Brasil o Paraguay; fue encontrada por Colón en las Antillas en su segundo viaje.

El vocablo piña deriva del latín "pinea" y anana del idioma guaraní, en el cual significa fruta superior o excelente.

En Puerto Rico, José Gualberto Padilla le cantó de este modo:

"Y por doquier alzando en la llanura el soberbio florón de una corona... orgullosa presenta la campiña entre silvestres búcaros la **piña**."

Pasta 12

- *Lasagne* de brécol
- Garbanzos con cebolla y tocineta
- Bizcocho de piña

Lasagne de brécol
Sara González de Pagán

1 hora
8 personas

Ingredientes:
1/4 taza de aceite de oliva
2 dientes de ajo picaditos
1 cebolla picadita
8 onzas de queso *ricotta*
1 lata de 10 1/2 onza de sopa de crema de pollo
1/2 taza de *yogurt* sin sabor
1/4 taza de jamón de pavo picadito
1 cucharada de sazonador italiano
1 huevo duro picado
2 paquetes de 16 onzas de brécol congelado
10 lonjas de *lasagne* hervida
32 onzas de salsa para *spaghetti* sin carne
queso parmesano rallado

Procedimiento:
1. Sofría en aceite los ajos y la cebolla.
2. Agregue el queso, la crema de pollo, el *yogurt*, el jamón, el sazonador italiano, el huevo y el brécol.
3. Ponga en un molde de hornear un poco de salsa para *spaghetti*, una camada de *lasagne*, la mitad del relleno de brécol y otro poco de salsa para *spaghetti*.
4. Repita las camadas terminando con la *lasagne* y la salsa. Espolvoree con queso parmesano.
5. Hornee a 350ºF por 30-35 minutos.

Garbanzos con cebolla y tocineta
Sonia González de Mora

40 minutos
4-6 personas

Ingredientes:
8 tiras de tocineta picadas en pedacitos
6 cebollas perlas peladas y picadas en mitades
1 lata de 16 onzas de garbanzos
2 tazas de caldo de pollo
1/2 cucharadita de perejil picado
1/2 cucharadita de pimienta

Procedimiento:
1. Sofría la tocineta hasta que esté crujiente y en la grasa que suelta amortigue las cebollas.
2. Incorpore los garbanzos, el caldo, el perejil y la pimienta.
3. Baje el fuego cuando hierva y cocine tapado por 20 minutos hasta que espese.

Bizcocho de piña
Dolly Barrera Matanzo

40 minutos
12 personas

Ingredientes:
2 tazas de mezcla para bizcocho amarillo
1 huevo
1 1/2 taza de agua
8 onzas de queso crema
1 1/2 taza de leche
3 3/8 onzas de budín instantáneo de vainilla
1 lata de 16 onzas de piña picadita
16 onzas de crema batida instantánea *(cool whip)*

Procedimiento:
1. Prepare el bizcocho mezclando la harina con el huevo y el agua.
2. Hornee en molde 9" x 13" a 350ºF por 15 minutos y deje enfriar.
3. Bata el queso crema con la leche para disolverlo.
4. Añada el budín instantáneo y continúe batiendo hasta que espese.
5. Vierta sobre el bizcocho.
6. Coloque encima la piña escurrida y cubra con la crema batida.
7. Refrigere hasta el momento de servir.

"Como un rico tazón de porcelana,
el ramillete luce los colores,
que afrenta son del nácar y la grana
con que unta el artífice las flores
así ostenta la piña americana
con la malla leonada sus primores..."

José Gualberto Padilla
Canto a Puerto Rico

Pasta 13

- *Tortellini* de queso con caviar rojo
- Coles de Bruselas con *prosciutto*
- *Mousse* de guanábana con salsa de tamarindo

Tortellini de queso con caviar rojo
Sonia González de Mora

30 minutos
4-6 personas

Ingredientes:
4 tazas de agua
1 cucharadita de sal
2 paquetes de 10 onzas de *tortellini* de queso
2 cucharadas de mantequilla
1 cebolla pequeña picadita
1 pimiento rojo picadito
1/2 taza de ron
2 tazas de crema para batir
1/4 cucharadita de nuez moscada
1/4 cucharadita de sal
pizca de pimienta
4 onzas de caviar rojo

Procedimiento:
1. Hierva los *tortellini* en agua con sal según indicaciones del paquete; escurra y reserve.
2. Sofría en mantequilla la cebolla y el pimiento.
3. Incorpore el ron y cuando evapore agregue la crema de batir, la nuez moscada, la sal y la pimienta.
4. Cuando empiece a hervir, reduzca a fuego bajo y cocine destapado 20 minutos moviendo frecuentemente.
5. Añada el caviar y cocine 5 minutos más.
6. Vierta sobre los *tortellini* y sirva caliente.

El jamón prosciutto se cura con especias, luego se añeja de 5 a 8 meses y se seca al aire. Para lograr un mejor gusto debe añejarse más de lo normal y su color rosado es índice de calidad.

Coles de Bruselas con *prosciutto*
Sonia González de Mora

30 minutos
4 personas

Ingredientes:
1 libra de coles de Bruselas frescas o congeladas
2 tazas de caldo de pollo (1 taza si usa coles congeladas)
4 cucharadas de mantequilla
1 cebolla pequeña picada en ruedas finitas
4 lascas de jamón *prosciutto*
queso parmesano rallado

Procedimiento:
1. Cocine las coles de Bruselas en el caldo hasta estar tiernas.
2. Sofría la cebolla en la mantequilla.
3. Reduzca a fuego bajo; incorpore las coles y el *prosciutto* y cocine tapado 2 minutos o hasta calentarse.
4. Espolvoree el queso parmesano y sirva caliente.

Mousse de guanábana con salsa de tamarindo
Sara González de Pagán

13 horas
6 personas

Ingredientes:
Mousse-
1 guanábana mediana
8 onzas de queso crema
2 sobres de 1/4 onza de gelatina sin sabor
1 cucharada de agua caliente
1 cucharadita de *Cointreau*
1 taza de crema para batir

Salsa-
2 cucharadas de maicena
2 onzas de mantequilla
1 pote de 12 onzas de jugo de tamarindo concentrado y descongelado

Procedimiento:
Mousse-
1. Pele y saque las semillas a la guanábana.
2. Mezcle en el procesador de alimentos con el queso.
3. Disuelva la gelatina en agua a baño de María y añada el *Cointreau.*
4. Vierta la gelatina en la mezcla de guanábana.
5. Bata la crema hasta obtener consistencia y una a la guanábana con una cuchara de forma envolvente.
6. Enfríe en la nevera por lo menos 12 horas.

Salsa-
1. Disuelva la maicena con la mantequilla en una sartén.
2. Agregue al jugo concentrado y una bien.
3. Refrigere y sirva frío sobre el *mousse.*

Si sustituye el jugo por pulpa de tamarindo fresco:
1. Disuelva la mitad del paquete en 2 tazas de agua y cuele.
2. Endulce la 1/2 taza de pulpa colada con 1/2 taza de azúcar morena.
3. Disuelva 2 cucharadas de maicena en 2 de agua y hierva con la pulpa por 5 minutos para espesar.
4. Sirva frío de nevera sobre el *mousse.*

"He aquí con verde traje la guanábana con sus finas y blancas pantaletas de muselina..."

Luis Palés Matos
Despertar glorioso en las Antillas

Pasta 14

- *Lingüine* con *prosciutto* y setas
- Brécol al limón
- Tarta de chocolate

Lingüine con *prosciutto* y setas
Sonia González de Mora

30 minutos
4 personas

Ingredientes:
3 cucharadas de perejil picadito
1 cebolla pequeña picadita
2 cucharadas de mantequilla
4 onzas de setas frescas
4 onzas de jamón *prosciutto* picadito
1/4 taza de *brandy*
1 taza de crema de batir
1/4 cucharadita de sal
1/4 cucharadita de pimienta
1 paquete de 16 onzas de *lingüine*
4 tazas de agua
1 cucharadita de sal
1 taza de queso parmesano rallado

Procedimiento:
1. Sofría el perejil y la cebolla en la mantequilla.
2. Incorpore las setas y el *prosciutto* y cocine 5 minutos más hasta que las setas estén tiernas.
3. Agregue el *brandy* y déjelo evaporar; entonces añada la crema, la sal y la pimienta.
4. Reduzca a fuego bajo cuando hierva y cocine destapado 15 minutos o hasta que espese.
5. Hierva los *lingüine* en agua con sal hasta que estén *al dente.*
6. Sirva los *lingüine* con la salsa y espolvoree con el queso.

Brécol al limón
Sonia González de Mora

30 minutos
4 personas

Ingredientes:
2 tazas de caldo de pollo
1 libra de flores de brécol
1 cebolla pequeña picadita
4 cucharadas de mantequilla
3 cucharadas de jugo de limón
1 huevo batido
1 cucharada de perejil fresco picadito

Procedimiento:
1. Cocine el brécol en el caldo de pollo y escurra.
2. Sofría la cebolla en la mantequilla.
3. Incorpore el limón, el huevo y el brécol; cocine 3 minutos más moviendo constantemente.
4. Espolvoree con el perejil y sirva caliente.

"Gloria de los huertos, árbol limonero, que enciendes los frutos de pálido oro..."

Antonio Machado
A un naranjo y a un limonero

Tarta de chocolate

Leida Arraiza

30 minutos - preparación
6 horas - congelador
10 personas

Ingredientes:
8 onzas de mantequilla
1 taza de azúcar
6 yemas de huevo
8 onzas de chocolate dulce rallado
4 onzas de leche de vaca
6 claras
4 onzas de leche evaporada
3 cucharadas de ron o *brandy*
1 bizcocho ponqué de 1 libra
4 onzas de almendras peladas y tostadas

Procedimiento:
1. Bata la mantequilla con el azúcar; añada las yemas y bata un poco más.
2. Derrita el chocolate con la leche de vaca y agregue la mezcla de huevo.
3. Bata las claras a punto de nieve; vierta el chocolate poco a poco y una con movimiento envolvente.
4. Corte el ponqué en tajadas de 1/2" y moje en la mezcla de leche evaporada con ron.
5. Cubra un molde con la mitad del ponqué.
6. Rellene con la mitad de la mezcla de chocolate; luego coloque la otra mitad del ponqué y termine con el resto del chocolate.
7. Adorne con las almendras y congele por 6 horas hasta endurecer.

* Regrese al congelador después de servir a los comensales.

Chocolate es una palabra maya que significa "agua ácida." Los mayas confeccionaban con semillas de cacao esta bebida agria y picante. Fueron las monjas en los conventos de Oaxaca quienes lo menzclaron con azúcar y especias para complacer el paladar europeo. ¡Y éste fue el chocolate de América que conquistó al Viejo Mundo!

Antonia I. Macías

En Europa fue costumbre de los frailes españoles obsequiar a los reyes franceses regalándoles chocolates. En el siglo XVII se funda en Inglaterra la primera fábrica de chocolate y luego en el siglo XVIII en Francia, consagrándose así la popularidad y consumo de este dulce en Europa.

Enciclopedia Espasa-Calpe

Pasta 15

- *Ravioli* con salsa de carne y zanahorias
- Ensalada de tomatitos con perejil
- Bizcochitos de nueces y caramelo

Ravioli con salsa de carne y zanahorias
Las editoras

Ingredientes:
1 cebolla mediana picadita
1 pimiento verde picadito
4 ajíes picaditos
2 dientes de ajo picaditos
3 zanahorias en ruedas
2 cucharadas de aceite de oliva
2 cucharadas de mantequilla
1/2 libra de salchicha dulce italiana en ruedas
1/2 libra de masa de carne de res troceada
1/2 taza de vino tinto
1 cubito de caldo de res
3 latas de 28 onzas de tomate escurridos y picados
1 cucharadita de sal
1 cucharadita de orégano
1/2 cucharadita de pimienta
2 libras de *ravioli*
4 tazas de agua
1 cucharada de sal
queso parmesano

Procedimiento:
1. Sofría la cebolla, el pimiento, los ajíes, los ajos y la zanahoria en el aceite y la mantequilla.
2. Incorpore la salchicha y la carne de res; cocine bien.
3. Agregue el vino y el cubito; reduzca el fuego cuando hierva y deje evaporar el vino.
4. Añada los tomates y sazone con sal, orégano y pimienta.
5. Cuando hierva tape y cocine a fuego moderado por 30 minutos más moviendo ocasionalmente.
6. Hierva los *ravioli* en el agua salada y escurra.
7. Vierta la salsa sobre los *ravioli* y espolvoree con queso parmesano.

1 hora
6 personas

Ensalada de tomatitos con perejil
Jacqueline Biscombe

Ingredientes:
6 ajicitos picaditos
1 rama de albahaca
1 mazo de perejil
10 onzas de tomatitos en mitades

Aliño-
4 cucharadas de aceite
2 cucharadas de vinagre
pizca de sal

Procedimiento:
1. Quite los tallos a las hojas de albahaca y perejil y píquelas.
2. Mezcle con los tomatitos y aliñe.

25 minutos
4-6 personas

Bizcochitos de nueces y caramelo
Margarita Pumarada Van Kirk

Ingredientes:
Base-
1 taza de harina
1/4 taza de azúcar
1/4 cucharadita de sal
4 onzas de mantequilla bien blandita

Cubierta-
1/2 taza de azúcar blanca
2 cucharadas de mantequilla
1/2 taza de azúcar negra
1/4 taza de crema para batir
1 huevo
1 cucharadita de vainilla
1 1/2 tazas de nueces *(walnuts)* picaditas

Procedimiento:
Base-
1. Combine la harina, el azúcar, la sal y la mantequilla hasta quedar una mezcla pastosa.
2. Coloque la mezcla en un molde de hornear cuadrado, de 9" y engrasado.
3. Hornee a 350ºF por 20 minutos en la parrilla del medio hasta que dore.

Cubierta-
1. Prepare el caramelo derritiendo en una sartén el azúcar blanca a fuego moderado hasta que se torne dorada. Reduzca el fuego y añada la mantequilla, una bien y retire del fuego.
2. Mezcle en un recipiente de metal el azúcar negra, la crema, el huevo y la vainilla.
3. Coloque la mezcla de azúcar negra en baño de María.
4. Añada poco a poco el caramelo moviendo constantemente, con el agua hirviendo siempre hasta que se derrita.
5. Retire del baño de María y añada las nueces.
6. Vierta esta mezcla sobre la base ya horneada.
7. Hornee a 325ºF por 20 minutos.
8. Deje enfriar y corte en cuadritos.

1 1/2 hora
36 pedazos

" La verdad es la única educación completa."

Eugenio María de Hostos

Pasta 16

- *Capellini* con caviar negro y *pesto*
- Ensalada de coliflor con anchoas
- *Tiramisu*

Capellini con caviar negro y *pesto*
Margarita Pumarada Van Kirk

20 minutos
4-6 personas

Ingredientes:
1 paquete de 9 onzas de *capellini* (cabello de ángel)
3 onzas de caviar negro
3 cucharadas de salsa *pesto*
2 cucharadas de aceite de oliva
2 cucharadas de mantequilla
hojitas de albahaca

Procedimiento:
1. Hierva la pasta según las instrucciones del paquete y escurra.
2. Mezcle en un recipiente el caviar, el *pesto* y el aceite.
3. Combine aparte los *capellini* con la mantequilla.
4. Vierta la mezcla de caviar sobre los *capellini*.
5. Adorne con hojas de albahaca.

En la región sur de Italia se utiliza la pasta sólida y tubular cocinada sin huevo y servida con sustanciosas salsas de tomates sazonadas con ajo y aceite de oliva. En la región norte se prefieren las pastas hechas con huevo, en forma de cintas y acompañados de salsas de crema fresca.

The Avon International Cookbook

Ensalada de coliflor con anchoas
Sonia González de Mora
Tiramisu
Margarita Pumarada Van Kirk

25 minutos
4 personas

Ingredientes:
1 coliflor separada en ramilletes
1 taza de aceitunas negras
1 cucharadita de alcaparras
1 filete de anchoa en aceite desmenuzado
4 huevos duros picados en cuartos
1/4 taza de aceite de oliva
1 cucharada de vinagre de vino tinto
1/2 cucharadita de sal
1/4 cucharadita de pimienta

Procedimiento:
1. Cocine tapada la coliflor en un fondo de agua; hierva por 5 minutos o hasta que esté tierna pero dura.
2. Escurra y deje enfriar.
3. Coloque en un platón de servir junto con las aceitunas, las alcaparras, las anchoas y los huevos.
4. Mezcle aparte, el aceite con el vinagre, la sal y la pimienta.
5. Sazone la ensalada con este aliño.

Tiramisu

Margarita Pumarada Van Kirk

30 minutos-preparación
6 horas-refrigeración

6-8 personas

Ingredientes:

2 1/2 cucharadas de café instantáneo
2 tazas de agua caliente
36 plantillas estilo *Lady Fingers o Champagne Biscuits*
10 yemas de huevo
10 cucharadas de azúcar
2 cucharadas de vino *Marsala*
1 cucharada de *brandy Benedictine*
1 libra de queso crema o *mascarpone*
2 tazas de crema de batir
3 cucharadas de chocolate en polvo
ralladura de chocolate dulce

Procedimiento:

1. Diluya el café instantáneo en el agua en un recipiente ancho y deje enfriar.
2. Moje en el café rápidamente, sin empapar, la mitad de los bizcochitos y colóquelos en el fondo de un molde 12"x9"x2".
3. Bata las yemas con el azúcar hasta formar una mezcla espumosa.
4. Incorpore poco a poco el vino, el *brandy* y el queso y bata hasta que la mezcla quede suave.
5. Bata la crema de leche hasta quedar firme y una de forma envolvente a la mezcla de huevo.
6. Vierta la mitad de esta mezcla en el molde sobre las plantillas y espolvoree con un poco de chocolate.
7. Moje la segunda mitad de las plantillas en el café y coloque en el molde.
8. Vierta la mezcla de huevo restante sobre las plantillas y espolvoree con el resto del chocolate.
9. Tape con papel de aluminio y refrigere por lo menos 6 horas.
10. Cubra con la ralladura de chocolate al servir.

El *Tiramisu* italiano o "tírame para arriba" deriva su simpático nombre de la capacidad de sus componentes para restaurar la energía. El queso, las yemas y la crema son de alta calidad nutritiva y el café y el ron son reconocidos estimulantes.

Pasta 17

Spaghetti con salsas variadas:
- de almejas
- de pesto
- de salchichas italianas

• Ensalada con aderezo de parcha

• Peras al vino

Spaghetti con salsas variadas:
Marina Martínez de Fernández Paoli

• salsa de almejas

30 minutos
6-8 personas- servida sola
12 personas- servida con otras salsas

Ingredientes:
Spaghetti-
3 paquetes de 16 onzas de *spaghetti* #8 hervidos al momento de servir según indicaciones del paquete.

Ingredientes:
3 dientes de ajo picados en mitades
1/2 taza de chalotes *(shallots)* picaditos
1/3 taza de aceite de oliva
1 botella de 8 onzas de jugo de almejas
3 tazas de *vermouth* blanco o vino blanco
2 tomates grandes picaditos
2 cucharaditas de orégano
1/2 cucharadita de pimienta
1/2 taza de perejil
2 latas de 10 onzas de almejas pequeñas

Procedimiento:
1. Sofría ligeramente los ajos y los chalotes en el aceite.
2. Añada el jugo de las almejas, el vino, los tomates, el orégano y la pimienta.
3. Cocine a fuego moderado por 5 minutos.
4. Destape y cocine por 20 minutos.
5. Saque los ajos e incorpore el perejil y las almejas.
6. Cocine unos minutos o hasta que las almejas se calienten.

• salsa de pesto

20 minutos
6-8 personas- servida sola
12 personas- servida con otras salsas

Ingredientes:
1/2 taza de aceite de oliva
1/4 taza de piñones *(pine nuts)* molidos
2 dientes de ajo picaditos
1 1/4 cucharadita de sal
1/2 cucharadita de orégano
1/2 taza de perejil fresco
2 tazas de albahaca *(basil)* fresco
3/4 taza de queso parmesano rallado
4 cucharadas de mantequilla derretida

Procedimiento:
1. Licúe con el aceite los piñones, los ajos, la sal, el orégano, el perejil y la albahaca.
2. Agregue el queso y mezcle bien.
3. Añada la mantequilla y vuelva a batir.
4. Añada un poco de aceite si queda espesa.

• salsa de salchichas italianas

1 3/4 hora
6-8 personas- servida sola
12 personas- servida con otras salsas

Ingredientes:
1/2 libra de salchichas italianas picantes
1 libra de salchichas italianas dulces
1 cebolla picadita
2 dientes de ajo machacados
1 lata de 28 onzas de tomates
2 latas de 6 onzas de pasta de tomate
1 1/4 taza de vino blanco o 1 taza de *vermouth* seco
1/4 taza de perejil picadito
1 cucharada de sal
1 cucharada de azúcar si usa salchicha picante
1/4 cucharadita de pimienta negra si usa salchicha dulce
1/4 taza de albahaca fresca *(basil)* picadita ó 1 cucharada de albahaca seca
1 cucharadita de salsa inglesa
1 cucharadita orégano

Procedimiento:
1. Quite el pellejo a las salchichas y cocínelas en un caldero con la cebolla y el ajo.
2. Añada el resto de los ingredientes y cocine destapado a fuego lento por 1 1/2 hora o hasta que espese, moviendo para que no se pegue.
3. Retire del fuego, deje enfriar y remueva la grasa.
4. Prepare esta salsa con anticipación para que tome más sabor. Puede congelar por un mes.

Ensalada con aderezo de parcha
Sara González de Pagán

15 minutos
12 personas

Ingredientes:
10 tomates cortados en pedazos
2 cabezas de lechuga desbaratadas

Aderezo-
8 cucharadas de jugo de parcha concentrado
12 cucharadas de aceite de oliva
2 cucharadas de jugo limón
sal y pimienta a gusto

Procedimiento:
1. Combine los tomates y la lechuga en una ensaladera grande.
2. Prepare el aderezo mezclando en la licuadora el jugo de parcha, el aceite, el limón, la sal y la pimienta.
3. Sirva en una salsera y vierta sobre la lechuga y el tomate al momento de comer.

Peras al vino

Sonia González de Mora

45 minutos
6 personas

Ingredientes:
6 peras *Anjou*
3 1/2 tazas de vino blanco
1 raja de canela
1/2 taza de azúcar

Procedimiento:
1. Pele las peras sin remover el tallo.
2. Colóquelas acostadas en una cacerola honda; cubra hasta la mitad con vino e incorpore la canela.
3. Cocine a fuego alto y al comenzar a hervir el vino cocine tapado a fuego bajo por 15 minutos.
4. Voltee las peras y vuelva a tapar cocinando 15 minutos más o hasta que estén tiernas.
5. Escurra y sirva en copas de postre.
6. Derrita el azúcar a fuego bajo y bañe las peras con el caramelo rociando desde el tallo para que luzca como pico de montaña nevada.
7. Vierta el vino restante en cada copa y refrigere hasta el momento de servir.

El peral crece mayormente en zonas templadas y mediante cruces se han logrado muchas variedades de peras.

La pera *achra* es oriunda de Asia Central; la persica, de la zona más meridional se encuentra silvestre en Siria y Persia; y la *cordata* de Persia a Grecia y el poniente de Francia. Todas ellas han contribuido a la génesis de los perales cultivados.

Enciclopedia Espasa-Calpe

Pastas

Los diferentes tipos de pasta llevan nombres a veces descriptivos, otras veces humorísticos o simplemente pedantes. Así se traduce:

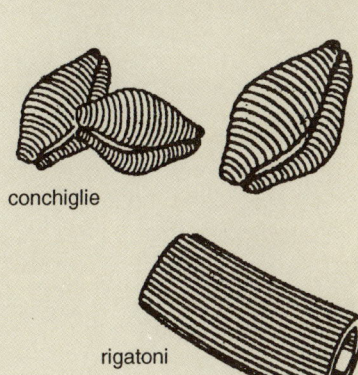
conchiglie

rigatoni

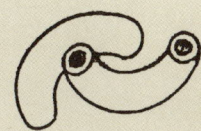
farfalle

macaroni

caneloni	canelones lisos
cappelletti	sombreros pequeños
conchiglie	conchas de caracol
farfalle	mariposas
fettuccine	cintas
lingüine	lenguas pequeñas
manicotti	manguitos pequeños
macaroni	canutos largos
mostaccioli	bigotes pequeños
rigatoni	pasta cilíndrica estirada
rotini	tornillos
spaghetti	cordones
vermicelli	gusanitos pequeños

fettuccine

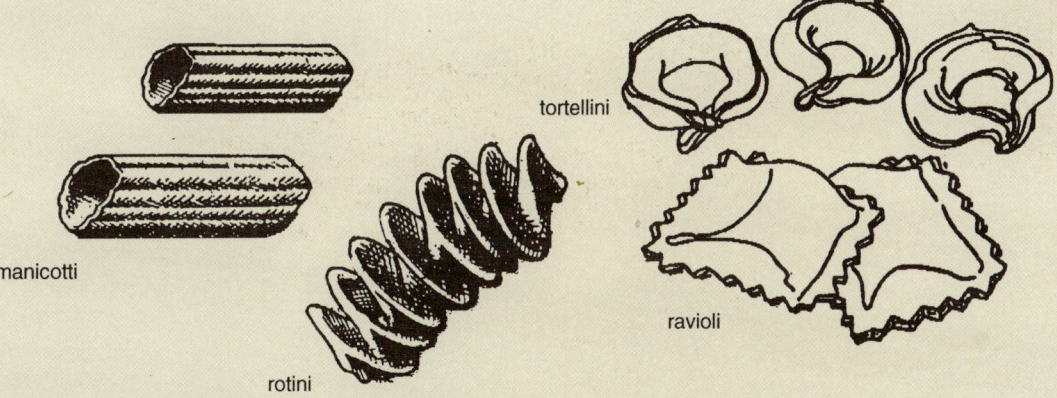

manicotti · rotini · tortellini · ravioli

Capítulo III

Mariscos y Pescados

Piso de la galería frente a la Oficina de la Maestra General, hoy Oficina de Auditoría Interna, primer piso, ala derecha del Edificio de Administración.

Mariscos y pescados 1

- Langosta en salsa de chocolate
- Brécol con cebollines y setas
- Papas al ajo
- Natilla de vainilla con licor
- Café al *Cointreau*

Langosta en salsa de chocolate
Hna. Socorro Juliá

30 minutos
6-8 personas

Ingredientes:
4 cebollas medianas picaditas
6 ajíes o 3 pimientos verdes grandes picaditos
1 cabeza de ajos
3-4 colas de langosta de 1 1/2 libra cada una
1 taza de aceite de oliva
1 taza de vino tinto
2 barritas de 1 onza de chocolate amargo
12 aceitunas
7 onzas de corazones de alcachofas cortados en mitades

Procedimiento:
1. Sofría tapadas las cebollas, los ajíes o pimientos, el ajo y la langosta en aceite en un caldero por 5 minutos.
2. Retire la langosta cuando el carapacho enrojezca y córtela en rodajas regresándola luego al caldero.
3. Incorpore el vino, el chocolate, las aceitunas y las alcachofas; cueza a fuego bajo por 10 minutos más.

La langosta se pesca tanto entre las rocas costeras del Océano Atlántico como del Pacífico. La carne de la hembra es más tierna que la del macho y en ambos casos tendrá más sabor cuando el carapacho es grueso y pesado.

Enciclopedia Espasa-Calpe

Brécol con cebollines y setas
Irene Mediavilla de Acosta

15 minutos
8-10 personas

Ingredientes:
10 onzas de brécol congelado
4 cebollines picaditos
3 onzas de setas picaditas
1 pimiento picadito
2 cucharadas de mantequilla
1 lata de 12 onzas de leche evaporada

Procedimiento:
1. Hierva el brécol según las instrucciones del paquete.
2. Sofría los cebollines, las setas y el pimiento en la mantequilla.
3. Vierta poco a poco la leche evaporada sobre el sofrito y mezcle bien.
4. Añada el brécol y déle un ligero hervor.
5. Deje enfriar por 10 minutos.

Papas al ajo
Luisa Fernández de Juliá

35 minutos
6-8 personas

Ingredientes:
4 dientes de ajo enteros
4 cucharadas de aceite de oliva
6 papas medianas cortadas en ruedas
1 hoja grande de laurel
1 cucharadita de sal
agua

Procedimiento:
1. Sofría el ajo en el aceite.
2. Añada las papas, la hoja de laurel, la sal y el agua necesaria para cubrirlas.
3. Tape y cocine a fuego lento por 30 minutos.

Natilla de vainilla con licor
Fernando Rosado

25 minutos preparación
8-10 personas

Ingredientes:
5 yemas de huevo
2 cucharadas de maicena
1 cucharada de harina
3/4 taza de azúcar
pizca de sal
1 tapita de vainilla
4 tazas de leche de coco
4 tazas de leche evaporada
1 raja de canela
1/4 taza de azúcar
canela en polvo
licor de su preferencia

Procedimiento:
1. Mezcle las yemas con la maicena, la harina, el azúcar, la sal y la vainilla, batiendo hasta quedar cremoso.
2. Caliente aparte a fuego mediano alto las leches con la raja de canela y el azúcar.
3. Incorpore, antes de que hierva la leche, la mezcla de las yemas y revuelva hasta que espese.
4. Vierta en copas individuales y enfríe en la nevera.
5. Sirva con unas gotas de licor de su preferencia y un poco de canela en polvo.

Café al *Cointreau*
María Luisa López de Singer

15 minutos
4 personas

Ingredientes:
1 pote de 8 onzas de crema de leche para batir
4 cucharaditas de azúcar extra fina
4 cucharaditas de *Cointreau.*
2 tazas de café colado

Procedimiento:
1. Bata la crema de leche con el azúcar y el *Cointreau* hasta endurecer.
2. Coloque una cucharada de la crema preparada en cada taza.
3. Vierta desde muy alto el café caliente para que penetre la bolita de crema.

Mariscos y pescados 2

- Sopa de puerros
- Salmón en salsa de aguacate
- *Soufflé* de calabaza
- Ensalada variada
- *Sherbet* de tamarindo

Sopa de puerros
Sonia González de Mora

30 minutos
4 personas

Ingredientes:
1 1/2 cubito de caldo de res
2 tazas de agua
4 tallos de puerros cortados en ruedas finitas
2 tazas de leche

Procedimiento:
1. Disuelva los cubitos en el agua.
2. Hierva tapado los puerros en el caldo.
3. Licúe los puerros con el caldo y la leche.
4. Sirva caliente y adorne con hojas de hierbabuena.

El salmón vive en las aguas frías del Océano Pacífico y Atlántico. Para ascender por los ríos se orienta por las corrientes oceánicas y el campo magnético de la tierra.

Enciclopedia Espasa-Calpe

Salmón en salsa de aguacate
Sonia González de Mora

Ingredientes:
1 taza de vino blanco seco
1 taza de agua
1 cebolla pequeña rebanada
1 cucharadita de sal
4 ruedas de salmón de 1" de ancho y de 6 onzas cada una

Salsa -
1 aguacate pequeño majado
2 cucharadas de jugo de limón
1/3 taza de crema agria
1/3 taza de *yogurt* sin sabor
1 cucharadita de mostaza tipo *Dijon*
1/4 cucharadita de sal
pizca de pimienta y de pimentón *(paprika)*

Procedimiento:
1. Combine en una sartén grande el vino, el agua, la cebolla y la sal y caliente a fuego bajo.
2. Incorpore el salmón y cocine tapado por 10 minutos o hasta que el salmón abra con facilidad.
3. Retire el salmón del fuego; escurra.
4. Prepare la salsa majando el aguacate con los próximos siete ingredientes y añada a lo último la cebolla con que se hirvió el salmón.
5. Corrija la sazón agregando más limón o mostaza.
6. Refrigere el salmón y la salsa hasta el momento de servir.
7. Sirva el salmón bañado con la salsa.

35 minutos
4 personas

Soufflé de calabaza
Ivette Monagas de Ward

Ingredientes:
1/2 libra de calabaza no aguachosa
pizca de sal
2 cucharadas de mantequilla
1/3 taza de azúcar
1 cucharadita de canela en polvo
2 cucharadas de maicena
1 cucharadita de leche
2 huevos batidos

Procedimiento:
1. Hierva la calabaza sin cáscara en agua con sal.
2. Escurra y maje la calabaza con la mantequilla, el azúcar y la canela.
3. Añada la maicena disuelta con la leche y por último los huevos.
4. Hornee a 350º F por 25 minutos o hasta que adquiera firmeza (5 -10 minutos en el microondas).

45 minutos
6 personas

Ensalada variada
Jacqueline Biscombe

Ingredientes:
1 libra de zanahorias ralladas
1 pepinillo rallado con tenedor a todo lo largo y cortado en ruedas
8 onzas de tomates en miniatura
3-4 endibias deshojadas
6 onzas de rábanos en ruedamientos
16 aceitunas negras
1 aguacate grande en tajadas
aceite, vinagre, sal y pimienta a gusto

Procedimiento:
1. Coloque la zanahoria en el centro de una bandeja.
2. Disponga el resto de los vegetales por secciones alrededor de la zanahoria.
3. Aliñe con aceite, vinagre, sal y pimienta.

30 minutos
8 personas

Sherbet de tamarindo
Sara González de Pagán

Ingredientes:
1 pote de 12 onzas de concentrado de tamarindo
1 lata de 14 onzas de leche condensada
1 lata de 12 onzas de leche evaporada

Procedimiento:
1. Licúe el concentrado de tamarindo.
2. Añada las leches y mezcle bien.
3. Congele por 4 horas.

45 minutos
6 personas

Mariscos y Pescados • 79

Mariscos y pescados 3

- Merluza en salsa de guisantes verdes
- Papas escaldadas al ajo
- Tomates asados
- Tarta choco - pera

Merluza en salsa de guisantes verdes
Lileana Acosta de Márquez

Ingredientes:
2 dientes de ajos con piel
2 cucharadas de aceite de oliva
1 lata de 16 onzas de guisantes verdes *(petit-pois)*
1 cubito de caldo de pollo o de pescado
1/2 taza de agua o a gusto
2 libras de filete de merluza
jugo de un limón
sal
3 cucharadas de almendras en lascas

Procedimiento:
1. Fría los ajos enteros en el aceite.
2. Incorpore los guisantes verdes con su salsa y el cubito de pollo o pescado.
3. Licúe y diluya a su gusto con agua.
4. Coloque la merluza en un molde de hornear y sazone con sal y limón.
5. Vierta la salsa de guisantes sobre la merluza y adorne con las almendras.
6. Tape con papel de aluminio y cocine en horno precalentado a 350º F por 20 minutos o hasta que el pescado se abra con facilidad.

45 minutos
4-6 personas

"¡Cuántos pescadores el mar se ha tragado...!
¡Y hay gentes que afirman que es caro el pescado!"

Villaespesa
Vasos de arcilla

Papas escaldadas al ajo
Lileana Acosta de Márquez

Ingredientes:
5-6 papas cortadas en ruedas semi finas
2 cucharaditas de sal
8 cucharadas de aceite de oliva
3 dientes de ajos
1 cucharadita de vinagre

Procedimiento:
1. Sazone las papas con una cucharadita de sal.
2. Fríalas tapadas a fuego lento por 15 minutos.
3. Machaque los ajos con una cucharadita de sal y el vinagre.
4. Recoja las papas a un costado de la sartén; suba el fuego a alto y eche los ajos en el aceite.
5. Mezcle las papas con los ajos cuando éstos comiencen a dorarse.
6. Cocine tapado a fuego bajo por 15 minutos más.

45 minutos
4-6 personas

Tomates asados
Tabi Blanco de Landsman

45 minutos
6-10 personas

Ingredientes:
6 tomates medianos cortados en mitades
1/2 cucharadita de sal
2 cucharadas de mantequilla derretida
2 cucharadas de azúcar negra
1 cebolla mediana cortada en ruedas
1 pimiento verde cortado en ruedas

Procedimiento:
1. Exprima un poco los tomates para sacarle el exceso de semillas.
2. Coloque los tomates en molde de hornear engrasado y sazone con la sal.
3. Reparta sobre las mitades de tomate el resto de los ingredientes en el siguiente orden: mitad de la mantequilla, mitad del azúcar, cebolla, pimiento, la segunda mitad del azúcar y de la mantequilla.
4. Hornee a 400º F por media hora o hasta que dore la cebolla.

La merluza es una especie muy común en el mar Mediterráneo y abundante en las costas europeas del Atlántico Norte. Persigue a las sardinas hasta muy cerca de la costa donde se le pesca con las artes de arrastre o con los palangres.

Enciclopedia Espasa-Calpe

Tarta choco - pera
Las editoras

45 minutos
6-8 personas

Ingredientes:
1 paquete de 18.5 onzas de mezcla de bizcocho de chocolate tipo *Devil Food*
1 latita de 3.5 onzas de coco seco rallado
4 onzas de mantequilla
1 lata de 16 onzas de peras en tajadas escurrida
8 onzas de crema agria
1 huevo
canela a gusto mezclada con 2 cucharaditas de azúcar

Procedimiento:
1. Una con cuchillo la mezcla de bizcocho con la ralladura de coco y la mantequilla.
2. Coloque la mezcla en molde de hornear engrasado.
3. Hornee a 350ºF por 10 minutos y retire del horno.
4. Acomode las peras en el molde y cúbralas con la mezcla de crema agria y el huevo.
5. Espolvoree con la canela y el azúcar.
6. Hornee a 350ºF por 20 minutos.

Mariscos y Pescados

Mariscos y pescados 4

- Lenguado relleno y envuelto en lechuga
- Ensalada de papas y tomates
- Budín de zanahorias
- Tarta caliente de manzana

Lenguado relleno y envuelto en lechuga
Las editoras

Ingredientes:
1 cucharadita de ajo machacado
2 cucharadas de aceite de oliva
6 cucharadas de mantequilla
1/2 libra de espinacas frescas sin tallos
1/2 taza de boronías de pan sazonado
pizca de sal y pimienta
2 cucharadas de chalotes *(shallots)* rebanados
6-8 hojas exteriores de un mazo de lechuga americana *(iceburg)*
2 filetes de lenguado aproximadamente de 1 libra cada uno
jugo de un limón
1/2 taza de vino blanco o *vermouth*

Procedimiento:
1. Sofría el ajo en el aceite y 4 cucharadas de mantequilla por 30 segundos.
2. Incorpore la espinaca y rehogue por 6-7 minutos o hasta que estén tiernas.
3. Agregue las boronías de pan; sazone con sal y pimienta y reserve.
4. Coloque en un molde de hornear las ruedas de chalotes y 2 cucharadas de mantequilla en trocitos.
5. Acomode las hojas de lechuga sobre los chalotes, la mitad sobresaliendo del molde a un lado y la otra mitad sobresaliendo del molde del otro lado pero tocándose todas en el centro.
6. Ponga un filete en el centro del molde sobre las lechugas y sazone con sal y jugo de limón.
7. Rellene con la mezcla de espinaca y pan.
8. Cubra con el segundo filete y sazónelo con sal y jugo de limón.
9. Envuelva los filetes con la lechuga que sobresale del molde formando un paquete cerrado.
10. Rocíe con el vino y cubra el molde con papel de aluminio.
11. Cocine en horno precalentado a 400º F por 20 minutos.

40 minutos
6 personas

El lenguado junto con el rodaballo, la trucha y los filetes de poco peso y tamaño, son apropiados para escalfar.

Consiste ello en cocer el pescado en poco líquido sin que llegue a hervir y se considera otra forma de pescado hervido.

Cocina Color

Ensalada de papas y tomates
Las editoras

Ingredientes:
1 libra de papas rojas pequeñas
5 tomates picados en cuartos
1/2 taza de albahaca fresca
1/2 cucharadita de eneldo *(dill)*
1 cucharadita de alcaparras
1 cebolla pequeña (1/4 taza) picadita
3/4 taza de aceite de oliva
1/2 taza de vinagre blanco

Procedimiento:
1. Hierva las papas; escurra y corte en ruedas de 1/2".
2. Combine las papas con los tomates, la albahaca, el eneldo, las alcaparras y la cebolla.
3. Sazone con el aliño de aceite y vinagre.
4. Tape y refrigere por 2 horas.

30 minutos
6 personas

Budín de zanahorias
Las editoras

Ingredientes:
1 1/2 libra de zanahorias peladas y picadas en rueditas
1 cebolla pequeña picadita
2 cucharaditas de mantequilla
4 huevos
3 cucharadas de aceite de oliva
5 cucharadas de queso parmesano rallado
sal a gusto y pizca de pimienta y de nuez moscada

Procedimiento:
1. Cocine las zanahorias en agua con la sal y escurra.
2. Rehogue la cebolla en la mantequilla hasta quedar transparentes.
3. Licúe las zanahorias, la cebolla, los huevos.
4. Agregue lentamente el aceite, añada el queso y sazone.
5. Espolvoree con azúcar un molde engrasado y vierta en él la mezcla de zanahoria.
6. Hornee a 350º F en baño de María por 45-50 minutos y retire cuando el palillo salga seco.
7. Deje enfriar y luego saque el molde.

45 minutos
6-8 personas

Tarta caliente de manzana
Margarita Pumarada Van Kirk

Ingredientes:
2 latas de 21 onzas de manzanas en almíbar para pastel
3 cucharadas abundantes de canela en polvo
1 paquete de 18.5 onzas de mezcla de bizcocho amarillo
4 onzas de mantequilla derretida

Procedimiento:
1. Coloque las manzanas en un molde de hornear.
2. Una la canela con la mezcla de bizcocho y vierta sobre las manzanas.
3. Riegue por encima la mantequilla.
4. Hornee a 350º F por 20 - 25 minutos.

40 minutos
6-8 personas

Mariscos y Pescados • 83

Mariscos y pescados 5

- Sopa de pepinillo y remolacha
- Dorado al *whisky*
- Ensalada de espinaca con setas y tocineta
- Arroz con pimientos morrones y perejil
- Mousse de chocolate

Sopa de pepinillo y remolacha
Margarita Pumarada Van Kirk

1 1/4 horas preparación
6 personas

Ingredientes:
2 tazas de remolacha cruda pelada y picada
1 cubito de caldo de pollo
2 tazas de pepinillos pelados, sin semilla y picados
3 cucharadas de cebolla rallada
3 tazas de caldo de pollo
3 cucharaditas de jugo de limón
2 cucharaditas de eneldo *(dill)*
1/4 cucharadita de rábano silvestre *(horseradish)* opcional
sal y pimienta a gusto
1/2 taza de crema agria
cebollín seco *(chives)* para adornar

Procedimiento:
1. Hierva las remolachas en agua con el cubito hasta que ablanden; luego escurra y reserve el caldo.
2. Licúe la remolacha, los pepinillos y la cebolla con 1/2 taza del caldo reservado.
3. Incorpore las 3 tazas del caldo de pollo, el jugo de limón, el eneldo, el rábano silvestre, la sal y la pimienta. Mezcle bien.
4. Cocine a fuego bajo por 30 minutos.
5. Enfríe en la nevera por 2-3 horas.
6. Sirva con una cucharada de crema y adorne con cebollín seco.

Dorado al *whisky*
Sonia González de Mora

45 minutos
4-6 personas

Ingredientes:
2 cebollas grandes cortadas en ruedas finas
4 libras de filete de dorado limpio
1 limón grande
sal a gusto
2 zanahorias grandes cortadas en tiritas
1/3 taza de mantequilla derretida
1/3 taza de jugo de limón
1/3 taza de *whisky*

Procedimiento:
1. Coloque una cuarta parte de las cebollas en el fondo de un molde de hornear.
2. Acomode encima el dorado sazonado con limón y sal, picado al costado y relleno con cebollas.
3. Combine la mantequilla con el jugo de limón y *whisky* y vierta sobre el pescado.
4. Acomode las zanahorias y la cebolla restante sobre el pescado.
5. Tape con papel de aluminio.
6. Cocine en horno precalentado a 350º F por 20 minutos.
7. Mueva los vegetales a los costados del dorado formando un nido y sirva.

Ensalada de espinaca con setas y tocineta
Maggie Magraner de González

25 minutos
6-10 personas

Ingredientes:
1 bolsa de 16 onzas de espinacas frescas picadas
8 onzas de setas picadas
4 onzas de tocineta frita y triturada
1 latita de 5 onzas de castañas chinas *(water chestnuts)*

Aliño:
1 taza de aceite de oliva
3 dientes de ajo
1/2 taza de vinagre de vino
1 huevo duro
1/2 taza de leche
1/2 cucharadita de azúcar
sal y pimienta a gusto

Procedimiento:
1. Combine las espinacas con las setas, la tocineta y las castañas.
2. Prepare el aliño licuando el resto de los ingredientes.
3. Vierta sobre las espinacas al momento de servir.

El dorado que se pesca en Puerto Rico emigra del Golfo de Méjico hacia las Islas Vírgenes buscando aguas calientes donde desovar.

Su emigración ha permitido el desarrollo de torneos internacionales de pesca al norte de la Isla. Las huevas de dorado y sus filetes son un apreciado bocado culinario.

Folklore puertorriqueño

Arroz con pimientos morrones y perejil
Mayda Cortés de Rodríguez

35 minutos
6 personas

Ingredientes:
1 cebolla grande picadita
2 cucharadas de mantequilla
1 lata de 7 onzas de pimientos morrones picados
1 taza de perejil picadito
2 1/2 tazas de agua
1 cubito de caldo de pollo
1 cucharadita de sal
2 tazas de arroz

Procedimiento:
1. Amortigue la cebolla en la mantequilla.
2. Agregue los pimientos y el perejil.
3. Añada el agua, el cubito y la sal y cuando hierva, el arroz.
4. Baje el fuego cuando seque y cocine 15-20 minutos más.

Mousse de chocolate

Esther Lizama de García

Ingredientes:
8 onzas de chocolate dulce rallado
1/4 taza de agua tibia
2 cucharadas de mantequilla
1/2 taza de leche evaporada
5 huevos separados
4 cucharadas de azúcar
1 cucharadita de gelatina sin sabor
crema batida a gusto
cerezas

Procedimiento:
1. Derrita el chocolate en el agua tibia.
2. Agregue la mantequilla y la leche.
3. Retire del fuego y añada las 5 yemas de huevo cuando el chocolate esté bien derretido y cocine por 1 minuto, moviendo continuamente.
4. Bata las claras con el azúcar e incorpore la gelatina.
5. Una las claras con el chocolate.
6. Enfríe un par de horas en la nevera en recipientes individuales o en uno solo.
7. Adorne con crema batida y cerezas al momento de servir.

20 minutos preparación
6-8 personas

El poder alimenticio del pescado, entre otros factores, radica en su porcentaje de proteínas que es incluso superior al de la carne. No obstante, carece de vitamina C y una dieta casi exclusivamente de pescado, como la de los antiguos marineros en largas travesías, produce el escorbuto.

Secretos de la Buena Cocina

Cómo limpiar y filetear el pescado

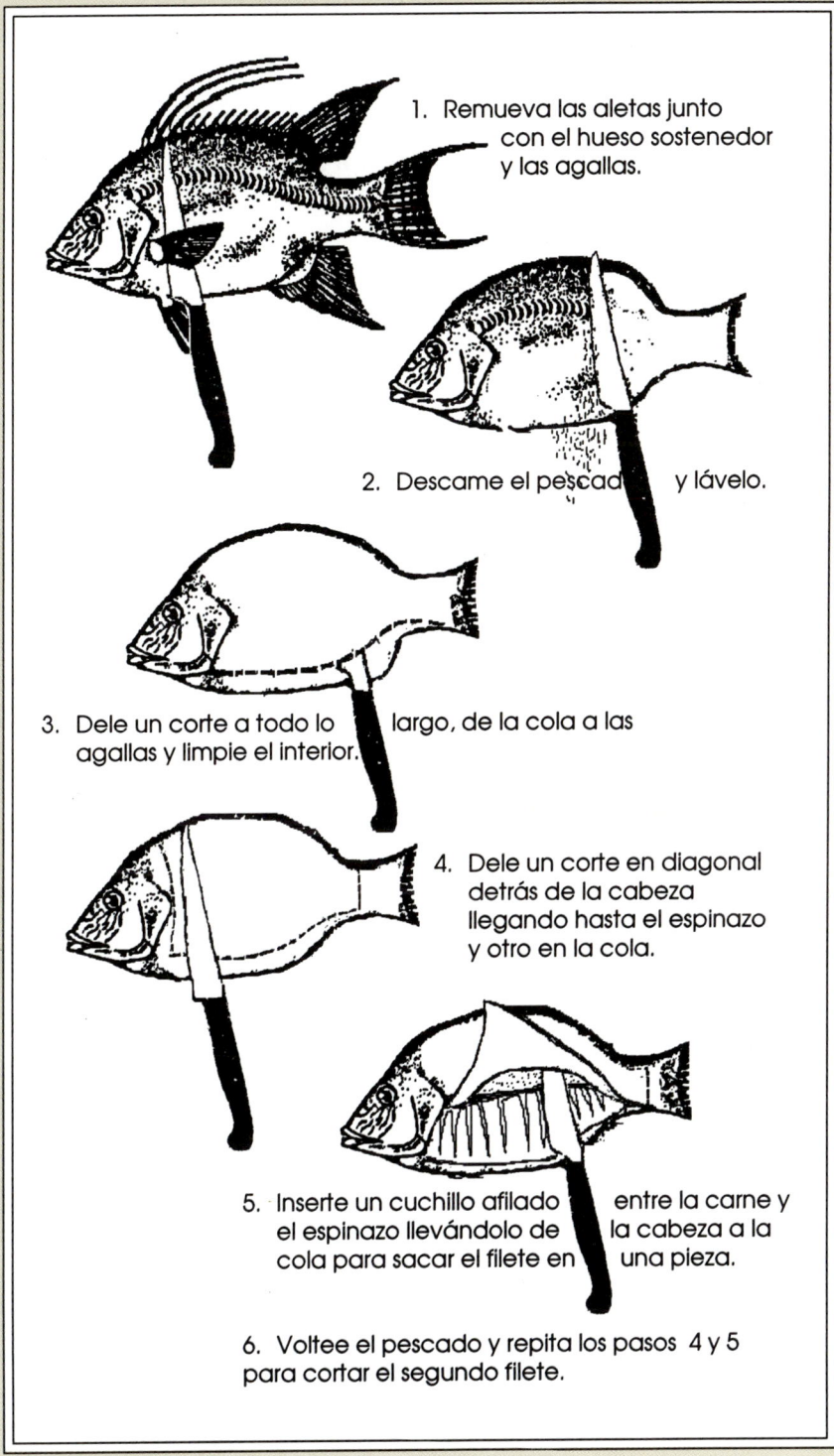

1. Remueva las aletas junto con el hueso sostenedor y las agallas.

2. Descame el pescado y lávelo.

3. Dele un corte a todo lo largo, de la cola a las agallas y limpie el interior.

4. Dele un corte en diagonal detrás de la cabeza llegando hasta el espinazo y otro en la cola.

5. Inserte un cuchillo afilado entre la carne y el espinazo llevándolo de la cabeza a la cola para sacar el filete en una pieza.

6. Voltee el pescado y repita los pasos 4 y 5 para cortar el segundo filete.

* Reserve la cabeza para hacer un caldo. Véase página 90.

Mariscos y pescados 6

- Flor de alcachofas a la vinagreta
- Chillo al estragón
- Papas rojas con perejil
- Apio verde escaldado
- Crema de limón abizcochada

Flor de alcachofas a la vinagreta
Sara González de Pagán

30 minutos
4 personas

Ingredientes:
1 pimiento verde picadito
1 cebolla pequeña picadita
1 pimiento morrón rojo picadito
2 dientes de ajo machacados
2 huevos duros picados
sal a gusto
3/4 taza de aceite de oliva
1 taza de vinagre
4 alcachofas frescas
4 tazas de agua

Procedimiento:
1. Mezcle el pimiento verde, la cebolla, el pimiento morrón, los ajos y los huevos.
2. Sazone con la sal, el aceite y el vinagre y reserve.
3. Hierva las alcachofas en el agua por 15 minutos; luego escurra y deje refrescar.
4. Sirva en platos individuales y rocíelas con la vinagreta.

Chillo al estragón
Sara González de Pagán

30 minutos
6 personas

Ingredientes:
2 dientes de ajo
1/4 taza de mantequilla
1 cucharada de aceite
1/2 taza de vino blanco
3 libras de filete de chillo
2 cucharadas de estragón fresco ó 1/2 cucharada si es seco
1/4 libra de setas picadas
1/2 taza de mayonesa
1/2 cucharadita de pimienta
tabasco a gusto

Procedimiento:
1. Dore los ajos en la mantequilla y el aceite; descartelos.
2. Sofría allí el filete de chillo con la piel hacia abajo.
3. Añada el vino blanco, reduzca el fuego a bajo, tape y cocine 10 minutos.
4. Espolvoree el chillo con el estragón.
5. Agregue las setas y cocine hasta que se reduzca el vino a la mitad.
6. Traslade el pescado a un plato caliente.
7. Espese la salsa de vino con la mayonesa y sazone con la pimienta y el tabasco.
8. Cubra el pescado con la salsa y sirva caliente.

Papas rojas con perejil
Margarita Pumarada Van Kirk

Ingredientes:
12 papas pequeñas de cáscara roja
1/4 taza de caldo de pollo
3 onzas de mantequilla
sal y pimienta a gusto
2 cucharaditas de perejil picado

Procedimiento:
1. Lave las papas y dele varios cortes verticales en forma de abanico cuidando que queden unidas en la parte inferior.
2. Coloque en un molde de hornear y vierta sobre ellas el caldo de pollo.
3. Cubra con trocitos de mantequilla.
4. Sazone con sal y pimienta a gusto.
5. Hornee a 350°F por 45 minutos o hasta que estén bien cocidas.
6. Sirva adornadas con perejil.

1 horas
4-6 personas

El chillo pertenece a la familia del pargo, una de las más importantes de los mares tropicales. Vive en las profundidades del mar, se alimenta de crustáceos, y sus ojos se brotan marcadamente al pescarse y salir a la superficie.

Apio verde escaldado
Las editoras

Ingredientes:
3 cucharadas de mantequilla
1 zanahoria rallada
4 tazas de apio verde *(celery)* rebanado
1/2 taza de hojas de apio verde picaditas
12 chalotes *(shallots)* enteros y pelados
1 cucharadita de estragón
1 cucharadita de sal
1/2 taza de *vermouth* seco
1/2 taza de caldo de pollo
pimienta a gusto

Procedimiento:
1. Rehogue la zanahoria en la mantequilla por 1-2 minutos.
2. Agregue el apio verde, las hojas del apio, los chalotes, el estragón y la sal; cocine por 15 minutos moviendo ocasionalmente.
3. Añada el *vermouth* y el caldo de pollo.
4. Cocine tapado por 20-25 minutos o hasta que el apio esté tierno.
5. Sazone con pimienta a gusto.

45 minutos
4 personas

Mariscos y Pescados • 89

Crema de limón abizcochada
Jacqueline Biscombe

Ingredientes:
6 cucharadas de mantequilla
1 1/2 taza de azúcar
6 huevos separados
3-4 cucharaditas de ralladura de limón
6 cucharadas de harina
2 tazas de leche
1/2 taza de jugo limón
pizca de sal

Procedimiento:
1. Bata la mantequilla con el azúcar hasta ponerse cremosa.
2. Añada las yemas y luego la ralladura de limón.
3. Agregue poco a poco la harina alternándola con la leche y el jugo de limón, batiendo siempre.
4. Bata aparte las claras a punto de nieve.
5. Sazone con la sal y envuelva las claras con la mezcla de las yemas.
6. Vierta en un molde de hornear engrasado.
7. Hornee en baño de María a 350ºF por una hora.

* Sirva bien frío.

30 minutos-preparación
6-8 personas

Caldo corto

Hervir el pescado en caldo corto es una de las formas de cocción más apropiada para cualquier pescado. Consiste de agua, sal, cebolla, zanahoria, laurel, tomillo, perejil y zumo de limón.

El pescado se hierve a fuego bajo por 10-20 minutos y ya fuera del fuego se le deja reposar en el caldo. En el caso del lenguado, la lubina, el rape y el rodaballo, el agua se puede sustituir por leche.

También se puede incluir en partes iguales el agua con el vino o vinagre en el caso del mero, la merluza, el salmón y la trucha.

Las salsas que acompañan el pescado hervido son: la holandesa, mayonesa, tártara o cualquier crema a base de mantequilla.

Cocina Color

Pescados
nombres utilizados en español e inglés

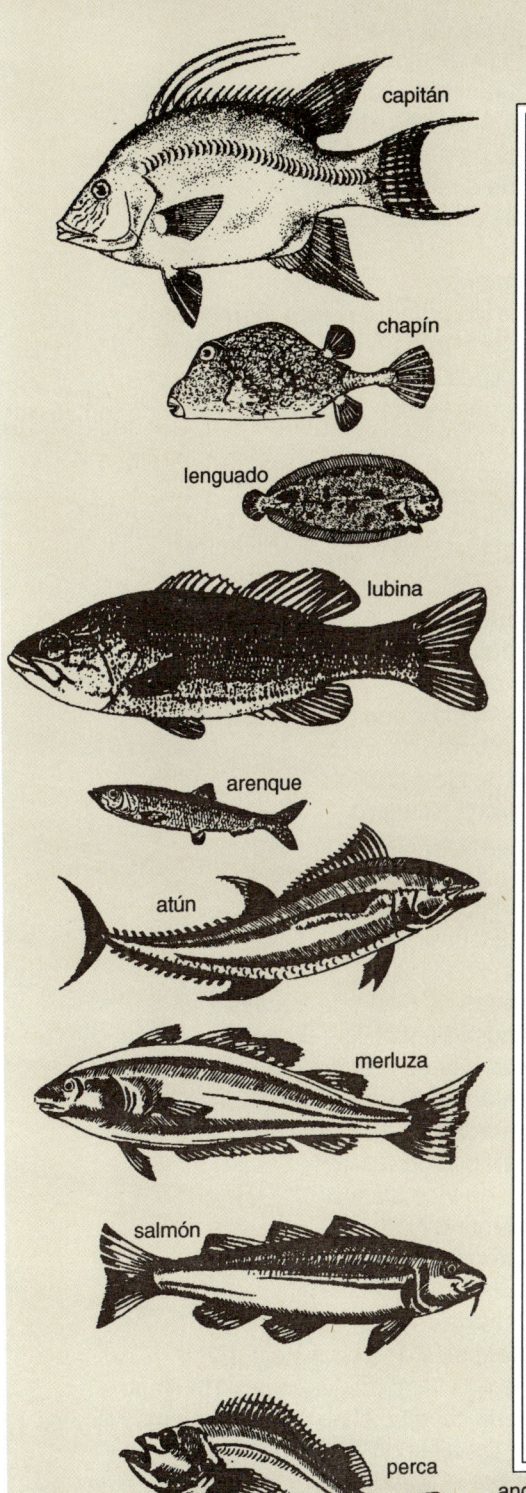

albacore	*yellow fish*
anguila	*eel*
arenque	*herring*
atún	*tuna*
bacalao	*cod*
bonito	*bonito*
boquerones	*smelts*
capitán	*hog snapper*
chapín	*trunk fish*
chillo	*red snapper*
colirrubia	*yellowtail fish*
corvina	*sea trout*
dorado	*dorado*
lenguado	*sole*
lubina o lobina	*stripped bass*
marlin	*marlin*
merluza pequeña	*hake*
merluza grande	*whiting*
mero	*grouper*
perca	*perch*
pez espada	*sword fish*
rape	*monk fish*
rodaballo anaranjado (de Europa)	*turbot*
rodaballo gris (de Canadá y EEUU)	*halibut*
sábalo	*shad*
salmón	*salmon*
sierra	*king fish*
tiburón	*shark*
trucha	*trout*

Mariscos y Pescados

Mariscos y pescados 7

- *Crostini* con tomate y queso
- Pulpo al vino
- Arroz con zanahorias y perejil
- Habichuelas tiernas al limón
- Helado de guanábana

Crostini con tomate y queso
Sonia González de Mora

30 minutos
6 personas

Ingredientes:
1 taza de tomate picadito
3 cucharadas de albahaca
1 cucharada de alcaparras
1/2 cucharadita de sal
1/2 cucharadita de pimienta
12 tajadas pequeñas de pan tostado tipo coctel
1/4 taza de aceite de oliva
12 lascas pequeñas de queso *mozzarella*

Procedimiento:
1. Mezcle los primeros cinco ingredientes.
2. Coloque el pan en una plancha sin grasa y moje cada tajada con una gotita de aceite.
3. Ponga una cucharadita de la mezcla de tomate al pan.
4. Cubra con una lasca de queso.
5. Dore en el horno precalentado a 350º F por 8 minutos o hasta que el queso se derrita.

Pulpo al vino
Margarita Pumarada Van Kirk

2 1/2 horas
4 personas

Ingredientes:
2 cucharadas de jugo de limón
1 cebolla picada
1 puerro *(leek)* picado
1/2 pimiento rojo picadito
2 dientes de ajo picaditos
4 ajíes dulces picaditos
3 cucharadas de aceite de oliva
2 libras de pulpo sin pellejo
10 aceitunas sin semillas
2 hojas de laurel
2 tomates picaditos
2 cucharadas de pasta de tomate
1 cucharadita de semillas de cilantro
1/4 cucharadita de orégano
1/4 cucharadita de tomillo
1/8 cucharadita de mejorana
1/4 cucharadita de azúcar
1 1/2 taza de vino blanco
sal y pimienta a gusto
cilantrillo (opcional)

Procedimiento:
1. Corte el pulpo en trozos de 1 1/2".
2. Marine en el jugo de limón por 15 minutos.
3. Sofría la cebolla, el puerro, el pimiento rojo, los ajos y los ajíes en aceite de oliva.
4. Incorpore el pulpo y el resto de los ingredientes sazonando con la sal y la pimienta.
5. Cocine por 10-15 minutos más hasta hervir.
6. Tape y cocine a fuego bajo por 2 horas.
7. Sirva adornado con cilantrillo picado.

Arroz con zanahorias y perejil
Sara González de Pagán

25 minutos
4 personas

Ingredientes:
2 tazas de arroz
3 tazas de agua
1 cucharadita de sal
1 cucharada de aceite
1 taza de zanahorias picaditas
perejil picado

Procedimiento:
1. Cocine el arroz en agua con la sal y el aceite.
2. Tape por 10 minutos al primer hervor y baje el fuego.
3. Incorpore la zanahoria y continue la cocción por 10 minutos más.
4. Sirva adornado con perejil.

Habichuelas tiernas al limón
Sonia González de Mora

30 minutos
6-8 personas

Ingredientes:
1 libra de habichuelas tiernas frescas
2 tazas de caldo de pollo
2 tazas de agua
1 cebolla pequeña cortada en rodajas finas
2 onzas de mantequilla
3 cucharadas de jugo de limón
1 huevo batido
1 cucharada de perejil picado

Procedimiento:
1. Hierva tapadas las habichuelas tiernas por 8 minutos en el caldo y el agua; luego escurra y reserve.
2. Sofría la cebolla en la mantequilla.
3. Incorpore las habichuelas tiernas, el jugo de limón y el huevo.
4. Mueva por 3 minutos hasta que el huevo se cocine.
5. Sirva adornado con perejil.

Helado de guanábana
Sonia González de Mora

20 minutos-preparación
4 horas-congelado
8 personas

Ingredientes:
1 lata de 12 onzas de leche evaporada
1 lata de 14 onzas de leche condensada
1 guanábana pelada, sin semillas y desbaratada

Procedimiento:
1. Ponga la leche evaporada en el congelador por 4 horas.
2. Bátala bien hasta ponerse cremosa.
3. Incorpore la leche condensada y la guanábana.
4. Continúe batiendo hasta formar una mezcla uniforme.
5. Congele por 4 horas.

* Sirva con galletitas dulces.

Mariscos y pescados 8

- Guisado de jueyes con funche de coco
- Mangú
- Ensalada de tomates y cebollines
- Crema de chocolate

Guisado de jueyes
Cynthia Morales

Ingredientes:
1 cebolla mediana rebanada
1 pimiento verde picadito
2 dientes de ajos picaditos
3 ajíes picados
3 cucharadas de aceite de oliva
2 latas de 6 onzas de carne de jueyes
2 tomates pelados y picados
2 cucharadas de recaito preparado
1 cubito de pescado
pimentón a gusto
hierbas aromáticas a gusto
1/2 taza de vino blanco de cocinar

Procedimiento:
1. Sofría la cebolla, el pimiento, los ajos y los ajíes en el aceite.
2. Incorpore la carne de juey y añada el resto de los ingredientes.
3. Cocine a fuego bajo por 5-8 minutos sin que se seque.
4. Sirva individualmente sobre una porción de funche de coco.

25 minutos
8 personas

*Animal que Dios creó
hizo una maravilla,
por dentro tiene la carne
y por fuera la costilla.*

*Folklore puertorriqueño
El juey*

Funche de coco
Cynthia Morales

Ingredientes:
2 tazas de leche baja en grasa
2 tazas de leche de coco
1 taza de harina de maíz
1 cucharada de mantequilla
3/4 cucharadita de sal
1/2 taza de azúcar
2 ramas de canela

Procedimiento:
1. Caliente las leches.
2. Disuelva la harina en las leches calientes.
3. Sazone con la mantequilla, la sal, el azúcar y la canela.
4. Cocine a fuego alto moviendo constantemente hasta que cuaje.
5. Baje el fuego y cocine por 15 minutos más moviendo ocasionalmente.

25 minutos
8 personas

Mangú
Las editoras

45 minutos
4-6 personas

Ingredientes:
2 plátanos verdes mondados y troceados
2 cucharadas de agua con sal
2 cucharadas de aceite de oliva
1 ajo machacado
2 lonjas de tocineta fritas y desbaratadas
1 cebolla mediana picadita

Procedimiento:
1. Hierva los plátanos en agua con sal por 25 minutos.
2. Májelos con un poco del agua donde los hirvió, con el aceite y el ajo; reserve.
3. Sofría la cebolla en la sartén donde frió la tocineta.
4. Vierta las boronías de tocineta y cebolla sobre la masa de plátano y sirva.

Ensalada de tomates y cebollines
Jacqueline Biscombe

20 minutos
8 personas

Ingredientes:
4 tomates grandes maduros rebanados
1/2 taza de cebollines (*scallions*)
1/2 taza de aceite de oliva
3 cucharadas de vinagre de vino
sal y pimienta a gusto
3 cucharadas de perejil picado

Procedimiento:
1. Coloque los tomates en un platón llano.
2. Prepare una vinagreta con los cebollines, el aceite, el vinagre, la sal y la pimienta.
3. Rocíe los tomates con esta vinagreta.
4. Sirva bien frío.

Crema de chocolate
Blanca Paoli de Fernández

45 minutos
4-6 personas

Ingredientes:
2 huevos separados
2 tazas de leche
2 onzas de chocolate simi-dulce rallado
1/4 taza de maicena
1/3 taza de azúcar
1/4 cucharadita de vainilla
1/2 cucharadita de extracto de almendra

Procedimiento:
1. Bata las yemas y añada poco a poco la leche, el chocolate, la maicena y el azúcar.
2. Cuele esta mezcla.
3. Ponga al fuego moviendo constantemente y bien ligero cuando empiece a cuajar para que no se empelote.
4. Retire del fuego al hervir, añada la vainilla y sirva en una fuente.
5. Bata las claras a punto de nieve con el azúcar y el extracto.
6. Cubra la crema con este merengue.
7. Dore en el horno pre-calentado a 400ºF en el asador por 5 minutos.

Mariscos y pescados 9

- Gazpacho de bacalao

* Sugerencia: viandas hervidas- pana, batata, ñame, guineo verde y yautía

- Ensalada de aguacate al ron

- Pastel de queso crema

Gazpacho de bacalao
Sara González de Pagán

1 hora
6 personas

Ingredientes:
2 libras de filete de bacalao salado
1 1/2 taza de aceite de oliva
2 dientes de ajos machacados
1/2 tazas de almendras en lascas
1 cucharadita de pimienta blanca
1 taza de vinagre blanco
1/2 taza de perejil
15 aceitunas rellenas
2 pimientos verdes en tiritas
3 hojas de laurel
2 huevos hervidos y majados
1 latita de 4 onzas de pimientos morrones en tiritas

Procedimiento:
1. Desale el bacalao hirviéndolo y cambiándole el agua en dos ocasiones.
2. Combine el resto de los ingredientes en un molde grande.
3. Añada el bacalao desmenuzado y mezcle bien.
4. Prepare con un día de antelación y sirva sobre una hoja de lechuga acompañado de viandas.

El consumo de pescado aumentó considerablemente en Europa después de la Segunda Guerra Mundial porque la escasez de alimentos que ésta trajo consigo hizo que los europeos probaran y adoptaran muchas especies hasta entonces consideradas inadecuadas.

Cocina Color

Ensalada de aguacate al ron
Jacqueline Biscombe

15 minutos - preparación
2 horas - refrigeración
2-4 personas

Ingredientes:
1 aguacate picado en trozos
4 cucharaditas de jugo de limón verde
1/2 cucharadita de sal
pimienta (opcional)
8 cucharaditas de aceite de oliva
1 cucharadita de azúcar negra
4 cucharaditas de ron ámbar

Procedimiento:
1. Aliñe el aguacate con todos los ingredientes.
2. Déjelo macerar en la nevera por un par de horas.

Pastel de queso crema

Carmen Elena González de Rexach

Ingredientes:

Base -
1/4 taza de azúcar
1 taza de galletas de harina de trigo integral *(Graham Craker Crumbs)*
1/4 taza de mantequilla derretida
1/4 cucharadita de canela (opcional)

Relleno -
16 onzas de queso crema
3 huevos grandes
3/4 tazas de azúcar
1 cucharadita de vainilla
3 cucharadas de crema agria

Cubierta -
1 taza de crema agria
2 cucharadas de azúcar
1 cucharadita de vainilla

Procedimiento:

Base -
1. Mezcle todos los ingredientes de la base formando una masa.
2. Cubra un molde de 10" engrasado con esta masa.
3. Hornee a 375ºF por 8 minutos.
4. Deje refrescar.

Relleno -
1. Bata el queso hasta que esté suave y cremoso.
2. Incorpore los huevos uno a uno.
3. Añada el azúcar, la vainilla y la crema agria.
4. Vierta sobre la base y hornee a 375ºF por 20 minutos.
5. Retire del horno; deje refrescar por 15 minutos.

Cubierta -
1. Mezcle la crema agria con el azúcar y la vainilla.
2. Cubra el relleno con esta mezcla y refrigere por varias horas o de un día para otro.

* Puede sustituir la cubierta de crema agria por casquitos de guayaba, fresas o melocotones en almíbar.

30 minutos
8-10 personas

Entre las industrias locales reconocidas del siglo XIX, catalogadas como pequeños negocios, se encontraba la fabricación de varios tipos de quesos: los de hoja, los de prensa, los de crema y los de estilo mallorquín. El pueblo de Isabela, entre otros, gozó de fama por sus buenos quesos de hoja.

El Puertorriqueño y su Alimentación

Mariscos y pescados 10

- Bacalao guisado con guingambó
- Guineítos niños con queso parmesano
- Arroz con lentejas
- Flan fácil de queso

Bacalao guisado con guingambó
Margarita Pumarada Van Kirk

2 1/2 horas
6-8 personas

Ingredientes:
1 1/2 libra de filete de bacalao salado sin espinas
1 bolsa de 16 onzas de guingambós enteros congelados
4 cucharadas de aceite de oliva
1 cebolla grande en ruedas
1 pimiento verde picadito
4 dientes de ajos picaditos
4 ajíes dulces picaditos
1 tomate maduro picado
10 aceitunas sin pepitas
1 latita de 4 onzas de pimientos morrones picados
hoja de laurel

Procedimiento:
1. Desale el bacalao remojándolo en agua caliente por 2 horas y cambiándole el agua un par de veces.
2. Escurra, desmenuce y reserve.
3. Cocine al vapor el guingambó por 5 minutos y córtelos en mitades.
4. Sofría por 4 minutos en 2 cucharadas de aceite la cebolla, el pimiento, los ajos y los ajíes.
5. Añada 2 cucharadas de aceite más e incorpore los guingambós, el tomate, las aceitunas, los pimientos morrones y el laurel.
6. Rehogue por unos minutos y agregue el bacalao y más aceite si lo desea, mezclando bien.
7. Tape y cocine a fuego bajo por 8 minutos.

El bacalao ha gozado de gran popularidad en la cocina puertorriqueña. Era económico y al ser salado perduraba sin necesidad de refrigeración; durante la Cuaresma se acentúa su uso en los hogares católicos cuando la Iglesia pide abstenerse de comer carne en días señalados. Su confección criolla mejor conocida es "la serenata", plato en que se acompaña de viandas y ensalada.

Guineítos niños con queso parmesano
Sara González de Pagán

30 minutos
8 personas

Ingredientes:
24 guineítos niños pelados
1 cucharada de aceite
1 cucharada de mantequilla
1/2 taza de queso parmesano

Procedimiento:
1. Dore los guineítos en el aceite y la mantequilla.
2. Espolvoree con el queso al momento de servir.

Arroz con lentejas
Sara González de Pagán

Ingredientes:
3 cebollas grandes cortadas en ruedas
1 cucharada de aceite de oliva
2 onzas de mantequilla
1/2 cucharada de jengibre
1 zanahoria rallada
2 tazas de arroz blanco
1 cucharada de sal
2 tazas de lentejas hervidas por 10 minutos

Procedimiento:
1. Sofría las cebollas en el aceite y la mantequilla.
2. Incorpore el jengibre y la zanahoria y rehogue por 4 minutos.
3. Agregue el arroz y rehogue por 2 minutos.
4. Sazone con la sal y añada el caldo y las lentejas mezclando bien.
5. Reduzca el fuego cuando el arroz comience a secar.
6. Tape y cocine por 20 minutos.

50 minutos
6 personas

Al comprar el pescado deberán considerarse las cualidades esenciales que califican su frescura: ojo vivo, escamas brillantes, carne consistente y agallas rojas.

Flan fácil de queso
Sylvia Ganganelli de Angulo

Ingredientes:
1 taza de azúcar
1/4 taza de agua
1 lata de 12 onzas de leche evaporada
1 lata de 14 onzas de leche condensada
6 huevos
8 onzas de queso crema
vainilla a gusto

Procedimiento:
1. Acaramele un molde de hornear con el azúcar y el agua.
2. Mezcle todos los ingredientes en la licuadora.
3. Vierta en el molde acaramelado.
4. Hornee a baño de María por 45 minutos a 350ºF.

* Para variar la receta puede añadir una lata de coctel de frutas sin el almíbar o revestir el flan con merengue.

1 hora
8-10 personas

Mariscos y pescados 11

- Berenjenas rellenas con carne de cangrejo y de cerdo
- *Casserole* de papas con anchoas
- Arroz con cebollas, cebollines y aceitunas negras
- Flan de piña

Berenjena rellena con carne de cangrejo y de cerdo
Sonia González de Mora

Ingredientes:
- 4 berenjenas medianas
- 1 cebolla picadita
- 1 tallo de apio verde *(celery)* picadito
- 1 pimiento rojo picadito
- 1/4 taza de ajo picadito
- 1 tomate picadito
- 1 salchicha italiana dulce sin piel
- 4 onzas de mantequilla
- 1/2 libra de carne de cerdo molida
- 1/2 taza de caldo de pollo
- sal y pimienta a gusto
- 1/2 libra de carne de cangrejo
- 1 taza de boronías de pan sazonado
- 3/4 taza de queso parmesano

Procedimiento:
1. Coloque tres de las berenjenas en molde engrasado; hornee a 350º por 10-15 minutos y sáquelas del horno.
2. Córtelas por mitad en forma de canoa.
3. Remueva la pulpa sin romper la cáscara y reserve ambas.
4. Pele la cuarta berenjena sin cocinar, píquela en cuadritos y reserve.
5. Sofría la cebolla, el apio verde, el pimiento, el ajo, el tomate y la salchicha desmenuzada en la mantequilla derretida.
6. Cocine por 15 minutos o hasta que los vegetales estén tiernos.
7. Incorpore la carne de cerdo y continue la cocción hasta que cada grano de carne se separe bien.
8. Agregue el caldo de pollo y la pulpa de las cuatro berenjenas.
9. Cocine por 30 minutos más; retire del fuego y sazone con sal y pimienta.
10. Añada la carne de cangrejo y las boronías de pan que absorberán el líquido.
11. Rellene las cascaras de berenjena con esta mezcla y espolvoree con queso parmesano.
12. Hornee a 350ºF hasta que el queso dore.

1 hora
6 personas

Existen más de 4,000 especies de cangrejos. El cangrejo pinza tiene una boca más larga que la otra; el hermitaño vive en conchas de mar vacías, el fantasma en la arena. Algunos son nadadores, otros corren hacia los lados sobre las rocas, etc... Los más famosos de los comestibles son el *Alaskan King Crab* y el azúl que al cambiar su carapacho se pesca y vende con el nombre de *Soft Shell Crab.*

Enciclopedia Espasa-Calpe

Casserole de papas con anchoas
Sonia González de Mora

Ingredientes:
2 cebollas grandes rebanadas finitas
3 cucharadas de mantequilla
2 libras de papas peladas
20 filetitos de anchoas desmenuzadas
pimienta a gusto
2 tazas de crema de leche

Procedimiento:
1. Sofría las cebollas en mantequilla y remueva.
2. Corte las papas en rebanadas de 1/4" de largo.
3. Coloque mitad de las papas en un recipiente de hornear engrasado.
4. Cubra con mitad de la cebollas, todas las anchoas y la otra mitad de las cebollas.
5. Termine con la otra mitad de las papas.
6. Espolvoree con pimienta; bañe con la crema de leche y tape con papel de aluminio.
7. Cocine en horno precalentado a 375ºF por 50 minutos o hasta que las papas estén tiernas.

1 hora
4-6 personas

Arroz con cebollas, cebollines y aceitunas negras
Margarita Pumarada Van Kirk

Ingredientes:
1 taza de cebollines picaditos
1 taza de cebollas rojas picaditas
1 taza de aceitunas negras cortadas en mitades
2 cucharadas de mantequilla
2 tazas de caldo de pollo y 1/2 cubito de caldo de pollo
1 1/2 taza de arroz grano largo

Procedimiento:
1. Rehogue los cebolines, la cebolla roja y las aceitunas en la mantequilla derretida.
2. Incorpore el caldo de pollo, el cubito y el arroz.
3. Cocine a fuego alto hasta que seque y entonces voltéelo.
4. Reduzca el fuego bajo, tape y cocine por 20 min. más.

30 minutos
4-6 personas

Flan de piña
Miña A. Monagas

Ingredientes:
1/2 ó 1 taza de azúcar (según tamaño del molde)
2 cajitas de 1/4 onza de gelatina de piña
2 tazas de agua
2 latas de 7 onzas de jugo de piña
1 lata de 14 onzas de leche condensada

Procedimiento:
1. Acaramele el molde para flan con el azúcar quemada.
2. Diluya la gelatina en el agua hirviendo.
3. Añada el jugo de piña y la leche.
4. Vierta la mezcla en el molde y refrigere.
* Esta receta es refrescante y propicia para el verano.

15 minutos
6 personas

Mariscos y pescados 12

- Crema de jueyes
- Camarones al vino
- Arroz con calabacines y maíz
- Brécol con almendras
- Flan de queso del país

Crema de jueyes
Cynthia Morales

Ingredientes:
1/2 taza de apio verde *(celery)* picado
1 cebolla mediana picadita
3 cucharadas de mantequilla
1/4 taza de harina
5 tazas de leche baja en grasa
2 latas de 6 onzas de carne blanca de juey
1/4 taza de cebollines *(scallions)* picaditos
1/4 cucharadita de estragón
1/4 cucharadita de especias francesas *(fine herbs)*
pimentón a gusto

Procedimiento:
1. Sofría el apio y la cebolla en la mantequilla.
2. Agregue la harina, baje el fuego y cocine por 3 minutos moviendo siempre.
3. Añada poco a poco la leche; suba el fuego y hierva.
4. Incorpore la carne de juey; baje el fuego y cocine 3 minutos más.
5. Sazone con los cebollines, el estragón, el pimentón y las especias.

30 minutos
5-6 personas

Camarones al vino
Sonia González de Mora

Ingredientes:
1 cebolla mediana picadita
1 pimiento picadito
6 ajíes picaditos
2 ajos picaditos
2 cucharadas de mantequilla
2 libras de camarones grandes limpios
1/2 libra de chalotes *(shallots)* picaditos
3/4 taza de vino blanco de cocinar
1/2 cucharadita de sal
1/4 cucharadita de pimienta
4 cucharadas de crema agria

Procedimiento:
1. Sofría a fuego moderado la cebolla, el pimiento, los ajíes y los ajos en 1 cucharada de mantequilla.
2. Incorpore los camarones, cocine por 10 minutos hasta que tomen el color rojo y retire del fuego.
3. Sofría aparte los chalotes en la mantequilla restante.
4. Incorpore el vino y sazone con la sal y la pimienta.
5. Agregue la crema agria y mueva bien.
6. Añada los camarones y cocine por 5 minutos más.
7. Sirva adornado con perejil.

30 minutos
4 personas

Arroz con calabacines y maíz
Cynthia Morales

Ingredientes:
3/4 taza de cebolla picadita
1 1/2 libra de calabacines *(zucchini)* rebanados finitos
3 cucharadas de mantequilla
1 lata de 17 onzas de maíz en grano
1 lata de 16 onzas de tomate enteros
3 tazas de arroz cocido
1 1/2 cucharadita de sal
1/4 cucharadita de pimienta
1/4 cucharadita de orégano
1/4 cucharadita de cilantro

Procedimiento:
1. Sofría la cebolla y los calabacines en la mantequilla.
2. Incorpore el resto de los ingredientes.
3. Cocine tapado a fuego bajo por 15 minutos.

30 minutos
8 personas

Brécol con almendras
Sonia González de Mora

Ingredientes:
2 libras de flores de brécol
6 cucharadas de agua
sal y pimienta
jugo de un limón
4 cucharadas de mantequilla
1/3 taza de almendras blancas en lascas
1 diente de ajo machacado

Procedimiento:
1. Remoje el brécol en agua con sal por 30 minutos; escurra.
2. Cocine tapado en 6 cucharadas de agua por 15-25 minutos y escurra.
3. Aliñe con la sal, la pimienta y el limón.
4. Sofría en mantequilla las almendras con el ajo y vierta sobre el brécol.

45 minutos
4-6 personas

Flan de queso del país
Mapy Castrillo de Quiñones

Ingredientes:
1 taza de azúcar
1/4 taza de agua
1 libra de queso del país
8 huevos
1 lata de 12 onzas de leche evaporada
6 onzas de agua
2 tazas de azúcar

Procedimiento:
1. Acaramele un molde de hornear con la taza de azúcar y el agua.
2. Triture el queso en el procesador de alimentos.
3. Desbarate los huevos y combine con el queso, la leche el agua y el azúcar.
4. Hornee en baño de María a 350ºF por 1 hora.

20 minutos preparación
4 horas congelador
8 personas

Mariscos y Pescados • 103

Mariscos y pescados 13

- Sopa de apio
- Vieiras al vino
- Arroz con hojas verdes
- Budín de berenjena
- Pastel de pera

Sopa de apio
Margarita Pumarada Van Kirk

30 minutos
4-6 personas

Ingredientes:
2 libras de apio pelado y en pedazos
3 dientes de ajo
1 cebolla picada
1 cubito de caldo de pollo
3/4 taza de leche descremada
8 hojas de cilantrillo (opcional)

Procedimiento:
1. Hierva el apio, los ajos, la cebolla y el cubito de res con suficiente agua que los cubra.
2. Escurra y reserve el caldo.
3. Licúe los ingredientes sólidos cocidos con la leche y parte del caldo hasta obtener el espesor deseado.
4. Adorne con el cilantrillo.

La vieira es un molusco altamente apreciado por su carne suave y su sabor delicado mejor logrado cuando se pesca en invierno. Sus conchas se usan para hornear los afamados Coquilles St. Jacques.

Vieiras al vino
Sonia González de Mora

4-6 minutos
40 personas

Ingredientes:
3 tomates grandes
1 tallo de puerro *(leek)* cortado en rodajitas
2 cucharadas de aceite
2 cucharaditas de albahaca
1/4 taza de *vermouth* seco
1/4 taza de vino blanco seco
2 libras de vieiras *(scallops)* cortados en mitades
2/3 taza de crema agria
sal y pimienta a gusto
hojas de perejil o albahaca

Procedimiento:
1. Remoje los tomates en agua hirviendo por un minuto fuera de la hornilla.
2. Pele los tomates; remueva las semillas; pique y reserve.
3. Rehogue las rodajas de puerro en el aceite por 5 minutos.
4. Incorpore la albahaca, el *vermouth* y el vino; cocine a fuego bajo por 2 minutos.
5. Agregue las vieiras; cocine por 3-5 minutos más y luego retírelas de la sartén.
6. Espese la salsa que quedó en la sartén hirviéndola un poco.
7. Retire la sartén del fuego y añada la crema, las vieiras y los vegetales cocidos.
8. Sazone con sal y pimienta.
9. Adorne con perejil o albahaca.

Arroz con hojas verdes
Margarita Pumarada Van Kirk

45 minutos
4 personas

Ingredientes:
1 1/2 taza de arroz grano largo
2 tazas de agua
1 cubito de caldo de pollo
1/2 cucharada de mantequilla
pizca de Bijol (opcional)
3 cucharadas de perejil picadito
3 cucharadas de cilantrillo picadito
3 cucharadas de hojas de apio verde *(celery)*
3 cucharadas de cebollines *(scallions)* picaditos.

Procedimiento:
1. Hierva el arroz en el agua con la mantequilla, el cubito de pollo y el Bijol, hasta que comience a secar.
2. Añada las hojas de perejil, de cilantro, de apio verde y los cebollines.
3. Reduzca el fuego a bajo; tape y cocine por 20 minutos o hasta que el grano esté tierno.

Budín de berenjena
Sonia González de Mora

1 hora
6 personas

Ingredientes:
4 berenjenas grandes peladas y cortadas en rodajas finitas
1 cucharada de sal
jugo de un limón
1/2 taza de harina
1 cebolla grande picadita
6 dientes de ajo picaditos
1/2 taza de aceite
5 huevos separados
1 cucharadita de pimienta o a gusto
7 cucharadas de queso parmesano.
2 lascas de jamón cocido en tiritas.

Procedimiento:
1. Sumerja las berenjenas en agua con la sal, el limón y la harina; luego escurra.
2. Hierva en agua hasta que ablanden; luego escurra, maje y reserve.
3. Sofría la cebolla y los ajos en el aceite.
4. Combine en un recipiente las berenjenas, las yemas de huevo, la pimienta, el queso y por último las claras batidas a punto de nieve.
5. Vierta en un molde enmantequillado y enharinado.
6. Hornee a 350º F por 45 minutos.
7. Sáquelo del molde y sirva adornado con tiritas de jamón cocido.

* Este budín puede servirse como acompañante o como plato principal.

Pastel de pera
Sara González de Pagán

1 1/4 hora
6-8 personas

Ingredientes:
6 cucharadas de azúcar granulada
1/4 cucharadita de sal
1 1/2 cucharada de maicena
1 1/2 taza de leche
3 yemas de huevo ligeramente batidas
3/4 cucharadita de extracto de vainilla
1/4 cucharadita de extracto de almendra
1 lata de 29 onzas de peras en mitades escurrida
1 cubierta de pastel cocida
1/2 taza de crema espesa
2 cucharadas de azúcar pulverizada

Procedimiento:
1. Mezcle en una cacerolita el azúcar con la sal y la maicena e incorpore la leche.
2. Cocine a fuego moderado moviendo constantemente y deje hervir por un minuto.
3. Combine las yemas con un poco de esta crema; regrese a la cacerolita y continue la cocción hasta que vuelva a hervir.
4. Retire del fuego, agregue los extractos, vierta en un molde y refrigere cubierto por l hora.
5. Vierta la crema en la cubierta para pastel.
6. Coloque encima las peras en forma de roseta, la parte puntiaguda hacia el centro uniéndose.
7. Bata la crema espesa con el azúcar pulverizada; ponga en una manga y adorne rellenando entre las peras y todo alrededor del molde.

Algunas "orejitas" de la buena cocina que nos ayudan en la confección exitosa del pescado:

- el pescado se cocina para que suelte el sabor, mientras que la carne se cocina para que se ponga tierna;

- el pescado al horno estará más jugoso si se baña cada 5-10 minutos;

- el pescado nunca se voltea cuando se cocina al horno porque se rompe fácilmente;

- el pescado se fríe por lo menos en una pulgada de grasa que combina por partidas iguales mantequilla y aceite.

Mariscos y moluscos
nombres utilizados en español e inglés

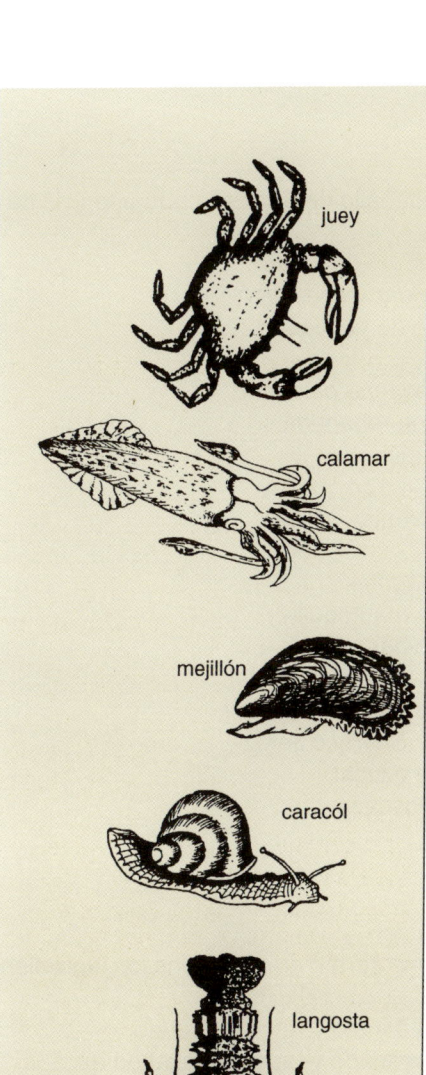

almeja	*clam*
berberecho	*steam clam*
calamar	*squid*
camarón	*shrimp*
cangrejo o juey	*crab*
caracol	*snail (escargot - francés)*
carrucho	*conch*
centolla	*king crab*
chipirón	*small squid*
langosta	*lobster*
langostino	*crayfish*
mejillón	*mussel*
ostra	*oyster*
pulpo	*octopus*
vieiras	*scallops*

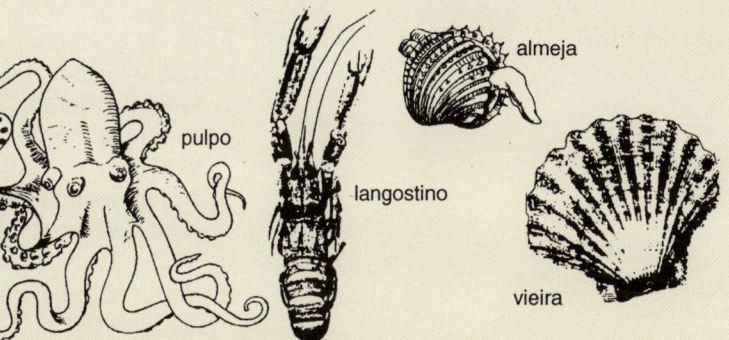

Mariscos y pescados 14

- Rodaballo al *champagne*

- Papas en crema de setas y cebollas

- Arroz al limón

- Fresas a la crema con *Cointreau*

Rodaballo al *champagne*
Margarita Pumarada Van Kirk

Ingredientes:
4 pedazos de rodaballo de 8 onzas cada uno y 1" de espesor

Caldo para escaldar el pescado-
1 cubito de caldo de pescado
2 tazas de agua
2 tazas de *champagne demi-sec*
1 cebolla mediana rebanada
2 ramitas de perejil
1 hoja de laurel
6 granos de pimienta

Salsa de *champagne*–
3 cucharadas de mantequilla
3 cucharadas de harina
2 1/2 taza de caldo para escaldar
3 cucharadas de crema para batir
2 cucharadas de *Sherry* o Jeréz
1 cucharadita de azúcar
pizca de nuez moscada
perejil

Procedimiento:
Caldo para escaldar-
1. Coloque en una sartén grande todos los ingredientes del caldo.
2. Hierva por un minuto y retire del fuego.
3. Incorpore el pescado y tape permitiendo escapar un poco de vapor.
4. Cocine a fuego bajo por 10-12 minutos sin dejar hervir.
5. Remueva con espátula grande el pescado y colóquelo en un molde de hornear.

Salsa de *champagne-*
1. Cuele el caldo para escaldar y redúzcalo un poco a fuego moderado.
2. Derrita la mantequilla con la harina moviendo todo el tiempo.
3. Agregue poco a poco el caldo para escaldar, la crema, el jerez, el azúcar y la nuez moscada; mueva hasta espesar.
4. Vierta sobre el pescado y adorne con perejil.

30 minutos
4-6 personas

El rodaballo se pesca en el Atlántico Norte. Su cuerpo es comprimido y su carne blanca y aromática, es muy suculenta, por lo que se le conoce como "el faisán del mar".

Diccionario de Gastronomía

Papas en crema de setas y cebollas
Elisa Villalobos
Colón

Ingredientes:
2 libras de papas rebanadas finitas
3/4 tazas de aceite de oliva
1 lata de 10 3/4 onzas de crema de setas
1 lata de 10 1/2 onzas de sopa de cebolla
1/8 cucharadita de nuez moscada
1/8 cucharadita de pimienta
1/2 cucharadita de ajo en polvo
3/4 taza de leche fresca

Procedimiento:
1. Sofría las papas tapadas en aceite caliente por 8-10 minutos hasta estar cocidas, no doradas.
2. Mezcle y cocine a fuego lento la crema de setas, la sopa de cebolla, la nuez moscada, la pimienta, el ajo y la leche.
3. Retire las papas del aceite e incorpore a la crema mezclando bien.

25 minutos
4 personas

Arroz al limón
Cynthia Morales

Ingredientes:
1 taza de apio verde (*celery*) picadito
1 taza de cebollas picaditas
2 cucharadas de mantequilla
3 tazas de arroz cocido
1 cucharada de ralladura de limón
1 cucharadita de sal
1/2 cucharadita de pimienta

Procedimiento:
1. Sofría el apio verde y la cebolla en la mantequilla.
2. Incorpore el arroz, la ralladura de limón, la sal y pimienta.
3. Cocine a fuego bajo por 2 minutos y mueva ocasionalmente.

20 minutos
6 personas

Fresas a la crema con *Cointreau*
Marina Martínez
de Fernández Paoli

Ingredientes:
1 paquete de 16 onzas de fresas congeladas
1/2 galón de helado de vainilla
1 pote de 8 onzas de crema espesa
10 cucharadas de *Cointreau*
azúcar a gusto

Procedimiento:
1. Lave las fresas semidescongeladas en un colador.
2. Mezcle el helado con la crema y el *Cointreau*.
3. Espolvoree las fresas con el azúcar e incorpórelas a la crema reservando las mejores.
4. Vierta en un molde y endurezca en el congelador.
5. Adorne con las fresas reservadas al momento de servir.

25 minutos
10 personas

Mariscos y Pescados

Mariscos y pescados 15

- Ensalada de lechugas, palmitos, mandarinas y queso
- *Clafouti* de mariscos
- Papas gratinadas
- Bizcocho de chocolate y canela

Ensalada de lechugas, palmitos, mandarinas y queso
Marina Martínez de Fernández Paoli

1 1/2 hora
4 personas

Ingredientes:
1 mazo de lechuga *Romaine* picada
1/2 cabeza de lechuga americana picada
1/2 mazo de lechuga rizada picada
8 onzas de setas frescas
1 pimiento amarillo *Bell* picado en ruedas finitas
1/4 taza de perejil fresco
1 cebolla mediana picada en ruedas finitas
1 lata de 14 onzas de palmitos escurridos y cortados en rueditas
1/4 libra de queso *Jalsberg* picado
2 latas de 11 onzas de chinas mandarinas escurridas

Aderezo -
1 cucharada de vinagre
1 cucharadita de albahaca picadita
1 cucharadita de eneldo
1/2 cucharadita de orégano
1/8 cucharadita de azúcar
sal y pimienta a gusto
3 cucharadas de aceite de oliva extra virgen

Procedimiento:
1. Mezcle en una ensaladera las lechugas lavadas.
2. Incorpore las setas, el pimiento, el perejil y la cebolla; revuelva bien.
3. Añada los palmitos, las chinas mandarinas y el queso; reserve.
4. Combine los ingredientes del aderezo y bata a mano o en *cussianart* hasta que espese.
5. Vierta bien frío sobre la ensalada y sirva.

Clafouti de mariscos
Sonia González de Mora

35 minutos
4-6 personas

Ingredientes:
4 cucharadas de harina
3 huevos
2 tazas de leche descremada
1/2 cucharadita de sal
1/2 cucharadita de nuez moscada
1 cucharadita de especias francesas *(fine herbs)*
1/2 cucharadita de tomillo
7 onzas de vieiras *(scallops)* cortadas en mitades
5 onzas de camarones limpios
9 onzas de mejillones pequeños
2 dientes de ajo picaditos
1 cucharada de mantequilla

Procedimiento:
1. Mezcle la harina, los huevos y leche con las especias.
2. Agregue los frutos del mar y los ajos.
3. Vierta en molde de *quiche* ligeramente engrasado.
4. Hornee a 350ºF por 25 minutos.
5. Deje refrescar antes de servir.

Papas gratinadas
Fernando Rosado

35 minutos
4-6 personas

Ingredientes:
1/4 taza de cebolla picadita
4 dientes de ajo picaditos
3/4 taza de jamón de cocinar picadito
1/2 taza de cilantrillo picadito
1/4 taza de aceite de oliva
1/4 taza de vino blanco
8 onzas de crema espesa
1/2 taza de queso parmesano
1 cubito de caldo de pollo
4 papas grandes peladas, cortadas en cuadritos y cocidas ó 1 bolsa de 16 onzas de *hash brown* congeladas

Procedimiento:
1. Sofría la cebolla, el ajo, el jamón y el cilantrillo en el aceite.
2. Incorpore el vino y deje evaporar.
3. Agregue la crema y al hervir eche el queso y el cubito.
4. Retire del fuego y mueva constantemente hasta disolver el cubito.
5. Añada las papas; mezcle bien y vierta en un molde de hornear engrasado.
6. Cocine en horno precalentado a 450ºF hasta que dore y el líquido se evapore.

Bizcocho de chocolate y canela
Rosi Cancio de Rabell

90 minutos
15 personas

Ingredientes:
1/4 libra de mantequilla
1 1/2 taza de azúcar
4 huevos separados
1 1/2 onzas de chocolate dulce rallado
1 2/3 taza de harina cernida
4 cucharaditas de polvo de hornear
1 1/2 cucharadita de canela en polvo
2/3 taza de leche

Procedimiento:
1. Bata la mantequilla con el azúcar y las yemas de huevo; reserve.
2. Mezcle aparte el chocolate con la harina, el polvo de hornear y la canela.
3. Incorpore poco a poco el chocolate a la mezcla de mantequilla alternando con la leche; cuide de terminar el proceso con la mantequilla.
4. Bata las claras a punto de nieve y una de forma envolvente a la mezcla de chocolate.
5. Vierta en molde de tubo al centro engrasado y enharinado.
6. Cocine en horno precalentado a 325ºF por 50 mins.

Capítulo IV

Grupos variados

Piso de la Sala de Actos del Pensionado, hoy Oficina de Registro, segundo piso del Edificio San José.

Visita de cumplido 1

- Aguacates rellenos con habichuelas negras
- Filete en salsa de china
- Arroz griego con cebollas y pimientos morrones
- Flan de queso con mermelada de guayaba

Menú de Annabelle Picó.

Aguacates rellenos con habichuelas negras

Ingredientes:
2 latas de 16 onzas de habichuelas negras
1 lata de sopa de 15 onzas de habichuelas negras
1/2 cebolla sin picar
1 pimiento verde partido en dos
1 hoja de laurel
3 cucharadas de aceite de oliva
2 cucharaditas de vinagre blanco de arroz
1/3 taza de vino de Jerez
4 aguacates grandes
1/2 cebolla pequeña picada

Procedimiento:
1. Mezcle los 7 primeros ingredientes en una cacerola y cocine a fuego lento por 15 minutos.
2. Agregue el vino y cocine unos minutos más; luego retire del fuego.
3. Parta los aguacates a la mitad y deles un corte en la base para estabilizarlos.
4. Rellene con las habichuelas y adorne con la cebolla picada.

30 minutos
8 personas

Filete en salsa de china

Ingredientes:
1 filete de carne de res de 4 libras
adobo criollo con pimienta
sal a gusto
3 cucharadas de aceite de oliva
2 cucharadas de mantequilla
1 lata de 6 onzas jugo de china concentrado sin diluir
2 hojas de laurel
2 cubitos de caldo de pollo
1 paquete de zanahorias enanas congeladas y ligeramente cocidas en el microhondas.
1/2 taza de *Cointreau*

Procedimiento:
1. Adobe el filete con anterioridad.
2. Caliente bien en un caldero grande el aceite y la mantequilla.
3. Dore el filete a fuego alto por ambos lados, dejándolo un poco más crudo que el término de su gusto.
4. Agregue el concentrado de china, el laurel y los cubitos de pollo, raspando el fondo para desprender lo pegado.
5. Añada las zanahorias y cocine a fuego bajo por 5 minutos.
6. Incorpore el *Cointreau* y cocine por 3 minutos más.
7. Sirva el filete completo o partido acompañado de las zanahorias.

30 minutos
8 personas

* Puede decorar el filete con ruedas de china.

114 • Grupos Variados

Arroz griego con cebollas y pimientos morrones

Ingredientes:
1 taza de cebollas picaditas
4 onzas de mantequilla
1/2 lechuga americana picada finita
1 lata de 7 onzas de pimientos morrones picados en cuadritos
2 tazas de arroz grano largo
1 lata de 10.5 onzas de consomé
1 1/2 tazas de agua
1 cubito de caldo de pollo

Procedimiento:
1. Sofría la cebolla en la mantequilla.
2. Añada la lechuga y los pimientos sofriendo unos instantes.
3. Incorpore el arroz y sofría un poco más.
4. Agregue el líquido de los pimientos, y 3 tazas más de la mezcla del consomé con el agua y el cubito de caldo de pollo.
5. Al hervir baje el fuego, tape y cocine hasta que absorba el agua y ablande (aproximadamente 40 minutos).

50 minutos
8 personas

La producción de arroz en el Puerto Rico del Siglo XIX fue variada: tipo largo, chato, pulla, en cáscara o pulido; rendía para el consumo isleño y para la exportación en pequeña escala.

El Puertorriqueño y su Alimentación

Flan de queso con mermelada de guayaba

Ingredientes:
3/4 taza de azúcar
1 cucharada de agua
8 onzas de queso crema
1 lata de 14 onzas de leche condensada
1 lata de leche fresca (use la medida anterior)
4 huevos enteros
1 frasco de mermelada de guayaba fría de nevera

Procedimiento:
1. Acaramele un molde utilizando el azúcar y el agua.
2. Mezcle bien en la licuadora el queso, las leches y los huevos.
3. Hornee por 1 1/2 horas en horno precalentado a 350°F.
4. Al enfriar desmolde y cubra con la mermelada.

1 3/4 horas
6-8 personas

Visita de cumplido 2

- Ensalada de chayote y espinaca
- Arroz con culantro
- Zanahorias con azúcar y mantequilla
- Filete relleno de queso y *prosciutto*
- Flan al *Cognac*

Ensalada de chayote y espinaca
Jacqueline Biscombe

Ingredientes:
2 chayotes grandes partidos por la mitad
agua
6 cucharadas de aceite de oliva
2 cucharadas de vinagre balsámico
1/2 cucharadita de sal
1/4 cucharadita de nuez moscada
1 paquete de 10 onzas de espinacas frescas

Procedimiento:
1. Cubra los chayotes con agua y hierva por 20 mins.
2. Escurra y deje enfriar; luego pélelos, sáqueles el corazón y píquelos en trocitos.
3. Aliñe con aceite, vinagre, sal y nuez moscada.
4. Refrigere.
5. Sirva sobre las espinacas crudas.

45 minutos
4 personas

Arroz con culantro
Teresa Angélica González de Bruno

Ingredientes:
10 dientes de ajo machacados
20 ó 25 hojas de culantro picaditas
1/2 taza de aceite de oliva
2 tazas de arroz grano largo
4 tazas de caldo de pollo

Procedimiento:
1. Sofría los ajos y el culantro en el aceite.
2. Incorpore el arroz y el caldo.
3. Al hervir, reduzca a fuego bajo y tape.
4. Revuelva el arroz cuando seque y tape hasta que ablande.

20-25 minutos
6 personas

Esta receta se incluyó en la cena ofrecida en honor de los Reyes de España en su visita a Puerto Rico en 1987.

Zanahorias con azúcar y mantequilla
Ivette Monagas de Ward

Ingredientes:
1 libra de zanahorias peladas y picadas en ruedas finitas
1/4 a 1/2 taza de azúcar
pizca de sal
2 cucharadas de mantequilla
agua

Procedimiento:
1. Coloque las zanahorias con el azúcar y la sal en una olla de presión y cúbralas con agua.
2. Cocine por 3-4 minutos según el tiempo señalado en la olla para vegetales.
3. Escurra el agua, añada la mantequilla y sirva caliente.

* Para 4 ó 6 personas duplique la zanahoria sin aumentar el azúcar y la mantequilla.

15 minutos
2-3 personas

Filete relleno de queso y *prosciutto*
Gladys Boscio

Ingredientes:
1 filete de 3 libras de carne de res
adobo (el de su gusto)
1 cebolla grande picada en rodajas
2 pimientos morrones picados en tiras
3 lonjas de queso suizo
6 lonjas de jamón *prosciutto*
1 libra de tocineta
2 cebollas cortadas en cuartos
3 zanahorias picadas en ruedas
3 tallos de apio verde picaditos
2 onzas de mantequilla
3/4 lata 10.5 onzas de consomé de res
3/4 taza de vino tinto

Procedimiento:
1. Corte el filete a lo largo cuidando que las mitades queden unidas.
2. Cubra con papel plástico y aplánelo con el mortero, luego descarte el papel.
3. Adobe.
4. Cubra una mitad del filete a todo lo largo con el jamón y el queso y la otra con tomate, cebolla y pimiento morrón.
5. Cierre el filete y envuélvalo con tocineta.
6. Haga en un molde de hornear una cama con la mitad de las cebollas, las zanahorias y el apio verde y coloque el filete encima.
7. Hornee tapado por 15 minutos a 350ºF.
8. Cocine la mitad de las cebollas, las zanahorias y el apio verde en la mantequilla a fuego moderado; añada el consomé y el vino. Vierta sobre el filete.
9. Regrese el filete destapado al horno por otros 15 minutos; póngalo luego en el asador hasta que la tocineta dore.

1 hora
5-6 personas

Flan al *Cognac*
Georgina Ayala Ortíz

Ingredientes:
1 taza de azúcar
1 paquete de 8 onzas de queso crema
1 lata de 14 onzas de leche condensada
1 lata de leche fresca (use la medida anterior)
6 huevos
1/2 cucharadita de vainilla
3 cucharadas de *Cognac*

Procedimiento:
1. Acaramele con el azúcar un molde de hornear para flan.
2. Mezcle el resto de los ingredientes en la licuadora.
3. Deje reposar por 15 minutos y vierta en el molde.
4. Cocine en baño de María en horno precalentado a 350ºF por 30-35 minutos.

45 minutos
10-12 personas

Visita de cumplido 3

- Sopa de ajo
- Pechugas de pavo en salsa de albaricoque
- Ensalada de espinaca con ajonjolí
- Arroz gratinado
- Cebollas rellenas
- Chinas nebo al Moscatel

Sopa de ajo
Luisa Fernández Castrillón

15 minutos
4 personas

Ingredientes:
4 tazas de agua
4 cucharadas soperas de aceite de oliva
14 dientes de ajo pelados y picados
1 cubito de caldo de pollo
4 ruedas de pan tostado

Procedimiento:
1. Ponga a hervir en el microondas por 10 minutos el agua con el aceite, los ajos y el cubito.
2. Sirva la sopa en platos individuales y en cada uno coloque una rueda de pan tostado.

Pechugas de pavo en salsa de albaricoque
Enid Toro

1 1/4 horas
6-8 personas

Ingredientes:
1 pote de 8 onzas de mermelada de albaricoques
1 sobre de 1/2 de onza de sopa de cebolla
1 sobre de 1/2 onza de sopa de cebollas y setas
1 sobre de salsa para pavo (incluido con las pechugas)
1/2 taza de jerez
1 cabeza de ajos
1 cebolla
1 taza de caldo de pollo
6 libras de pechugas de pavo

Procedimiento:
1. Mezcle todos los ingredientes menos el pavo en el procesador de alimentos para formar una salsa.
2. Coloque el pavo en una fuente honda de hornear y cubra con la salsa.
3. Cocine tapado a temperatura moderada en el microondas por 30 mins; voltee y cocine por 30 minutos más en horno convencional a 350ºF por 1 hora.

Ensalada de espinaca con ajonjolí
Las editoras

20 minutos
2 personas

Ingredientes:
5 hojas de lechuga americana
10 hojas de espinaca
2 cucharadas de vinagre
2 cucharadas de aceite de oliva
sal y pimienta a gusto
3 cucharadas de semillas de ajonjolí

Procedimiento:
1. Lave y escurra bien las hojas de lechuga y espinaca.
2. Pártalas y condimente con el vinagre, el aceite, la sal y la pimienta.
3. Cubra con el ajonjolí previamente tostado al horno por 5 minutos.

Arroz gratinado
Las editoras

Ingredientes:
3 tazas de arroz blanco cocido
1 1/2 taza de queso de papa rallado
3 cucharadas de margarina
1/2 cucharadita de polvo *curry*
2 tajadas de pan desmenuzadas

Procedimiento:
1. Mezcle el arroz con 1 taza de queso.
2. Vierta la mezcla en un molde engrasado.
3. Espolvoree con el queso restante.
4. Hornee a 350ºF por 10-15 minutos o hasta que el queso se derrita.
5. Derrita aparte la margarina y mezcle con el *curry*; añada el pan y dore.
6. Retire el arroz del horno y riegue con la margarina.

30 minutos
6 personas

Cebollas rellenas
Maggie Magraner

Ingredientes:
6 cebollas blancas grandes peladas
1 cubito de caldo de pollo disuelto en agua
1 paquete de 10 onzas de vegetales mixtos
3 lonjas de tocineta frita y cortadita (reserve la grasa)
1/2 taza de queso papa rallado
1 cucharada de cilantrillo picado
sal y pimienta a gusto
1/4 taza de migajas de pan
1 cucharada de mantequilla derretida

Procedimiento:
1. Corte un extremo de cada cebolla para estabilizarla.
2. Cocine por 35-45 minutos en el caldo de pollo hasta estar tiernas; luego escurra.
3. Remueva el centro de las cebollas hasta completar 2 tazas.
4. Combine los centros de cebolla picadita con los vegetales mixtos, la tocineta, el queso y el cilantrillo.
5. Sazone con sal y pimienta; añada un poco de la grasa de la tocineta.
6. Rellene las cebollas con esta mezcla y espolvoree con las migajas de pan humedecidas en mantequilla.
7. Hornee a 375ºF por 20 minutos hasta que doren.

1 1/4 horas
6 personas

Chinas nebo al Moscatel
Jacqueline Biscombe

Ingredientes:
4 chinas nebo cortadas en gajos o ruedas sin membrana
2 cucharaditas de azúcar negra
4 cucharadas de vino Moscatel

Procedimiento:
1. Coloque las ruedas en un molde y rocíe con el azúcar y el vino.
2. Sirva bien frío.

20 minutos
4-6 personas

Visita de cumplido 4

- Sopa de brécol
- Ternera con alcachofas
- Arroz con maíz y pimiento verde
- Calabacines gratinados
- Tarta de nísperos

Sopa de brécol
Luisa Fernández Castrillón

40 minutos
4 personas

Ingredientes:
1 paquete de 16 onzas de brécol congelado
1 cebolla picadita
1 pimiento verde picadito
1 papa picada en cuadritos
4 onzas de mantequilla
4 tazas de agua
2 cubitos de caldo de pollo

Procedimiento:
1. Cocine en el microondas el brécol, la cebolla, el pimiento, la papa y la mantequilla por aproximadamente 25 minutos.
2. Añada el agua y los cubitos y cocine 15 mins. más.
3. Licúe y sirva caliente.

Ternera con alcachofas
Margarita Pumarada Van Kirk

2 horas
6-8 personas

Ingredientes:
6 *steaks* de ternera *(veal shoulder T-bone)*
jugo de un limón
4 dientes de ajo machacados
1 cucharadita de salvia *(sage)*
1 cucharadita de romero
sal y pimienta a gusto
3 cucharadas de aceite
3 cucharadas de mantequilla
2 potes de 6 onzas de alcachofas picadas
1 cebolla grande picada
1/3 de taza de harina
3/4 tazas de caldo de pollo
1/2 taza de caldo de res
1/2 taza de vino blanco
1/4 taza de líquido de las alcachofas

Procedimiento:
1. Adobe la ternera con el limón y la mezcla de ajo, salvia, romero, sal y pimienta, dejando reposar por 1 hora.
2. Sofría la cebolla en 1 cucharada de aceite y otra de mantequilla.
3. Rehogue ligeramente las alcachofas y retire del fuego.
4. Enharine la ternera y dore ligeramente en cuatro cucharadas restantes de aceite y mantequilla.
5. En un molde hondo de hornear haga una cama con las cebollas y las alcachofas y encima coloque la ternera.
6. Hierva en la sartén los dos caldos, el vino y el líquido de las alcachofas y vierta sobre la ternera.
7. Hornee destapado a 350ºF por 45-50 minutos.

* Añada más caldo o vino si la salsa llegara a secarse.

Arroz con maíz y pimiento verde
Cynthia Boscio de Morales

30 minutos
4-6 personas

Ingredientes:
1 diente de ajo
1 hoja de culantro
1 puñado de cilantro
1 cebolla picada
1 pimiento verde picado
2 tazas de arroz
3 cucharadas de aceite
3 tazas de consomé
1 lata de 16 onzas de maíz en grano sin líquido

Procedimiento:
1. Licúe el ajo, las hojas, la cebolla y el pimiento.
2. Sofría en el aceite.
3. Agregue el consomé y el maíz.
4. Añada el arroz cuando comience a hervir y deje secar.
5. Cocine tapado a fuego bajo por 15-20 minutos más.

"¡Cómase mi compae, bien comía, la arroba de maíz que le truje, cosechá en la escuela; .... va usted a sentir el dulce del melao de la luna y a comerse los rayos del sol de nuestra tierra!"

Luis Llorens Torres
La arroba de maíz

Calabacines gratinados
Sonia González de Mora

30 minutos
4 personas

Ingredientes:
4 calabacines *(zucchini)* medianos
1/2 cucharadita de sal
2 cebollas en rodajas finas
3 cucharadas de aceite
1 cucharada de orégano
1/2 cucharadita de mantequilla derretida
2 cucharadas de harina
2 tazas de leche hirviendo
sal, pimienta y nuez moscada a gusto
3 cucharadas de queso *gruyère*
2 yemas

Procedimiento:
1. Corte los tallos a los calabacines y cocine en agua con sal hasta que estén tiernos.
2. Escurra, parta por la mitad a lo largo y acomode en una fuente de hornear.
3. Rehogue las cebollas en el aceite; sazone con el orégano y acomode sobre los calabacines.
4. Derrita la mantequilla a fuego bajo e incorpore la harina.
5. Añada poco a poco la leche y sazone con la sal, la pimienta y la nuez moscada; mueva constantemente hasta espesar.
6. Añada el queso y las yemas; vierta sobre los calabacines.
7. Gratine por 5 -10 minutos en el asador del horno.

Tarta de nísperos
Marina Martínez de Fernández Paoli

Ingredientes:
1 corteza de pastel *(pie shell)* horneada según instrucciones
2 yemas de huevo
5 cucharadas de azúcar
3 cucharadas de maicena
1/2 cucharadita de sal
2 tazas de leche
2 cucharadas *de Grand Marnier*
1/2 cucharadita de vainilla
5 nísperos pelados sin semillas y rebanados
1/2 pote de 10 onzas de jalea de melocotones

Procedimiento:
1. Prepare una natilla uniendo las yemas con los ingredientes secos hasta formar una pasta.
2. Cueza a fuego mediano añadiendo poco a poco la leche y el licor.
3. Mueva hasta que cuaje y agregue la vainilla.
4. Deje refrescar la natilla y viértala sobre la corteza de pastel.
5. Coloque encima las ruedas de níspero y riegue con la jalea previamente derretida a fuego bajo.
6. Enfríe en la nevera hasta el momento de servir.

45 minutos
6 personas

"El placer de los banquetes debe medirse no por la abundancia de los manjares sino por la reunión de los amigos y por su conversación."

Cicerón

Quien nísperos come y bebe cerveza,
espárragos chupa y besa a una vieja,
ni come, ni bebe, ni chupa ni besa.

Refrán castellano
El Libro de la Cocina Española

La mesa formal

- Los cubiertos se colocan en el orden en que van a ser usados, de afuera hacia adentro.

- El filo de los cuchillos debe colocarse hacia adentro.

- La cucharita o tenedor de postre se trae más tarde sobre el plato de postre, no se coloca en la mesa.

- De no servir champagne, en su lugar se coloca la copa de vino tinto y entre la copa de de vino tinto y la de agua se coloca la de vino blanco.

- La comida formal consta de: aperitivo, sopa, entremés o pescado, carne, ensalada, postre, café y cordial.

- El agua y los vinos se sirven por el lado derecho de cada persona y sin levantar las copas de la mesa.

- Antes de servir el postre retire de la mesa todos los platos, cubiertos, recipientes y copas menos las de agua y champagne o vino tinto.

- Al terminar de comer, los invitados pasarán a un lugar apropiado donde continuarán la tertulia y se servirá el café y los cordiales.

1. plato para carne
2. plato para aperitivo
3. plato para sopa
4. platillo para pan y mantequilla
5. cuchillo para mantequilla
6. tenedor para entremés
7. tenedor para carne
8. tenedor para ensalada
9. copa para agua
10. copa para champagne o vino tinto
11. copa para vino blanco
12. copa para jerez
13. cucharita o tenedor para aperitivo
14. cuchara para sopa
15. cuchillo para entremés o pescado
16. cuchillo para carne
17. cuchillo para ensalada
18. servilleta

Grupo pequeño 1

- Chuletas rellenas con manzanas y pasas
- Garbanzos fritos
- *Soufflé* de coliflor
- Flan de china

Chuletas rellenas con manzanas y pasas
Las editoras

2 horas
4 personas

Ingredientes:
2 cucharadas de mantequilla
1/3 taza de apio verde *(celery)* picadito
1 taza de manzana picadita
1/4 taza de pasas
1/2 cucharadita de pimentón rojo *(paprika)*
4 chuletas gruesas
1 lata de 10 1/2 onzas de sopa de setas
1/2 taza de crema agria
1/4 taza de agua
1 lata de 16 onzas de batatas dulce escurridas

Procedimiento:
1. Rehogue en mantequilla a fuego bajo el apio verde, la manzana, las pasas y 1/4 cucharadita de pimentón.
2. Quite la grasa a las chuletas; corte por el medio hasta el hueso formando un bolsillo (o haga que se la corten en el colmado); rellene con la mezcla de manzana y sujete el bolsillo con palillos.
3. Dore las chuletas en un fondo de aceite si fuera necesario y luego bote la grasa.
4. Cubra con la mezcla de la sopa, la crema agria, el agua y 1/4 cucharadita de pimentón.
5. Cocine tapado a fuego bajo por 1 hora; añada las batatas y cueza por 15 minutos más o hasta que estén tiernas.

Garbanzos fritos
Rosi Cancio de Rabell

20 minutos
4 personas

Ingredientes:
1 cebolla pequeña cortada en pedacitos
2 cucharadas de aceite de oliva
2 chorizos desmenuzados
1 lata de 16 onzas de garbanzos
adobo en polvo

Procedimiento:
1. Sofría la cebolla en el aceite.
2. Añada los chorizos y cocine a fuego bajo por 5 minutos sin que se tuesten.
3. Agregue los garbanzos escurridos; sazone a gusto con adobo y suba el fuego.
4. Mueva y cocine por 5 minutos más hasta que los garbanzos doren y se unan bien los sabores.

Soufflé de coliflor
Marina Martínez de Fernández Paoli

35 minutos
4-6 personas

Ingredientes:
1 coliflor grande cortada en pedazos
3 cucharadas de harina
3 cucharadas de mantequilla
1 1/2 taza de leche
1/4 cucharadita de sal
3/4 taza queso de papa rallado
4 huevos separados
1 cucharadita azúcar
sal y pimienta a gusto

Procedimiento:
1. Cocine la coliflor en agua con sal hasta que ablande.
2. Coloque la colifor escurrida en molde de hornear engrasado, reservando algunos pedazos para decorar.
3. Prepare una salsa blanca con la harina, la mantequilla, la leche y la sal; al espesar espolvoree con el queso.
4. Aparte mezcle las yemas con el azúcar, la sal y la pimienta a gusto.
5. Añádale la salsa blanca y luego las claras batidas a punto de nieve mezclando en forma envolvente.
6. Vierta sobre la coliflor y cocine por 20 minutos en horno precalentado a 350ºF.
7. Adorne con la coliflor reservada.

Flan de china
Jacqueline Biscombe

1 1/4 horas
10 personas

Ingredientes:
1/2 taza de azúcar
1/4 taza de agua
1 latita de 6 onzas de jugo de china concentrado descongelado
2 latitas de azúcar (use la del jugo como medida)
12 huevos

Procedimiento:
1. Acaramele un molde de cristal con el azúcar y el agua.
2. Una los demás ingredientes y bata bien.
3. Cuele la mezcla sobre el molde acaramelado.
4. Hornee en baño de María a 350ºF por 50-60 minutos.
5. Sáquelo del molde cuando enfríe y sírvalo el mismo día de su preparación.

En la mesa de San Francisco, donde comen cuatro comen cinco.

Refrán

Grupo pequeño 2

- Filetitos de cerdo con soya y ajonjolí
- Salpicón de apio amarillo
- Cebollas horneadas
- Manzanas rellenas asadas

Filetitos de cerdo con soya y ajonjolí
Fernando Rosado

Ingredientes:
2 cucharadas de aceite
3/4 taza de salsa soya
1/4 taza de semillas de ajonjolí
1/2 taza de miel
2 cucharaditas de jengibre fresco molido
4 dientes de ajo
jugo de 1/2 limón
2 filetes de cerdo

Procedimiento:
1. Una todos los ingredientes, menos el filete, para formar una salsa.
2. Marine el filete en esta salsa por 6 horas.
3. Coloque el filete en un molde de hornear.
4. Hornee a 350ºF por 20 minutos de un lado y 20 minutos del otro lado.

* Puede espesar la salsa con una cucharada de maicena.

1 hora
4-6 personas

Todas las partes del cerdo son comestibles. La grasa adherida a la piel forma el tocino. Sus filetes son magros, aceptables en una dieta baja en grasa. Su carne tiene altísimo contenido de vitamina B1 y debe comerse bien cocida.

Recetario de Productos de Cerdo

Salpicón de apio amarillo
Sonia González de Mora

Ingredientes:
1/2 libra de apio amarillo picado en cuadritos
1/2 cebolla pequeña picadita (opcional)
1 huevo duro picadito
2 onzas de jamón cocido picado en cuadritos
3 cucharadas de aceite
1 cucharada de vinagre
1 diente de ajo machacado
1/2 cucharadita de sal
pimienta a gusto

Procedimiento:
1. Cocine al vapor el apio y la cebolla.
2. Escurra y mezcle con el huevo y el jamón.
3. Prepare un aliño con el aceite, el vinagre, el ajo, la sal y la pimienta.
4. Sazone el apio con este aliño y sirva caliente a temperatura ambiente.

25 minutos
4-6 personas

Cebollas horneadas
Cynthia B. Morales

Ingredentes:
6 cebollas medianas
jugo de 1 limón grande
1 cucharada de pasta de tomate
2/3 tazas de *vermouth* blanco
1/2 taza de aceite de oliva
1/2 cucharadita de semillas de cilantro *(coriander seeds)*
1/4 cucharadita de granos de hinojo *(fennel seeds)*
1/4 cucharadita de romero
1/2 cucharadita de azúcar
sal y pimienta

Procedimiento:
1. Pele con cuidado las cebollas.
2. Mezcle el jugo de limón, la pasta de tomate, el *vermouth*, el aceite y cocine a fuego alto hasta hervir.
3. Añada el cilantro, el hinojo, el romero, el azúcar, la sal y la pimienta; cocine por 3 minutos más a fuego reducido.
4. Incorpore las cebollas y cocine tapado a fuego bajo por 25 minutos.
5. Sirva con la salsa.

35 minutos
6 personas

Decía Salvador Tió que "la cebolla es la planta del llanto" pero en esta receta se transformó en galante del paladar.

Manzanas rellenas asadas
Jacqueline Biscombe

Ingredientes:
6 manzanas agrias
1 cucharadita de pasas por cada manzana
1/2 cucharadita de nueces por cada manzana
1 1/2 taza de agua o jugo de china
1 cucharadita de mantequilla
1 raja de canela
1 cucharadita de azúcar negra por cada manzana
canela en polvo a gusto
helado de vainilla (opcional)

Procedimiento:
1. Ahueque las manzanas removiendo el centro y las semillas.
2. Rellene con las pasas y las nueces.
3. Colóquelas en un molde de hornear en media pulgada de agua o jugo.
4. Agregue la mantequilla y la raja de canela al agua.
5. Espolvoree cada manzana con canela y azúcar.
6. Hornee a 350ºF por 45 minutos, bañando las manzanas una o dos veces durante la cocción.
7. Sirva acompañado con helado de vainilla.

60 minutos
4 personas

Familia 1

- Ensalada de pollo con papas
- *Quiche* de espinaca con embutidos
- Bizcocho de un huevo con azucarado

Ensalada de pollo con papas
Ana M. González Borgos

Ingredientes:
- 3 pechugas de pollo
- 2 tazas de agua con 1 cucharadita de sal
- 1 cubito de caldo de pollo
- 1 cebolla en rodajas
- 3 hojas de laurel
- 3-4 libras de papas picadas en cuadritos
- 3 huevos duros picados
- 8 aceitunas sin semillas rebanadas
- 6 cucharadas de mayonesa
- 2 manzanas peladas y picadas en pedacitos
- sal y pimienta a gusto

Procedimiento:
1. Cocine tapadas las pechugas en el agua con el cubito, las rodajas de cebollas, el laurel y la sal.
2. Deshuece, desmenuce y descarte la piel.
3. Hierva las papas, escurra y mezcle con las pechugas y los huevos.
4. Incorpore las aceitunas, las manzanas y la mayonesa.
5. Sazone con sal y la pimienta.
6. Sirva frío de nevera.

* Puede preparar la receta con un día de antelación.

30 minutos
7-8 personas

Quiche de espinaca con embutidos
Margarita Pumarada Van Kirk

Ingredientes:
- 8 onzas de salchichas de carne de cerdo
- 1 cebolla grande picada
- 8 onzas de setas frescas picadas
- 4 cucharadas de mantequilla
- 20 onzas de espinacas descongeladas, picadas y escurridas
- 1/8 cucharadita de estragón
- sal y pimienta a gusto
- 4 onzas de queso crema
- 8 onzas de crema de leche
- 3 huevos batidos
- 1/2 taza de queso

Procedimiento:
1. Dore las salchichas y májelas hasta desbaratarlas.
2. Amortigüe en la mantequilla las cebollas y las setas.
3. Incorpore la carne de las salchichas y las espinacas y sazone con estragón, sal y pimienta.
4. Maje el queso crema y suavice con la crema de leche.
5. Añada los huevos y 1/4 taza de queso mezclando bien.
6. Una la mezcla del queso con la mezcla de la carne.
7. Vierta en el molde de masa para pastel y cubra con el resto del queso.
8. Hornee a 400ºF por 30 minutos en la parrilla inferior.

1 hora
6-8 personas

Bizcocho de un huevo con azucarado
Iraida Echeandía

Ingredientes:
Bizcocho-
1/4 taza de mantequilla
1/2 taza de azúcar
1 huevo
1/2 cucharadita de vainilla
1 1/2 tazas de harina preparada *(self-rising)*
1/2 taza de leche

Azucarado-
1/2 taza de azúcar morena
1 taza de azúcar granulada
5 cucharadas de agua
1 cucharada de café colado frío
1/4 cucharadita de cremor tártaro
2 claras de huevo
1/8 cucharadita de sal
1/4 cucharadita de polvo de hornear

Procedimiento:
Bizcocho-
1. Bata la mantequilla hasta que esté cremosa.
2. Continúe batiendo y agregue poco a poco el azúcar, el huevo, la vainilla y la harina alternando con la leche.
3. Vierta en un molde engrasado y hornee a 350ºF por 30-40 minutos.
4. Deje enfriar.

Azucarado-
1. Hierva el azúcar morena y la granulada con el agua, el café y el cremor tártaro, hasta formar un almíbar que haga una hebra al escurrir la cuchara. Retire del fuego.
2. Bata las claras a punto de nieve e incorpore poco a poco el almíbar y la sal.
3. Continúe batiendo; añada el polvo de hornear y cuando esté suficientemente espeso esparza sobre el bizcocho.

1 1/2 horas
8-10 personas

Esta receta la bautizamos "Bizcocho de la Depresión" porque se hacía desde los años 30 y su textura nos recuerda los bizcochos de la época de nuestras abuelas.

"En una mesa muy reducida, con un cariño de fuego lento, de los que ofrecen toda la vida, paz y ternura, calma y contento, todos los platos saben a gloria..."

Juan José Hernández
Las berenjenas

Familia 2

- Ternera guisada al vino
- Arroz con perejil y laurel
- Ruedas de berenjena gratinadas
- Pastel *chiffon* de guayaba

Ternera guisada al vino
Ducy De Hostos de Villamil

Ingredientes:
3 libras de ternera para guisar sin hueso
3 dientes de ajo machacados
1 cucharadita de sal
1 cucharada de aceite de oliva
1 cebolla grande cortada en ruedas
2 zanahorias picadas en cuadritos
1/2 botella de vino blanco
1/2 bolsa de guisantes *(sweet peas)* congelados
papas fritas picadas en cuadritos (opcional)

Procedimiento:
1. Corte la ternera en cuadros y quítele la grasa.
2. Adobe con los ajos y la sal por una hora.
3. Sofría en aceite la cebolla y las zanahorias.
4. Añada la carne dorándola un poco.
5. Agregue el vino y deje hervir lentamente por 45 minutos o hasta que la carne ablande.
6. Incorpore los guisantes y cueza 10 minutos más.
7. Corrija la sazón si fuese necesario.
8. Incorpore las papas fritas al momento de servir, si lo desea.

1 hora
6 personas

Arroz con perejil y laurel
Las editoras

Ingredientes:
1 taza de arroz grano largo
2 1/2 tazas de agua
1 cucharadita de sal
1 hoja de laurel
3 cucharadas de aceite
2 dientes de ajo enteros
4 ramitas de perejil picaditas

Procedimiento:
1. Prepare el arroz según la receta básica de arroz blanco.
2. Sofría en aceite los ajos enteros y rehogue con el arroz y el laurel por 2-3 minutos.
3. Retire el laurel y los ajos; pase a una fuente y adorne con el perejil.

30 minutos
3-4 personas

En el siglo XVIII la cosecha de arroz en Puerto Rico era más abundante que la de plátano y el maíz; se recogían 3 y 4 cosechas anuales. En 1783 la producción ascendió a 2,009,650 libras de arroz.

El Puertorriqueño y su Alimentación

Ruedas de berenjenas gratinadas
Margarita Pumarada Van Kirk

35 minutos
6-8 personas

Ingredientes:
1/2 taza de mayonesa
3 dientes de ajo machacados
1/2 cuchadita de jugo de limón
2 berenjenas picadas en ruedas de 1/2 pulgada de grosor
1/2 taza de miga de pan con sazón italiano
1/4 taza de queso parmesano
2 cucharaditas de orégano molido
sal y pimienta a gusto

Procedimiento:
1. Mezcle la mayonesa, los ajos y el jugo de limón.
2. Unte la mezcla generosamente por ambos lados de las ruedas de berenjena.
3. Mezcle el pan, el queso, el orégano, la sal y la pimienta.
4. Cubra ambos lados de las ruedas con esta mezcla.
5. Coloque en un molde engrasado.
6. Hornee a 350º F por 20 minutos hasta que doren.

"Los hermanos sean unidos / porque esa es la ley primera, / tengan unión verdadera / en cualquier tiempo que sea / porque si entre ellos pelean / los devoran los de afuera".

José Hernández
Martín Fierro

Pastel *chiffon* de guayaba
Las editoras

2 1/2 horas
8 personas

Ingredientes:
1 corteza de pastel (*pie shell*) o masa de galletas *Graham*
1 sobre gelatina sin sabor
1/2 taza de agua
2/3 taza de jalea de guayaba
pizca de sal
3 huevos separados
2 tazas de crema batida

Procedimiento:
1. Prepare la masa y póngala en un molde para pastel.
2. Mezcle la gelatina con el agua, añada la jalea, la sal y las yemas.
3. Espese a fuego lento moviendo constantemente, sin dejar hervir; luego deje refrescar.
4. Bata las claras a punto de nieve y envuelva en la mezcla anterior.
5. Envuelva también con la mitad de la crema batida.
6. Enfríe bien en la nevera (2 horas aproximadamente).
7. Bañe con el resto de la crema batida al servir.

Familia 3

- Calabaza rellena de carne
- Habichuelas tiernas al ajo
- Arroz con setas
- Budín de mangó mayagüezano

Calabaza rellena de carne
Las editoras

Ingredientes:
1 calabaza de 5 libras
2 onzas de mantequilla
1 cucharada de aceite de oliva
2 papas medianas picadas en cuadritos
2 tallos de apio verde *(celery)* picados
2 zanahorias picadas
1 cebolla picada
1 libra de carne de ternera para guisar
1/2 taza de jamón *prosciutto* o *Virginia ham* picado
1 taza de vino blanco seco
1 pote de 14 onzas de salsa para *spaghetti*
1 cucharadita de clavo molido
1 taza de queso *mozzarella* rallado

Procedimiento:
1. Remueva el tallo a la calabaza; córtela en los extremos para estabilizarla y luego por la mitad horizontalmente. Quítele las semillas y úntele parte de la mantequilla por dentro y por fuera.
2. Coloque las mitades boca abajo en una plancha sin engrasar y cocine en horno a 350ºF por 45 minutos o hasta estar tierna.
3. Retire del horno y voltee las mitades hacia arriba.
4. Sofría en el aceite y en la mantequilla restante las papas, el apio verde, las zanahorias y la cebolla.
5. Agregue la ternera y el jamón y cocine por 10 minutos hasta que dore.
6. Añada el vino; al hervir reduzca el fuego y cocine destapado hasta que se evapore.
7. Incorpore la salsa de *spaghetti* y los clavos, tape y cocine por 20 minutos más.
8. Rellene las dos mitades de calabaza con la ternera; espolvoree con queso y hornee 8-10 minutos para que el queso se derrita.
9. Corte en pedazos triangulares al servir.

1 3/4 horas
4-6 personas

Habichuelas tiernas al ajo
Marina Martínez de Fernández Paoli

Ingredientes:
1 paquete de 10 onz. de habichuelas tiernas congeladas
2 onzas de mantequilla
1 diente de ajo machacado
sal y pimienta a gusto

Procedimiento:
1. Hierva las habichuelas en agua con sal; escurra.
2. Mezcle en la mantequilla derretida el ajo con la sal y la pimienta.
3. Sazone las habichuelas con el aliño.

20 minutos
2-3 personas

Arroz con setas
Cynthia Boscio de Morales

Ingredientes:
2 tazas de arroz
3 tazas de agua
2 cubitos de caldo de res
1/2 taza de cebollines picados
2 cucharadas de mantequilla
1 lata de 4 onzas de setas escurrida

Procedimiento:
1. Hierva el agua con los cubitos y agregue el arroz; cocine tapado a fuego lento por 20 minutos.
2. Sofría los cebollines y las setas en la mantequilla e incorpore al arroz cocido mezclando bien.

30 minutos
6 personas

"Una buena cena reconcilia a todo el mundo."

Samuel Pepys

Budín de mangó mayagüezano
Sara González de Pagán

Ingredientes:
1 libra de pan especial
1 litro de leche
1 cucharada de vainilla
2 cucharadas de mantequilla
1 taza de azúcar
4 yemas de huevo
4 claras de huevo
1/2 cucharadita de cremor tártaro
8 cucharadas de azúcar
16 onzas de pasta de mangó

Procedimiento:
1. Remoje el pan en la leche y añada la vainilla, la mantequilla, el azúcar y las yemas.
2. Licúe y vierta en un molde de hornear engrasado,
3. Hornee a 350ºF por 35 minutos o hasta que el palillo salga limpio.
4. Bata las claras a punto de nieve y añada poco a poco el cremor tártaro y el azúcar.
5. Coloque en lascas la pasta de mangó sobre el budín y cubra con el merengue.
6. Ponga al horno a 350ºF por 15 minutos más.

1 hora
12 personas

"San Juan sabe a coco de agua; Humacao a corazón; Ponce a níspero y quenepa; Mayagüez sabe a mangó".

Luis LLoréns Torres
Mayagüez sabe a mangó

Familia 4

- Albondigón aguadillano
- Arroz con guingambó
- Frituras de panapén
- Crema de arroz

Albondigón aguadillano
Yolanda García de Ferrer

1 1/2 horas
6-8 personas

Ingredientes:
2 libras de carne molida
2 dientes de ajo machacados
2 cucharaditas de sal
1 cucharadita de aceite de oliva
1 cucharadita de vinagre
1 lata de 12 onzas *corned beef hash*
1 taza de leche descremada
2 tazas de polvo de galleta
1 cucharada de *Ketchup*
1 lata de 4 1/2 onzas de jamón del diablo
6 lonjas de queso suizo
3 lonjas de queso americano

Procedimiento:
1. Adobe la carne con el ajo, la sal, el aceite, y el vinagre.
2. Mezcle con el *corned beef hash*, la leche, el polvo de galleta, el *Ketchup* y el jamón.
3. Divida la carne en 3 partes iguales.
4. Engrase un molde con mantequilla y coloque en camadas: carne, queso suizo, carne, queso suizo, carne y queso americano para terminar.
5. Cocine destapado en horno precalentado durante 10 minutos a 400ºF y por 30 minutos a 350ºF.

* Sirva caliente como plato principal o frío como entremés.

Arroz con guingambó
Sara González de Pagán

35 minutos
6 personas

Ingredientes:
4 onzas de mantequilla
1 sobre de 1/2 onza sopa de cebolla
1 cubito de caldo de pollo
2 tazas de arroz grano largo
4 tazas de agua
1 libra de guingambós frescos sin tallos y picados en tercios.

Procedimiento:
1. Mezcle en un caldero la mantequilla, la sopa y el cubito de pollo.
2. Eche el arroz y sofría por unos minutos.
3. Añada primero el agua y luego los guingambós.
4. Deje secar el arroz y mueva; cocine tapado por 15 minutos más a fuego bajo.

El guingambó también se le conoce como quingombó. El vocablo es de orígen africano.

The New York Times Food Encyclopedia

134 • Grupos Variados

Frituras de panapén
Lourdes M. Sánchez de García

Ingredientes:
1 panapén maduro y pelado y cortado en pedazos
4-5 huevos (según el tamaño del panapén)
1 taza de harina de trigo
2 cucharaditas de vainilla
azúcar a gusto
3 cucharadas de polvo de hornear

Procedimiento:
1. Hierva el panapén a fuego moderado por 10-15 minutos.
2. Retire del fuego, escurra y maje.
3. Incorpore los huevos batidos y suficiente harina hasta que logre tener consistencia.
4. Añada la vainilla, el azúcar y el polvo de hornear.
5. Caliente aceite en una sartén a fuego mediano-alto y fría echando la mezcla por cucharadas.

45 minutos
6-8 personas

"La familia venturosa es una nave que durante la tempestad está sujeta por dos anclas: la religión y las costumbres."
Montesquieu

Crema de arroz
Las editoras

Ingredientes:
2 onzas de azúcar
1 litro de leche
1 onza de maicena
2 1/2 onzas de harina de arroz
corteza de 1 limón
2 rajas de canela
polvo de canela

Procedimiento:
1. Mezcle el azúcar en un poco de leche.
2. Deslíe la maicena y la harina en otro poco de leche.
3. Cocine a fuego bajo la leche con el azúcar y luego incorpore la leche con la harina de arroz.
4. Agregue el limón y la canela.
5. Cocine moviendo todo el tiempo hasta que cuaje.
6. Espolvoree con polvo de canela y sirva.

20 minutos
4-6 personas

Estudiantes 1

- *Dip* de frijoles
- Hamburgesas rellenas
- Mezcla de jamón y queso para emparedados
- Galletas de queso crema

Dip de frijoles
Mary Jo Zalduondo de Fuster

Ingredientes:
1 latita de 9 onzas de frijoles refritos
1 paquete de 8 onzas de queso crema
8 onzas de crema agria
1/2 sobre de mezcla para tacos
10 gotitas de salsa Tabasco
2 cucharadas de cebollines picaditos
1/3 taza de queso de papa rallado
1/3 taza de queso rallado *Monterrey Jack* con pimiento jalapeño

Procedimiento:
1. Mezcle bien todos los ingredientes menos los quesos.
2. Vierta en un molde de entremés para hornear.
3. Cubra con una camada de queso papa y otra de queso *Monterrey*.
4. Hornee a 350ºF por 20-25 minutos o hasta que comience a burbujear.
5. Sirva caliente acompañado de nachos, pan o galletitas.

30 minutos
6-8 personas

"El placer no reside en el costoso manjar, sino en el hambre que tienes."

Horacio

Hamburgesas rellenas
Anita Morales de Rodríguez

Ingredientes:
2 libras de carne molida
adobo en polvo
1 taza de queso americano rallado
1 sobre de 8 onzas de salsa *brown gravy*
2 cucharadas de mantequilla

Procedimiento:
1. Amase la carne con el adobo.
2. Forme 6 u 8 bolas según el tamaño que desee la hamburgesa; rellene cada bola con queso y aplane sellando bien.
3. Prepare la salsa *brown gravy* según las instrucciones en el sobre.
4. Dore la hamburgesa en mantequilla.
5. Baje el fuego; añada la salsa y cocine por media hora.

45 minutos
6-8 personas

Mezcla de jamón y queso para emparedados
Elaine Licha

25 minutos
8-10 personas- dip
6-8 personas- emparedados

Ingredientes:
1 latita de 7 onzas de jamonilla
8 onzas de queso americano para untar *(Cheeze Whiz)*
1 cucharada pepinillos dulces molidos
2 pimientos morrones picaditos
2 cucharadas de mayonesa
leche a gusto

Procedimiento:
1. Desmenuce la jamonilla y maje con el queso.
2. Agregue los pepinillos, los pimientos, la mayonesa y la leche a gusto para darle la consistencia deseada.
3. Caliente a fuego moderado moviendo hasta que una bien.

* Use como mezcla de emparedado o como *dip* con galletitas.

Al pepino, vino y si es jamón, con más razón.

Refrán popular

Galletas de queso crema
Ruth H. Torres Trujillo

20 minutos
50 porciones

Ingredientes:
1/2 taza de manteca vegetal
3 onzas de queso crema
1/2 cucharadita de almendras picaditas
1/2 taza de azúcar
1 taza de harina
2 tazas de cereal de arroz *(crisp rice)*

Procedimiento:
1. Mezcle en una batidora la manteca, el queso, las almendras, el azúcar y la harina, formando una masa.
2. Forme bolitas con una cucharadita de masa; páselas por el cereal; colóquelas en una lámina engrasada y aplánelas para darle forma de galletita.
3. Hornee a 350ºF por 20 minutos.
4. Deje enfriar para que endurezcan.

* Estas galletas pueden guardarse en una lata por varios días.

"...Me causa más contento poner riquezas en mi entendimiento que no mi entendimiento en las riquezas".

Sor Juana Inés de la Cruz

Estudiantes 2

- Salchichas en salsa de tacos
- Emparedados calientes de pavo, jamón y queso suizo
- Platanutres largos
- Batida de melocotones y mantecado de vainilla

Salchichas en salsa de tacos
Roxana Roig

Ingredientes:
1/2 pimiento picadito
1/2 cebolla picadita
1 pote de 16 onzas de salsa para tacos
2 potes de 8 onzas de salchichas para coctel

Procedimiento:
1. Cocine el pimiento y la cebolla en la salsa para tacos.
2. Incorpore las salchichas y caliente por 10-15 minutos
3. Marine las salchichas en la salsa un par de horas antes de servir.
4. Sirva caliente con palillitos.

25 minutos
4-6 personas

"¡Amigos! ¡Amistad! Esa virtud sola haría feliz a todo el género humano".

Cadalso

Emparedados calientes de pavo, jamón y queso suizo
Lileana Acosta de Márquez

Ingredientes:
3 huevos
1 taza de leche
1/2 cucharadita de sal
pizca de pimienta (opcional)
8 tajadas de pan *sandwich*
4 lascas de pavo o pollo
4 lascas de jamón cocido
4 lascas de queso suizo
mantequilla

Procedimiento:
1. Bata los huevos con la leche la sal y la pimienta.
2. Moje el pan en esta mezcla y escurra.
3. Coloque sobre cada rebanada de pan una lasca de pavo, de jamón y de queso.
4. Tape con otra rebanada de pan y presione.
5. Caliente la mantequilla en una sartén y dore el emparedado por ambos lados presionándolo con una espátula.
6. Cómalo con cuchillo y tenedor.

20 minutos
4 personas

Este emparedado lo servían en el antiguo *Under the Trees* de Santurce acompañado de guineítos niños fritos.

Platanutres largos
Marina Martínez de Fernández Paoli

30 minutos
4 personas

Ingredientes:
4 plátanos verdes
1/2 taza de aceite
sal

Procedimiento:
1. Pele los plátanos y córtelos con un mondador de papas a todo lo largo en lonjas finas.
2. Dore las lonjas en el aceite bien caliente.
3. Séquelas sobre papel toalla.
4. Espolvoree con sal y sirva a temperatura ambiente.

"Los arcángeles vestidos con verdes hojas de plátano lucen coronas de ananás y espadones de malango".

Luis Palés Matos
Náñigo al cielo

Batida de melocotones y mantecado de vainilla
Sari Pagán

15 minutos
4 personas

Ingredientes:
6 mitades de melocotones de lata escurridos
1/2 taza de jugo de albaricoque
4 porciones de helado de vainilla
agua mineral con gas *(club soda)*

Procedimiento:
1. Mezcle en una licuadora los melocotones con el jugo y el helado.
2. Añada el agua mineral con gas hasta darle la consistencia deseada.
3. Sirva enseguida.

"No te avergüences de querer aprender las cosas que no sabes, porque es digno de alabanza el saber alguna cosa, y es vergüenza no querer saber nada."

Catón

Día lluvioso

- Sopón de siete habichuelas
- Pan con cebollines
- Budín amelcochado de chocolate

Sopón de siete habichuelas
Margarita Pumarada Van Kirk

Ingredientes:
4 cucharadas de aceite
4 ruedas de lacón
4 ruedas de patitas de cerdo saladas y lavadas
4 pedazos grandes de jamón de cocinar sin hueso
4 cebollas pequeñas enteras
6 dientes de ajo picaditos
1 pimiento verde picadito
6 ajíes dulces picaditos
1 lata de 16 onzas de pulpa de tomate
2 cebollas grandes cada una con 4 clavos incrustados
9 tazas de líquido: 5 tazas de agua, 2 tazas de líquido de habichuelas y 2 tazas de caldo de pollo
1/2 cubito de caldo de jamón
3 hojas de cilantro
1 ramo de cilantrillo
3 hojas de laurel
1/4 cucharadita de pimienta negra en granos
1 cucharadita de azúcar
1/2 cucharadita de comino
1 cucharada de jugo de limón
1 cucharada de vinagre blanco
1 lata de 16 onzas de cada una de las siguientes habichuelas: coloradas, habas blancas, habas verdes y garbanzos
1 lata de 10 onzas de cada una de las siguientes habichuelas: negras, blancas pequeñas y frijoles (*black eye peas*)
1 taza de lentejas previamente ablandadas
1/2 cabeza de repollo partido en cuatro
6 trozos de calabaza de 2"

Procedimiento:
1. Sofría en el aceite durante 4 minutos las ruedas de lacón, cerdo y jamón.
2. Añada las cebollas pequeñas, los ajos, el pimiento, los ajíes y por último la pulpa de tomate y las cebollas grandes.
3. Hierva aparte las tazas de líquido con el cubito de jamón, las hojas, la pimienta, el azúcar, el comino, el limón y el vinagre.
4. Añada el sofrito de lacón ya preparado y mueva bien.
5. Agregue una a una las latas de habichuelas y las lentejas.
6. Tape al hervir y cocine a fuego lento por 1 1/2 hora.
7. Incorpore la calabaza y el repollo y cocine tapado 1/2 hora más.

2 horas
15 personas

Pan con cebollines
Jacqueline Biscombe

Ingredientes:
1 mazo de cebollines
1/2 cucharadita de sal
5 cucharadas de aceite de oliva
1 libra de pan de agua cortada en rebanadas
1 taza de queso parmesano rallado

Procedimiento:
1. Licúe los cebollines con la sal y el aceite.
2. Coloque las rebanadas de pan en un molde llano de hornear y unte con la mezcla de cebollines.
3. Espolvoree con el queso.
4. Dore en el asador por 3-4 minutos.

Budín amelcochado de chocolate
Rita Suárez de Escudero

Ingredientes:
3/4 taza de azúcar
1 taza de harina
3 cucharaditas de polvo de hornear
1/8 cucharadita de sal
2 cucharadas de mantequilla
2 cucharadas de cacao en polvo *(dark cocoa powder)*
1/2 taza de leche
1/2 cucharadita de vainilla
1/2 taza de azúcar negra
1/2 taza de azúcar blanca
4 cucharadas de polvo de cacao en polvo
1 taza de agua fría

Procedimiento:
1. Cierna los primeros 4 ingredientes y reserve.
2. Derrita la mantequilla en baño de María e incorpore las 2 cucharadas de cacao.
3. Añada la leche y la vainilla mezclando bien.
4. Agregue los ingredientes secos cernidos.
5. Vierta en molde de hornear (8"x8" ó 9"x9") engrasado.
6. Espolvoree uno a uno sobre esta mezcla los azúcares, las 4 cucharadas de cacao y el agua.
7. Hornee a 325ºF por 30 minutos.

* Sirva tibio, solo o acompañado de crema batida o helado de vainilla.

45 minutos
6-8 personas

"Siete virtudes tienen las sopas: quitan el hambre y dan sed poca, hacen dormir y digerir, nunca enfadan, siempre agradan y crian la cara colorada."

Miguel de Cervantes
Letrilla popular

Pasadía en bote

- *Dip* de aguacate
- Carne *chili* con nachos
- Ensalada de pollo
- Ensalada de atún
- *Brownies* del pecado
- Galletas de avena

Dip de aguacate
Lileana Acosta de Márquez

Ingredientes:
3 aguacates medianos
1 limón amarillo
1/2 cebolla bien picadita
2 dientes de ajo triturados
12 gotas de salsa inglesa
6 cucharadas de mayonesa
sal a gusto

Procedimiento:
1. Pele los aguacates y báñelos con el jugo de limón para evitar que se obscurezcan.
2. Incorpore la cebolla, los ajos, la salsa inglesa y la mayonesa.
3. Maje hasta formar un *purée*.
4. Sazone con la sal y refrigere.
5. Sirva acompañado de galletitas o tostitos.

20 minutos
6-8 persona

"Boguemos, boguemos / al son de los remos;/ la noche convida /¡qué bella es la vida, / que corre en el mar!"

Santiago Vidate
Insomnio

Carne *chili* con nachos
Sara González de Pagán

Ingredientes:
1 libra de carne molida previamente guisada
1 lata de 16 onzas de carne *chili* preparada
1 taza de queso de papa rallado

Procedimiento:
1. Guise por anticipado la carne molida con el sofrito de su gusto.
2. Mezcle con la carne chili preparada y el queso.
3. Vierta en un molde de entremés para hornear y caliente en el microondas por 5 minutos o hasta que comience a burbujear.
4. Sirva caliente acompañado de nachos, galletas o pan.

20 minutos
8-10 personas

Hablando sobre la teoría de la evolución, Salvador Tió terció así: "La pera cruzó con la aceituna y salió el aguacate."

Ensalada de pollo
Jacqueline Biscombe

Ingredientes:
4 pechugas de pollo sin piel
1/2 taza de agua
sal a gusto
2 ajíes
2 hojas de culantro
1 pimiento picado
1 cebolla picada
2 tallos de apio verde *(celery)* picadito
2 tazas de uvas rojas o blancas sin semillas
2 manzanas deliciosas picadas sin pelar
1/2 taza de nueces *(walnuts)*
1/2 paquete de 10 onzas de espinaca fresca
1/2 cabeza de lechuga americana
1/2 mazo de lechuga romana

Aliño-
2 cucharadas de mostaza tipo Dijón
jugo de un limón
1 cucharada de miel
sal y pimienta a gusto

Procedimiento:
1. Hierva a fuego lento las pechugas en agua con los primeros 5 ingredientes y luego escurra, deshuece y desmenuce.
2. Mezcle con el apio, las uvas, las manzanas y las nueces.
3. Lave y corte los vegetales verdes y sobre estos sirva la mezcla del pollo.
4. Aliñe al momento de servir.

20 minutos
6-8 personas

Ensalada de atún
Linda González Robles

Ingredientes:
2 latas de 6 onzas de atún en agua
8 onzas de queso crema
4 onzas de queso *mozzarella* rallado
4 onzas de queso de papa rallado
1 lata de 8 onzas de vegetales mixtos
1 apio verde *(celery)* picadito
perejil y tomate para decorar

Procedimiento:
1. Escurra el atún y májelo con el queso crema.
2. Mezcle el resto de los ingredientes e incorpórelos al atún.
3. Sirva decorado con perejil y un tomate picado formando una rosa.

15 minutos
4-5 personas

* Puede servirse como *dip* acompañado de galletitas.

Brownies del pecado
Emilia Vallecillo

Ingredientes:

Bizcocho-
- 8 onzas de mantequilla
- 1 taza de azúcar
- 4 huevos batidos
- 1 latita de 8 onzas de sirop de chocolate
- 1 taza de harina

Cubierta-
- 6 cucharadas de mantequilla
- 1/3 taza de azúcar
- 6 cucharadas de leche
- 1/2 taza de chispitas de chocolate *(chocolate chips)*
- 1 taza de nueces picaditas

Procedimiento:

Bizcocho-
1. Bata la mantequilla hasta que esté cremosa.
2. Agregue el azúcar y los huevos.
3. Continúe batiendo y añada el sirop alternándolo con la harina hasta que la mezcla tome un color uniforme. No bata de más.
4. Coloque la mezcla en un pyrex 13" x 9" engrasado y enharinado.
5. Hornee a 350ºF hasta que seque en el medio.

Cubierta-
1. Derrita en una cacerola la mantequilla junto con el azúcar y la leche.
2. Hierva un minuto, retire del fuego e incorpore las chispitas de chocolate.
3. Bata hasta que se endurezca un poco y con esta mezcla cubra el bizcocho aún caliente.
4. Decore por encima con las nueces.
5. Corte el bizcocho en cuadros cuando se enfríe.

30 minutos
6-8 personas

"¡Oh, divino chocolate!
que arrodillado te muelen,
manos plegadas te baten
y ojos al cielo te beben."

Historia de la
Gastronomía Española

Galletas de avena
Lillian P. Torres de Hunt

Ingredientes:
1 taza de pasas
1 taza de agua
3/4 taza de manteca vegetal
1 1/2 taza de azúcar
2 huevos
1 cucharadita de vainilla
2 1/2 taza de harina
1/2 cucharadita de polvo de hornear
1 cucharadita de bicarbonato de soda
1 cucharadita de sal
1 cucharadita de canela en polvo
1/2 taza de nueces picaditas
2 tazas de avena

Procedimiento:
1. Hierva las pasas en agua, a fuego lento por 20 minutos.
2. Escurra las pasas; reserve esta agua y añada más agua hasta tener 1/2 taza.
3. Mezcle la manteca, el azúcar, los huevos y la vainilla con el agua de las pasas.
4. Mezcle la harina con el polvo de hornear, la soda, la sal y las especias y una a la mezcla anterior.
5. Añada las nueces, las pasas y la avena revolviendo bien.
6. Haga bolitas; colóquelas a 2 pulgadas de distancia en una lámina sin engrasar y cocine en horno precalentado a 400ºF por 10 minutos exactos.
7. Deje enfriar por 20 minutos o hasta que endurezcan.

30 minutos
6-7 docenas

"Es necesario conceder descanso a la mente para que después se encuentre fortalecida y más vivaz".

Séneca

Descansa para trabajar y trabaja para descansar.

Refrán

Pasadía de Campo

- Antipasto de atún
- Ensalada de arroz con chorizos
- Pastelón de panapén con pollo
- Orejones de toronja en almíbar
- Requesón
- Barritas de pasas y dátiles

Antipasto de atún
Yolanda García de Ferrer

45 minutos
30-40 personas

Ingredientes:
1/4 taza de aceite de oliva
2 granos de ajo
2 hojas de laurel
2 granitos de pimienta
1 cebolla grande
2 pimientos verdes
3 zanahorias
8 onzas de encurtidos dulces
16 onzas de encurtidos surtidos
7 onzas de aceitunas rellenas
4.5 onzas de setas
7 onzas de pimientos morrones
3 latas de 9 1/4 onzas de atún
7 onzas de *ketchup*
1/2 taza de salsa de tomate

Procedimiento:
1. Pique todos los ingredientes y coloque en moldes individuales.
2. Eche en la olla el aceite, el ajo, el laurel y la pimienta.
3. Añada la cebolla cuando comience a oler.
4. Mueva constantemente y añada uno a uno los demás ingredientes en el orden señalado arriba.
5. Baje el fuego, tape y cocine por 15 minutos.

* Este antipasto se conserva por 2-3 semanas en la nevera.

Ensalada de arroz con chorizos
Cynthia Boscio de Morales

35 minutos
5 personas

Ingredientes:
4 tazas de agua
3 tazas de arroz
1 cucharadita de sal
2 cucharadas de aceite
2 pimientos, uno rojo y otro verde, picaditos
1 cebolla picadita
3 onzas de setas rebanadas
3 tomates cortados en cuartos
4 chorizos cortados en ruedas

Aliño -
1/4 de taza de aceite
pizca de sal
pizca de pimienta
1 cucharada de vinagre
1 cucharadita de mostaza

Procedimiento:
1. Hierva tapado el arroz en agua con sal por 20 minutos; luego déjelo refrescar.
2. Sofría en aceite los pimientos, la cebolla y las setas e incorpore al arroz.
3. Mezcle aparte el aceite con la sal, la pimienta, el vinagre y la mostaza.
4. Sazone el arroz con este aliño y decore alrededor con los chorizos y los tomates.

Pastelón de panapén con pollo
Sara González de Pagán

Ingredientes:
Relleno-
1 cucharada de aceite vegetal
1 cebolla picadita
1 pimiento verde picadito
2 dientes de ajo machacados
2 ajíes dulces picaditos
1 hoja grande de culantro picadita
2 cucharadas de pasta de tomate
8 caderas de pollo sin pellejo
1 litro de agua
2 zanahorias cortadas en ruedas

Masa-
1 panapén mondado, sin centro y cortado en pedazos
2 litros de agua
1 cucharada de sal
1 huevo
1 taza de queso de bola rallado
2 cucharadas de queso parmesano

Procedimiento:
Relleno-
1. Prepare un sofrito con el aceite, la cebolla, el pimiento, el ajo, los ajíes, el culantro y la pasta de tomate.
2. Incorpore las caderas y dore por 3 minutos.
3. Añada el agua y las zanahorias; cueza por 30 minutos y reserve.

Masa-
1. Hierva el panapén en agua con sal por 45 minutos a fuego medio y escurra.
2. Maje el panapén y mezcle con el huevo, el queso de bola y la mantequilla.
3. Coloque en un molde redondo engrasado, la mitad de la masa y presiónela.
4. Desmenuce las caderas y mezcle con la salsa restante del relleno.
5. Rellene el molde con esta mezcla de pollo.
6. Cubra con la otra mitad de la masa.
7. Espolvoree con queso parmesano y hornee a 350ºF por 30 minutos.

1 1/2 horas
6-8 personas

"El árbol del panapén se introdujo a las Antillas en 1793 desde la isla de Tahití en los mares del océano Pacífico Sur, para proveer alimentación barata a los esclavos."

Elbert L. Little, Jr.

Orejones de toronja en almíbar
Sara S. Pagán

Ingredientes:
4 toronjas (rendirán16 pedazos)
2 rajas de canela
2 tazas azúcar blanca
1 taza azúcar morena
agua

Procedimiento:
1. Pele las toronjas y deseche la pulpa acuosa.
2. Corte la cáscara blanca carnosa de cada toronja en cuatro pedazos y sáquele las venitas para que no amarguen.
3. Ponga las cáscaras blancas, de un día para otro, en agua, cambiando el agua dos veces.
4. Hierva dos veces por 15 minutos cambiando el agua cada vez.
5. Cubra de nuevo con agua, incorpore la canela y las azúcares y hierva hasta hacerse el sirop.
6. Sirva 4 pedazos por persona.

45 minutos
4 persona

Los dulces en almíbar fueron una aportación culinaria del Caribe a España. El cronista de Indias, López de Haro, comenta: "hacen buenas conservas porque no les duele el azúcar."

El Puertorriqueño y su Alimentación

Requesón
Rosi Cancio de Rabell

Ingredientes:
2 litros de leche
1/4 taza jugo de limón
1/4 cucharadita de sal
1 hoja de plátano lavada

Procedimiento:
1. Hierva la leche y al subir échele el jugo de limón; la leche se separará. Deje cocinar por un momento.
2. Pase enseguida por un colador de metal y bote el suero restante.
3. Cuele por segunda vez presionando con una cuchara para que pase al recipiente donde la va a mezclar con sal; una bien.
4. Acomode el queso sobre la hoja de plátano y dele forma de rollo con una cuchara o las manos.
5. Envuelva con la hoja; guarde en la nevera por una hora.
6. Cubra con papel de aluminio y mantenga en la nevera.

1 1/2 hora
8 personas

* Esta receta tiene que trabajarse rápidamente

Barritas de pasas y dátiles
Jacqueline Biscombe

30 minutos
8 personas

Ingredientes:
8 onzas de mantequilla
2 tazas de azúcar morena
2 huevos batidos
3 1/2 tazas de harina
1 cucharadita de polvo de hornear
1 cucharadita de bicarbonato de soda
1/2 cucharadita de sal
2 cucharaditas de canela en polvo
1 cucharadita de nuez moscada
1/2 taza de crema agria
1 taza de nueces molidas
1 taza de pasas
1 taza de dátiles (o frutas secas) picadas
ralladura de una china pequeña (opcional)

Procedimiento:
1. Mezcle la mantequilla con el azúcar y bata bien.
2. Añada los huevos.
3. Cierna los ingredientes secos e incorpore a la mezcla de mantequilla, alternando con la crema agria.
4. Agregue las nueces y las frutas.
5. Hornee a 375ºF por 15 minutos en molde llano engrasado de 15 1/2" X 10 1/2".
6. Corte en rectángulos al enfriarse.

"Bendito el suelo querido
donde brotan estas flores,
el suelo donde he nacido,
el suelo donde han tenido
cuna y tumba mis mayores".

José Gautier Benítez
A mi amiga la Señora
Doña Joaquina Cuevas

Tarde de Patio

- *Dip* de queso con frutas
- Alitas rechupete
- Maíz con pimientos
- Ensalada de papas y alcachofas
- Brazo gitano borracho

Dip de queso con frutas
Marina Martínez de Fernández Paoli

20 minutos
6-8 personas

Ingredientes:
8 onzas de queso crema
2 tazas de queso *Baby Swiss Trappist*
1 lata de 15 onzas de piña picadita *(crushed)*
1/2 taza de albaricoques en almíbar escurridos
1/2 taza de nueces

Procedimiento:
1. Mezcle los primeros cuatro ingredientes.
2. Forme una bola y adórnela con las nueces.
3. Sirva bien frío con galletitas.

"La piña ¡tanta belleza!
Vestida de oro y de gualda...
ostenta tal gentileza,
que hasta luce en su cabeza
un penacho de esmeralda."

José Basora Maestre
¡Quiero ganarme la piña!

Alitas rechupete
Margarita Pumarada Van Kirk

60 minutos
6 personas

Ingredientes:
3 libras de alas de pollo frescas
6 dientes de ajo machacados
1 cucharada de aceite de oliva
1 cucharada de vinagre
1 cucharada de jugo de limón
1/2 pote de 18 onzas de salsa barbacoa
1/2 taza de compota de albaricoques o a gusto
1/4 taza de salsa de soya

Procedimiento:
1. Descarte la parte superior de las alas.
2. Adobe con el ajo, el aceite, el vinagre y el limón.
3. Coloque en un plato de hornear y unte las alitas con la mezcla de la salsa barbacoa, la compota y la soya.
4. Hornee a 350ºF por 30-45 minutos.

*Sirva como plato principal o como entremés.

Maíz con pimientos
Marina Martínez de Fernández Paoli

Ingredientes:
2 onzas de mantequilla
1/2 pimiento rojo picadito
1/2 pimiento verde picadito
3 dientes de ajo machacados
sal y pimienta a gusto
4 mazorcas de maíz

Procedimiento:
1. Derrita la mantequilla en una cacerola y sofría los pimientos y los ajos sazonándolos con sal y pimienta.
2. Coloque cada mazorca en un pedazo de papel de aluminio, báñela con el sofrito y selle bien en su envoltura.
3. Hornee a 350ºF por 30 minutos.
4. Retire del horno y sirva inmediatamente en su propia envoltura.

40 minutos
4 personas

Ensalada de papas y alcachofas
Las editoras

Ingredientes:
1 libra de papas rojas pequeñas cortadas en mitades o en cuartos
2 tazas de caldo de pollo
1/2 taza de aceite de oliva
1 cebolla pequeña cortada en ruedas finitas
2 latas de 9 onzas de corazones de alcachofas cortadas en cuartos
1 taza de aceitunas rebanadas
1/2 cucharadita de sal
1/4 cucharadita de pimienta
queso parmesano

Procedimiento:
1. Hierva las papas en el caldo de pollo con el agua necesaria para cubrirlas.
2. Reduzca el fuego, tape y cocine por 10 minutos o más hasta que estén tiernas.
3. Caliente el aceite en una sartén grande y sofría la cebolla.
4. Reduzca el fuego e incorpore las alcachofas, las papas, las aceitunas, la sal y la pimienta.
5. Cocine 5 minutos moviendo constantemente.
6. Espolvoree con queso y sirva.

30 minutos
4-6 personas

"La alcachofa de tierno corazón se vistió de guerrero..."

Pablo Neruda
Odas a la alcachofa

Brazo gitano borracho

Cynthia Boscio de Morales

Ingredientes:

Relleno-
1 cucharada de maicena
2 yemas de huevo
2 tazas de leche
1/4 taza de azúcar
1/4 cucharadita de sal
ralladura de un limón pequeño
1/2 cucharadita de canela en polvo
1/2 cucharadita de vainilla
1/3 taza de *brandy*

Bizcocho-
6 huevos separados
ralladura de un limón
1 1/2 taza de azúcar
1 1/4 taza de harina cernida

Procedimiento:

Relleno-
1. Mezcle la maicena con las yemas y disuelva bien.
2. Caliente la leche con el azúcar, la sal, la canela y la ralladura de limón y la canela.
3. Disuelva lentamente la maicena en la leche y añada la vainilla y el *brandy*.
4. Continúe moviendo por 5 minutos hasta que espese.
5. Retire del fuego y al enfriarse vierta la mezcla sobre el bizcocho según abajo indicado.

Bizcocho-
1. Bata las claras a punto de nieve.
2. Añada las yemas y la ralladura de limón.
3. Reduzca la velocidad de la batidora e incorpore lentamente el azúcar y luego la harina.
4. Prepare un molde con papel parafinado, lo que facilitará poder sacar luego el bizcocho del molde.
5. Vierta la mezcla y hornee en la parrilla del centro por 15 minutos a 375ºF.
6. Humedezca un paño; exprímalo bien; extiéndalo y espolvoree con el azúcar.
7. Saque el bizcocho sobre el paño; retire el papel parafinado y cubra con el relleno de crema.
8. Enrolle a lo largo con la ayuda del paño y espolvoree con el azúcar pulverizada.

45 minutos
6-8 persona

Comed a voluntad, bebed con sobriedad.

Sentencia inglesa

La mesa semi formal

- La cena semi formal es actualmente la forma preferida para agasajar a los amigos.

- La cena semi formal quedará mas lucida con 6-8 invitados.

- Para 12 ó más personas necesitará ayuda, pídaselo de antemano a un amigo que esté invitado.

- El anfitrión y la anfitriona se sientan en las cabeceras de la mesa.

- El invitado de honor se sienta a la derecha del anfitrión.

- El menú de tres platos es el más fácil en una cena sencilla.

- El menú debe incluir platos que no se echen a perder con la espera y recetas que pueden prepararse la víspera u horas antes.

- Evite las idas y venidas a la cocina colocando una mesita cercana a la anfitriona con los platos y cubiertos adicionales, servicios para café, etc...

- El vino lo sirve el anfitrión mientras la anfitriona sirve el plato principal.

- El café puede servirse sin ceremonia alguna, en la mesa u otro lugar.

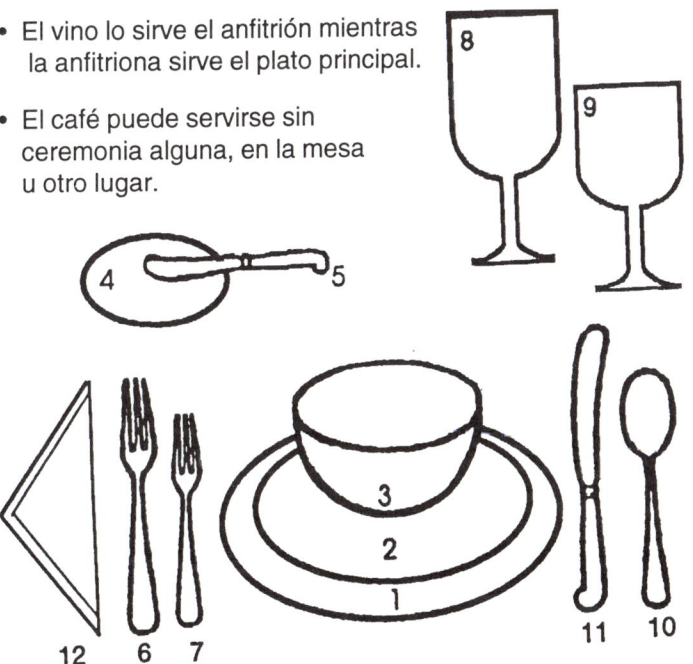

1. plato para carne
2. plato para ensalada
3. plato para sopa
4. platillo para pan y mantequilla
5. cuchillo para mantequilla
6. tenedor para carne
7. tenedor para ensalada
8. copa para agua
9. copa para vino
10. cuchara para sopa
11. cuchillo para carne
12. servilleta

Almuerzo liviano 1

- Mimosa de parcha con *champagne*
- Ensalada de pollo con piña y uvas
- *Casserole* de espárragos
- Merengón con fresas y *kiwis*

Mimosa de parcha con *champagne*
Sara González de Pagán

15 minutos
10 personas

Ingredientes:
1 bloque de hielo
1 pote de 12 onzas de jugo de parcha concentrado y preparado
1 botella de *champagne brut*

Procedimiento:
1. Prepare en el congelador el día antes un bloque de hielo.
2. Mezcle en una bulera el jugo de parcha con el *champagne*.
3. Enfríe con el bloque de hielo.

"...No hay fruta como la piña;
no hay cielo como tu cielo,
y los campos de otros suelos
no igualan a tu campiña."

Virgilio Dávila
Aromas del terruño

Ensalada de pollo con uvas y piñas
Jackeline Biscombe

Ingredientes:
1 libra de pollo
1 cebolla picada en cuartos
1 cucharadita de sal
2 tallos de apio verde picaditos
1/2 libra de uvas verdes sin semilla y picadas en mitades.
1 lata de 5 onzas de castañas chinas *(water chesnuts)*
1 lata de 8 onzas de piña cortada en trozos
1 paquete de 3 onzas de almendras picadas en lascas

Aderezo -
1 taza de mayonesa
1 cucharadita de jugo de limón
2 cucharaditas de salsa de soya
1/2 cucharadita de polvo *curry*

Procedimiento:
1. Hierva el pollo en agua con la cebolla y la sal; escúrralo y déjelo enfriar.
2. Corte el pollo en trocitos y utilice 2 tazas.
3. Mezcle con el apio verde, las uvas, las castañas, la piña y las almendras.
4. Prepare el aderezo uniendo todos sus ingredientes y vierta sobre la ensalada.
5. Sirva sobre hojas de lechuga.

40 minutos
4 personas

Casserole de espárragos
Margarita Pumarada Van Kirk

30 minutos
4 personas

Ingredientes:
4 huevos batidos
sal y pimienta a gusto
1/4 taza cebolla picadita
4 cucharadas mantequilla
1/4 taza migas de pan
10 onzas queso de bola rallado
1 libra espárragos congelados picados en tercios

Procedimiento:
1. Bata los huevos y sazone con sal y pimienta.
2. Sofría la cebolla en mantequilla.
3. Una los huevos con la cebolla, la miga de pan y el queso.
4. Vierta sobre los espárragos y hornee destapado a 350ºF hasta dorar.

Merengón con fresas y *kiwis*
Las editoras

5 horas
8-10 personas

Ingredientes:
3 claras de huevo a temperatura ambiente
1 1/2 taza de azúcar
1 1/2 cucharadita de vainilla
1 1/2 cucharadita de vinagre
1/4 taza de agua hirviendo
1 taza de crema batida
1/2 cucharadita de vainilla
4 tazas de frutas frescas en tajadas: *kiwis* y fresas

Procedimiento:
1. Cubra una plancha de hornear con papel de aluminio y marque un círculo en el medio de 8 1/2".
2. Bata las claras a punto de nieve.
3. Incorpore poco a poco el azúcar, la vainilla, el vinagre y el agua hirviendo y continúe batiendo hasta formar picos finos.
4. Vierta la mezcla de claras en el círculo; dele forma de ondas con la parte de atrás de una cuchara hasta que el centro quede más hundido o de 1/2" de espesor y los costados más altos o de 2 1/2 a 3" de espesor.
5. Coloque en la parrilla del centro en horno precalentado a 450ºF; apáguelo y no abra la puerta por 4-5 horas.
6. Bata la crema con la vainilla hasta formar copos.
7. Remueva el papel de aluminio del merengón.
8. Sirva adornado con la crema y las frutas.

Almuerzo liviano 2

- Refresco de cerveza y limón
- Sandwichón de cuatro rellenos
- Ensalada de frutas y tomates
- *Parfait* de vainilla

Refresco de cerveza y limón
Sonia González de Mora

15 minutos
4-6 personas

Ingredientes:
6 latas de 10 onzas de cerveza blanca liviana helada
7 1/2 tazas de limonada
hielo en cubitos
6 rodajas de limón

Procedimiento:
1. Combine la cerveza con la limonada.
2. Sirva en vaso alto con hielo.
3. Sumerja en cada vaso una rodaja de limón.

Sandwichón de cuatro rellenos
Las editoras

Ingredientes:
1 libra de pan de *sandwich* cortado a la horizontal sin corteza

Cubierta-
8 onzas de queso crema
8 onzas de leche aproximadamente

• *relleno 1º*
8 onzas de salmón rosado desmenuzado
8 onzas de queso crema
1 cebollita picadita
4 cucharadas de alcaparras

• *relleno 2º*
1 pepinillo grande pelado y picadito
1 mazo de berros picados
8 onzas de queso crema
2 cucharadas de mayonesa
sal y pimienta a gusto

• *relleno 3º*
4 huevos duros majados
2 cucharadas de mostaza
3 cucharadas de mayonesa
sal y pimienta a gusto

• *relleno 4º*
3 onzas de mermelada de tamarindo
3 onzas de mermelada de piña

Procedimiento:
1. Prepare los rellenos 1, 2 y 3 mezclando los ingredientes en la licuadora.
2. Prepare a mano el relleno 4 uniendo ambas mermeladas.
3. Rellene cada piso del pan con un relleno distinto y coloque en una bandeja.
4. Cubra por los cinco costados con la mezcla suave de queso y leche.
5. Corte verticalmente cada porción que va a servir para obtener un muestrario de los rellenos.

1 hora
10-15 personas

Ensalada de frutas y tomates
Margarita Pumarada Van Kirk

30 minutos
8-10 personas

Ingredientes:
2 chinas medianas mondadas y cortadas en gajos
2 manzanas picadas en cuadritos
4 tazas de lechuga picada
1/2 taza de apio verde picadito
2 guineos picados en rueditas
1 taza de nueces picadas
1 taza de mini-tomates cortados en mitades
1/3 taza de mayonesa
1/4 taza de crema batida
2 cucharadas de mostaza preparada
1/4 cucharadita de semillas de apio verde

Procedimiento:
1. Mezcle las chinas con las manzanas; tape y enfríe en la nevera.
2. Combine la lechuga con el apio verde; tape y enfríe en la nevera.
3. Forre la bandeja al momento de servir con hojas de lechuga y coloque sobre ella la mezcla de frutas: chinas, manzanas y guineos.
4. Acomode entre las frutas la lechuga picada, alrededor los tomatitos y por todos lados las nueces.
5. Prepare el aderezo mezclando la mayonesa con la crema batida, la mostaza y las semillas.
6. Vierta sobre la ensalada al momento de servir.

Parfait de vainilla
Sonia González de Mora

40 minutos
5-6 personas

Ingredientes:
3 claras de huevo
pizca de sal
1 taza de azúcar
1/2 taza de agua
2 cucharaditas de vainilla
2 tazas de crema espesa

Procedimiento:
1. Bata las claras con la sal a punto de nieve y reserve.
2. Derrita el azúcar en el agua hasta formar un sirop que haga un hilo al verterse.
3. Vierta de a poco el sirop sobre las claras batiendo constantemente.
4. Añada la vainilla.
5. Bata la crema espesa hasta formar picos y una de forma envolvente con las claras.

Almuerzo liviano 3

- Bul de fresas
- Ensalada de papas y berros
- Rollitos de jamón con espinaca y queso
- Tarta de guineo y piña

Bul de fresas
Julie Rexach

15 minutos
6 personas

Ingredientes:
1 botella de 25.4 onzas de sidra
1 lata de 46 onzas de *Hawaiian Punch*
1 paquete de 16 onzas de fresas
1/2 bolsa pequeña de hielo

Procedimiento:
1. Mezcle en una bulera la sidra con el *Hawaiian Punch*.
2. Incorpore las fresas.
3. Añada el hielo al momento de servir.

La sidra de mejor calidad se hace con la manzana cosechada a finales del otoño o comienzo del invierno.

La manzana tendrá entonces un sabor superior y un alto contenido de azúcar. Si la fermentación del jugo de manzana es total, se produce la sidra extra seca.

Enciclopedia Espasa-Calpe

Ensalada de papas y berros
Sonia González de Mora

40 minutos
6-8 personas

Ingredientes:
3 libras de papas
1 cucharadita de cáscara de naranja rallada
1/4 taza de jugo de naranja
2 cucharadas de vinagre
2 cucharadas de mostaza tipo *Dijón*
sal y pimienta a gusto
3/4 taza de aceite de oliva
1/3 taza de cebolla picadita
1 1/2 taza de berros picados
1/3 taza de perejil picado
1/2 taza de *yogurt* natural

Procedimiento:
1. Hierva las papas cortadas a la mitad en agua salada.
2. Escurra, pele y pique las papas en rodajas.
3. Mezcle la cáscara y el jugo de naranja con el vinagre y la mostaza y sazone con sal y pimienta a gusto.
4. Agregue el aceite en forma de hilo para emulsionar el aderezo y vierta sobre las papas.
5. Envuelva los berros y el perejil con el *yogurt* y cubra las papas con esta mezcla.
6. Sirva a temperatura ambiente.

Rollitos de jamón con espinaca y queso
Sara González de Pagán

1 hora
6 personas

Ingredientes:
15 onzas de queso *ricotta*
2 tazas de queso de bola rallado
1 huevo
1 libra de espinacas congeladas y escurridas
1 libra de jamón hervido en lascas
2 cucharadas de maicena
1/2 taza de leche

Procedimiento:
1. Mezcle en el procesador de alimentos el *ricotta*, 1 taza de queso de bola, el huevo y la espinaca.
2. Coloque una cucharada de esta mezcla en la orilla de una rebanada de jamón y enrolle.
3. Ponga los rollitos en un molde de hornear.
4. Deslíe la maicena con la leche.
5. Cocine agregando poco a poco la otra taza de queso de bola hasta que se derrita y la salsa espece.
6. Vierta sobre los rollitos y hornee a 350ºF por 20 minutos y 10 minutos en el asador.

Tarta de guineo y piña
Margarita Pumarada Van Kirk

30 minutos preparación
4 horas refrigeración
15 personas

Ingredientes:
2 tazas de galletas *Graham* con canela en boronías
1/2 taza de mantequilla derretida y 1/2 taza en barra
1 1/2 tazas de azúcar pulverizada cernida
2 huevos
5 guineos rebanados en rueditas
1 lata de 15.5 onzas de piña picadita escurrida
8 onzas de crema batida
chocolate semidulce rallado
1/3 taza de nueces picadas (opcional)
cerezas *marraschino*

Procedimiento:
1. Mezcle las boronías de galleta con la mantequilla derretida.
2. Cubra con esta mezcla un molde de hornear de 13" X 2", presionándola bien.
3. Bata la otra 1/2 taza de mantequilla por 30 segundos hasta quedar cremosa.
4. Incorpore poco a poco el azúcar y luego los huevos.
5. Vierta sobre la base de galleta.
6. Coloque encima las ruedas de guineo y la piña.
7. Cubra con la crema batida.
8. Espolvoree un poco del chocolate rallado y nueces.
9. Tape y refrigere por 4 horas.
10. Corte en cuadrados, adorne con una cereza y mantenga en la nevera hasta el momento de servir.

Vegetariano 1

- Pasta cabello de ángel al ajo
- Berenjenas con queso
- Alcachofas con habichuelas tiernas y rojas
- Ponqué con crema de guanábana

Pasta cabello de ángel al ajo
Margarita Pumarada Van Kirk

30 minutos
6 personas

Ingredientes:
1 paquete de pasta cabello de ángel
1 cucharada de sal
1/4 taza perejil fresco picadito
4 dientes de ajo picaditos
1/4 taza aceite de oliva
1/2 taza de queso parmesano

Procedimiento:
1. Cocine la pasta en agua hirviendo con la sal y las cucharadas de aceite por 12-15 minutos; luego escurra.
2. Sofría el perejil y los ajos en el aceite de oliva.
3. Aliñe la pasta con la salsa de ajo y espolvoree con queso.

Tengo cabeza redonda
sin nariz, ojos, ni frente
y mi cuerpo se compone
tan solo de blancos dientes.

Adivinanza puertorriqueña
El ajo

Berenjenas con queso
Jackeline Montalvo

25 minutos
6 personas

Ingredientes:
3 berenjenas grandes mondadas y picadas en ruedas
1/3 taza de leche
1 taza de harina
1/2 pote de 14 onzas de salsa para *spaghetti* sin carne
1 taza de queso *mozarella*
queso parmesano a gusto

Procedimiento:
1. Remoje las ruedas de berenjena en leche y luego pase por la harina.
2. Fría las ruedas en aceite caliente.
3. Colóquelas en un molde para microondas y vierta por encima la salsa de *spaghetti* y los quesos en camada.
4. Hornee en el microondas por 3 1/2 minutos.

* Esta receta se puede preparar en múltiples camadas como la *lasagne*.

"Tres cosas me tienen preso /de amores el corazón,
la bella Inés, el jamón /y las berenjenas con queso."

Baltazar de Alcázar

160 • Grupos Variados

Alcachofas con habichuelas tiernas y rojas
Las editoras

25 minutos
4 personas

Ingredientes:
Vegetales-
1 lata de 16 onzas de habichuelas tiernas
1 lata de 16 onzas de habichuelas rojas grandes
8 onzas de aceitunas sin semillas
1 lata grande de corazones de alcachofas
1 lata de 8 onzas de setas
4 onzas de pimientos morrones picados en tiritas
1 1/2 taza de apio verde *celery* picado
1 cebolla mediana picada en ruedas finitas
2 cucharadas de alcaparras

Aliño-
1/4 taza de vinagre de tarragón
1 1/2 cucharaditas de sal sazonada
1 cucharadita de azúcar
1 cucharadita de hierbas mixtas para ensalada
1/2 taza de aceite de oliva
1/4 cucharadita de sal

Procedimiento:
1. Escurra los vegetales con líquido y mezcle con el apio verde, la cebolla, las alcaparras y las aceitunas.
2. Prepare el aliño uniendo todos los componentes.
3. Vierta sobre los vegetales y refrigere un par de horas.

Ponqué con crema de guanábana
Sonia González de Mora

30 minutos
10 personas

Ingredientes:
1/2 libra de mantequilla
1 cucharada de azúcar pulverizada
2 yemas de huevo
1 pote de 14 onzas de leche condensada
8 onzas de crema espesa
3 latas de 12 onzas de concentrado de guanábana
1 ponqué de 1 libra

Procedimiento:
1. Bata bien la mantequilla.
2. Agregue en el siguiente orden y batiendo siempre: el azúcar, las yemas, la leche, la crema y por último los concentrados.
3. Corte el ponqué en pedazos y sirva con la crema de guanábana; congele la crema sobrante.

* La crema de guanábana puede servirse también con plantillas, o como relleno de un bizcocho.

Vegetariano 2

- Tarta de queso y tomate
- Ensalada de setas y brotes de habichuelas
- Budín de zanahoria e higo

Tarta de queso y tomate
Jackeline Biscombe

45 minutos
4 personas

Ingredientes:
1 taza de miga de pan
2 onzas de mantequilla derretida
1 1/4 taza de queso de bola rallado
1 tomate grande en rebanadas

Procedimiento:
1. Mezcle la miga con la mantequilla y 1/2 taza de queso.
2. Coloque la mezcla en un molde de hornear redondo, llano y engrasado; comprímala bien.
3. Rellene con el queso restante y cubra con las rebanadas de tomate.
4. Hornee a 350ºF por 20 minutos.

* Puede sazonar con alguna hierba aromática y adornar con aceitunas negras.

Las setas deben cortarse verticalmente conservando parte del tallo para evitar que se achiquen durante la cocción.

Para conservar su color se deben rociar con jugo de limón o vino blanco.

Secretos de la Buena Cocina

Ensalada de setas y brotes de habichuelas
Jackeline Biscombe

20 minutos preparación
2 horas marinación
6-8 personas

Ingredientes:
2 latas de 20 onzas de guisantes verdes
1 libra de brotes de habichuelas
1 lata de 4 onzas de setas
1 lata de 5 onzas de castañas chinas rebanadas
3 chalotes *shallots* rebanados finitos
2/3 taza de aceite de maní
1/3 taza de vinagre de estragón
cáscara de 1/2 limón o jugo de 1/2 limón
sal a gusto
1 cucharadita de pimienta con limón

Procedimiento:
1. Combine los guisantes, los brotes, las setas y las castañas chinas bien escurridas con los chalotes.
2. Marine por un par de horas antes de servir en la mezcla del aceite, el vinagre, el limón y la sal moviendo ocasionalmente.

Budín de zanahoria e higo
Las editoras

Ingredientes:
6 1/2 onzas de higos secos
1 1/3 taza de jugo de manzana
3 onzas de mantequilla
2 huevos
6 1/2 onzas de harina integral
pizca de macis *(maces)*
1/2 cucharadita de semillas de hinojo
1/2 libra de zanahorias ralladas
orejones de albaricoque (opcional)

Procedimiento:
1. Cueza los higos durante 30 minutos con el jugo de manzana; luego escurra y prepare un *purée*.
2. Bata la mantequilla hasta quedar cremosa.
3. Bata los huevos; mezcle con la harina y las especias e incorpore la mantequilla.
4. Agregue las zanahorias y el *purée* de higos.
5. Vierta en un molde de pastel recubierto de papel de aluminio.
6. Hornee a 350F por una hora.
7. Sáquelo del molde cuando enfríe.
8. Sirva, si desea, con orejones de albaricoque.

45 minutos
4 personas

Los Quesos

Se clasifican por el país de origen y también por su consistencia y sabor. En estos casos podrán ser:	
Por su consistencia:	
cremosos -	Bel Paese, Neufchatel, Petit Suisse, Mascarpone, Ricotta
blandos -	Brie, Camembert, Gloucester, Requesón, Mozzarella
semi-duros -	Gouda, Tilsit, Leyden, Queso de Hoja, Monterrey Jack, Provolone
duros -	Romano, Parmesano
Por su sabor:	
suaves -	Edam, Gouda, Queso del País
fuertes-	Roquefort, Cheddar, Gorgonzola, Manchego

Vegetariano 3

- Bollitos de repollo
- Ensalada de papa y pepinillo
- Frituras de calabaza
- Pan de guineo

Bollitos de repollo
Elisa Villalobos Colón

Ingredientes:
1 repollo 1 1/2 libra
2 tazas arroz blanco cocido
1 taza queso americano rallado
1/4 cucharadita de pimienta molida (opcional)
1 taza de salsa de tomate
1 taza de agua
sal a gusto

Procedimiento:
1. Separe las hojas enteras del repollo y amortígüelas en agua bien caliente.
2. Ponga una cucharada de arroz y otra de queso en el centro de cada hoja.
3. Envuelva igual que un pastel y coloque los envueltos en un caldero o *pyrex*.
4. Espolvoree con la pimienta y agregue la salsa de tomate, el agua y la sal a gusto.
5. Cubra con el queso rallado y cueza hasta que la salsa espece.
6. Sirva caliente.

45 minutos
4-6 personas

Ensalada de papa y pepinillo
Sonia González de Mora

Ingredientes:
3 papas medianas peladas y cortadas en rodajas gruesas
1 libra de pepinillos pelados y cortados en rodajas
3 cucharadas de semillas de sésamo
perejil y pimienta a gusto
1 cucharadita de vinagre
1 cucharadita de aceite

Aderezo -
1 taza de *yogurt* natural
1/4 taza de mayonesa
1/4 taza de vinagre de estragón
1/2 taza de perejil picadito
2 cucharaditas de estragón

Procedimiento:
1. Hierva las papas en agua, escurra y déjelas enfriar.
2. Parta en mitades las rodajas de pepinillo y una a las papas.
3. Sazone con el perejil, la pimienta, el aceite, el vinagre y espolvoree con las semillas.
4. Bata juntos los ingredientes del aderezo y sirva aparte.

40 minutos
4-6 personas

Frituras de calabaza
Sara González de Pagán

Ingredientes:
2 libras de calabaza mondada y picada
1 cucharadita de sal
2 cucharadas de mantequilla
2 tazas de harina de trigo preparada
2 cucharadas de azúcar o a gusto
2 cucharadas de canela en polvo
1/2 cucharadita de vainilla

Procedimiento:
1. Hierva la calabaza hasta que ablande.
2. Escurra, maje e incorpore los ingredientes mezclando bien.
3. Fría en aceite caliente por cucharadas hasta dorar.
4. Escurra en papel toalla y sirva.

40 minutos
8 personas

Pan de guineo
Sara S. González

Ingredientes:
Pan-
6 guineos maduros majados
1 taza de salsa de manzana (*apple sauce*)
1 taza de mayonesa
2 tazas de azúcar negra
3 tazas de harina preparada
2 huevos enteros
1 cucharada de jengibre
1 cucharada de nuez moscada
4 cucharadas de canela
1/2 taza de nueces y pasas a discreción

Cubierta -
3 claras de huevo
2 tazas de azúcar pulverizada
8 onzas de queso crema

Procedimiento:
Pan-
1. Bata los guineos con la salsa de manzana y la mayonesa.
2. Vierta poco a poco el azúcar y la harina; bata hasta quedar una mezcla uniforme.
3. Sazone con las especias.
4. Añada nueces y pasas a su gusto.
5. Vierta en dos moldes redondos, con hueco en el medio, engrasados.
6. Hornee a 350ºF por 40 minutos.
7. Deje enfriar antes de servir.

Cubierta -
1. Bata las claras de huevo con el azúcar y añada el queso.
2. Cubra el pan de guineo con esta mezcla.
3. Adorne con nueces si lo desea.

1 hora
2 moldes
12 personas

Capítulo V

Nacionalidades

Piso de la Sala de Estudio de las Mayores, hoy Decanato de Asuntos Académicos, primer piso, ala derecha del Edificio de Administración.

Puerto Rico

- Sopa de calabaza
- Carne cecina
- Tostones de pana
- Arroz con habichuelas blancas
- Bienmesabe

*Menú de
Sara González de Pagán*

Sopa de calabaza

*25 minutos
4-6 personas*

Ingredientes:
1 cebolla mediana rebanada finita
2 onzas de mantequilla
2 hojas de cilantro
3 tazas de agua
1 cubito de caldo de res
2 libras de calabaza mondada y picada

Procedimiento:
1. Amortigüe la cebolla en la mantequilla
2. Incorpore el cilantro, el agua, el cubito y la calabaza.
3. Cocine hasta que la calabaza ablande.
4. Licúe y sirva caliente.

Carne cecina

*1 1/2 horas
6 personas*

Ingredientes:
3 libras de carne tasajo cortada en trozos
1 cucharada de aceite
1 cebolla picada
1 pimiento verde picado
1 ají picado
1 cucharada de ajo molido
1 pote de 6 onzas de pasta de tomate
1 taza de caldo de pollo

Procedimiento:
1. Hierva la carne para desalarla cambiándole el agua dos veces y reserve.
2. Rehogue en el aceite la cebolla y el pimiento y luego incorpore el ají, el ajo, la pasta de tomate y el caldo; sofría por 5 minutos.
3. Deshilache la carne para que quede en hebras y agregue al sofrito.
4. Cocine a fuego bajo por 30 minutos.

Tostones de pana

*40 minutos
4 personas*

Ingredientes:
1 pana pelada y rebanada
2 tazas de agua
1 cucharada de sal
3/4 taza de aceite

Procedimiento:
1. Remoje la pana en el agua con la sal.
2. Escurra en un colador.
3. Fría en el aceite caliente y retírela antes de dorar.
4. Aplaste cada trozo para darle la apariencia de tostón.
5. Fría por segunda vez para tostar.
6. Seque en papel toalla y sirva.

Arroz con habichuelas blancas

Ingredientes:
1/4 taza de aceite
3 cucharadas de sofrito
2 cucharadas de pasta de tomate
2 tazas de arroz
2 cubitos de extracto de jamón
3 tazas de agua caliente
1 1/2 taza de habichuelas blancas cocidas

Procedimiento:
1. Caliente en un caldero el aceite con el sofrito y la pasta de tomate.
2. Sofría el arroz en esta salsa.
3. Sazone con los cubitos de jamón disueltos en el agua.
4. Incorpore las habichuelas cuando el arroz seque un poco.
5. Baje el fuego y cocine tapado por 15 minutos.
6. Destape, mueva bien y cocine por 10 minutos más.

30 minutos
4-6 personas

El bienmesabe es una repostería muy alta en azúcar que se sirve como acompañante de algún helado o bizcocho. Es típico de La Palma, Canarias, donde se confecciona con almendras crudas o tostadas; su versión americana tiene como base el coco.

España Gastronómica

Bienmesabe

Ingredientes:
2 tazas de leche de coco
6 yemas de huevo
1 1/2 taza de agua
1 taza de azúcar

Procedimiento:
1. Mezcle la leche de coco con las yemas.
2. Hierva el agua con el azúcar por 1 minuto y retire del fuego.
3. Vierta 2 cucharaditas de esta agua en la mezcla de leche.
4. Vierta poco a poco toda la mezcla de leche en el agua moviendo constantemente.
5. Cocine a fuego moderado por 10 minutos sin dejar de mover.
6. Deje reposar por una hora a temperatura ambiente.
7. Refrigere hasta el momento de usarse.
8. Sirva sobre bizcocho o plantillas.

1 1/2 hora
4-6 personas

Estados Unidos

- *Soufflé* de avena
- *Corned Beef brisket* estilo Nueva Inglaterra
- *Boston baked beans casserole*
- *Pecan pie*

Menú de
Margarita Pumarada Van Kirk

Soufflé de avena

Ingredientes:

A- 1 taza de avena
   1 cucharada de mantequilla
   1 cucharada de jugo de limón
   1/2 taza de azúcar
   1/2 taza de leche
   1/2 taza de crema de leche
   pizca de canela en polvo

B- 2 huevos batidos
   1/2 cucharadita de polvo de hornear
   2 manzanas peladas y picadas en lascas finitas
   1/2 cucharadita de polvo de hornear

Procedimiento
1. Mezcle los ingredientes de la sección A y cocine por 5 minutos a fuego moderado moviendo constantemente.
2. Retire del fuego e incorpore los ingredientes de la sección B.
3. Vierta en molde engrasado.
4. Hornee a 325ºF por 30 minutos o hasta que suba y dore.

1 hora
6 personas

Corned beef brisket estilo Nueva Inglaterra

Ingrediente
4-5 libras de *corned beef brisket*
6 clavos de olor
6 granos de pimienta
2 hojas de laurel
2 dientes de ajo
1 ramo de perejil
1 cucharadita de romero
2 cebollas grandes peladas y enteras
1 pimiento verde picado a la mitad, sin semilla
1 tallo de apio verde (*celery*)
3 zanahorias picadas en tres pedazos
1 repollo grande picado en cuartos

Procedimiento:
1. Lave bien la posta de carne en agua fría.
2. Coloque la carne en una olla grande y cúbrala totalmente con agua.
3. Añada todos los ingredientes menos el repollo.
4. Tape cuando comience a hervir; reduzca el fuego a lo más bajo y cocine alrededor de 4 1/2 horas o hasta que ablande.
5. Incorpore el repollo y continúe la cocción por 30 mins.
6. Corte la carne en lascas para servir y adorne con los mismos vegetales de la cocción.
7. Acompañe, si desea, con salsa de mostaza y/o rábano picante (*horseradish*).

4 horas
8 personas

Boston baked beans casserole
Jacqueline Biscombe

Ingredientes:
1 cebolla grande picadita
1 cucharadita de aceite vegetal
2 cucharadas de azúcar negra
2 cucharadas de *Ketchup*
1 cucharada de mostaza
1 cucharada de salsa inglesa tipo *Worcestershire*
1/8 cucharadita de jengibre en polvo
2 latas de 16 onz. de habichuelas blancas tipo *Boston baked*
4-5 lascas de tocineta cruda

Procedimiento:
1. Amortigüe la cebolla en el aceite y retire del fuego.
2. Añada a la cebolla el azúcar negra, el *Ketchup*, la mostaza, la salsa inglesa y el jengibre.
3. Coloque las habichuelas en un molde de hornear; agregue la mezcla de cebolla y mezcle bien.
4. Cubra con la tocineta.
5. Hornee a 350ºF por 45 mins. o hasta que la tocineta dore.

1 hora
6 personas

Pecan pie

Ingredientes:

Masa -
2 cucharadas de azúcar
2 cucharadas de mantequilla derretida o en cuadritos
1/2 cucharadita de canela
pizca de sal
1 3/4 taza de harina

Relleno-
2 cucharadas de mantequilla
1 taza de azúcar
1 cucharadita de vainilla
3/4 taza de sirop oscuro de maíz
1/8 cucharadita de sal
4 huevos
2/3 taza de apacanas (*pecan*) picadas

Procedimiento:

Masa -
1. Una los ingredientes de la masa en un recipiente o páselos por un procesador de alimentos.
2. Ablande con un poco de agua fría si queda muy dura.
3. Acomode en un molde de hornear llano redondo y reserve.

Relleno-
1. Bata la mantequilla con el azúcar, la vainilla, el sirop y la sal hasta quedar cremosa.
2. Agregue los huevos y continúe batiendo.
3. Añada las nueces y mezcle bien.
4. Vierta en el molde con la cubierta.
5. Hornee a 375ºF por 5 mins., luego reduzca a 325ºF por 45 mins. más o hasta que el cuchillo salga limpio.
6. Deje enfriar y sirva solo o con crema batida.

30 minutos
6-8 personas

México

- Sopa de tomates
- Ensalada de aguacate y huevo
- Chilaquiles
- Torrejas

Sopa de tomates
Sonia González de Mora

Ingredientes:
2 tazas de agua
1 cubito de caldo de res
5 tomates de ensalada picados
7 cebollines verdes (*scallions*) picaditos
10 hojas de culantro
2 cucharaditas de azúcar
croutons o pedacitos de aguacate (opcional)

Procedimiento:
1. Disuelva el cubito de caldo en el agua.
2. Añada los tomates, los cebollines y el culantro; cocine por 30 minutos.
3. Licúe por 10-15 minutos y añada el azúcar.
4. Sirva con *croutons* o pedacitos de aguacate si lo desea.

1 hora
6-8 personas

La tortilla hecha de maíz molido es elemento básico de la cocina mejicana. Se le conoce como "el pan de los pobres" y se prepara en forma de taco, de enchilada o de tostada. Los nachos son una versión empacada de la tortilla y se sirven como aperitivo.

The Avon International Cookbook

Ensalada de aguacate y huevo
Sara González de Pagán

Ingredientes:
1 lechuga *romaine* deshojada
1 aguacate grande cortado en 4 tajadas verticales
2 huevos duros picados a la mitad

Aderezo-
sal y pimienta a gusto
aceite y vinagre a gusto

Procedimiento:
1. Ponga una camada de lechuga.
2. Coloque encima una tajada de aguacate y en su centro la mitad de un huevo.
3. Vierta el aderezo sobre la ensalada.

20 minutos
4 personas

Chilaquiles
Margarita Bertrán de Lugo

Ingredientes:
Pollo -
2 pechugas de pollo
1/2 cebolla rebanada
1 cucharadita de sal
1 cucharadita de adobo para aves
1 cucharada de *jerez Noilly*
1 hoja de laurel

Salsa -
2 cucharadas de aceite
1/2 cebolla picadita
1 cucharadita de sal
1/4 cucharadita de pimienta
1/2 cucharadita de comino
1/8 cucharadita de ají
4 tomates frescos picaditos

Camadas -
12 tortillas congeladas
16 onzas de crema agria
ají picante en polvo
sal a gusto
12 onzas de queso *Monterrey Jack* rallado

Procedimiento:
Pollo -
1. Cocine por 1/2 hora las pechugas en agua con la cebolla, la sal, el adobo, el jerez y el laurel.
2. Escurra, desmenuce las pechugas y reserve.

Salsa -
3. Sofría en aceite la cebolla, luego añada las especias y los tomates.
4. Continúe la cocción a fuego lento por 1/2 hora.

Tortillas -
5. Corte las tortillas en pedazos de 2"X2".
6. Fríalas en aceite por 10 minutos hasta quedar tostadas; retírelas del aceite y resérvelas.

Camadas -
1. Coloque en un molde de hornear 13"X11" la mitad de la salsa, de las tortillas, del pollo, y una tercera parte de la crema agria; espolvoree bien con el ají, la sal y una tercera parte del queso.
2. Repita una segunda camada como la anterior.
3. Termine con el tercio restante de la crema agria y el queso.
4. Hornee a 350ºF por 25 minutos o hasta que la salsa hierva y el queso se derrita.

1 hora
10-12 personas

Torrejas
Sara González de Pagán

Ingredientes:
4 huevos separados
2 cucharadas de bizcocho de vainilla tipo ponqué desmenuzado
2 tazas de agua
2 tazas de azúcar
1 raja de canela
aceite para freír

Procedimiento:
1. Bata las claras a punto de nieve.
2. Agregue las yemas una a una y continúe batiendo.
3. Añada el bizcocho y bata un poco más.
4. Fría esta mezcla por cucharaditas hasta que las torrejas tomen un color marrón parejo.
5. Sáquelas y déjelas reposar.
6. Prepare un sirop ligero con el agua, el azúcar y la canela.
7. Hierva las torrejas en este sirop.
8. Mantenga las torrejas en el sirop, deje enfriar y sirva.

40 minutos
4-6 personas

Es tradición mexicana servir estas torrejas el día en que al bebé de la casa le sale su primer diente.

El pulque, el mescal y el internacionalmente famoso tequila son las bebidas alcohólicas más típicas de México; todas se preparan utilizando la planta de maguey.

Menú

Mi restorán abierto en el camino
para ti trashumante peregrino.
Comida limpia y varia
sin truco de especiosa culinaria.

Hete aquí este paisaje digestivo
recién pescado en linfas antillanas:
rabo de costa en caldo de mar vivo,
con pimienta de luz y miel de ananas.

Si la inocua legumbre puritana
tu sobrio gusto siente,
y a tu férreo sabor híncale el diente
tu simple propensión vegetariana,
aquí está este racimo de bohíos
que a hombro de monte acogedor reposa
—monte con barba jíbara de ríos,
de camarón y guábara piojosa—
sobre cuyas techumbres cae, espesa,
yema de sol batida en mayonesa.

Tengo, para los gustos ultrafinos,
platos que son la gloria de la mesa...
aquí están unos pinos,
pinos a la francesa
en verleniana salsa de crepúsculo.
(El chef Rubén, cuyos soberbios flanes
delicia son de líricos gurmanes,
les dedico un opúsculo.)

Si a lo francés prefieres lo criollo,
y tu apetencia, con loable intento,
pírrase por ajiaco y ajopollo
y sopón de embrujado condimento,
toma este calalú maravilloso
con que la noche tropical aduna
su maíz estrellado y luminoso,
y el diente de ajo de su media luna
en divino potaje sustancioso.

(Sopa de Martinica caldo fiero
que el volcán Mont Peleé cuece y
                            (engorda;
los huracanes soplan el brasero,
y el caldo hierve, y sube, y se desborda,
en rebullente espuma de luceros).

•••••••••

La casa luce habilidad maestra
creando inusitadas maravillas
de cosas naturales y sencillas,
para la lengua culturada y diestra.
Aquí te va una muestra:
palmeras al ciclón de las Antillas,
cañaveral horneado a fuego lento,
soufflé de platanales sobre el viento,
piñón de flamboyanes en su tinta,
o merienda playera
de uveros y manglares en salmuera,
para dejar la gula regulada
al propio Saladín de la Ensalada.

Arrímate a la mesa, pasajero,
come hasta hartar y
séante propicios
los dioses de la Uva y el Puchero.

Luis Palés Matos - 1942

El Caribe

- Sopón calalú
- Arañitas de plátano
- Pan de coco
- Sherbet de mangó

Menú de
Cynthia Boscio de Morales

Esposa del Octavo Presidente de la Universidad del Sagrado Corazón, Lcdo. José Alberto Morales, 1986-1992

Sopón calalú

Ingredientes:
1 1/2 libras de lacón y tasajo
1 carrucho picado
1 1/2 libra de pescado fresco limpio
12 onzas de carne de juey
3 libras de espinaca y acelgas picadas
12 guingambós picados
pimienta y sal a gusto

Procedimiento:
1. Desale las carnes poniendo en agua de un día para otro.
2. Hierva las carnes y el carrucho en 12 tazas de agua hasta que ablanden.
3. Incorpore el pescado; cocine 15 minutos más y retírelo del agua.
4. Pele y deshuece el pescado; luego regréselo a la olla.
5. Agregue el juey y continúe la cocción.
6. Añada los vegetales y sazone.
7. Hierva por 30 minutos sin remover.

1 hora
6-8 personas

"Si a lo francés prefieres lo criollo,(...)/toma este calalú maravilloso/con que la noche tropical aduna/ su maíz estrellado y luminoso,/y el diente de ajo de su media luna/ en divino potaje sustancioso."

Luis Palés Matos
Menú

Arañitas de plátano

Ingredientes:
3 plátanos verdes rallados por el lado ancho del guayo
3 tazas de agua
2 cucharadas de sal
1 cucharada de ajo molido
1 taza de aceite

Procedimiento:
1. Remoje los plátanos rallados en agua con sal y ajo.
2. Eche los plátanos rallados por puñados en aceite caliente para freírlos.
3. Dele vuelta a cada puñado y saque cuando estén ligeramente dorados.
4. Escurra sobre papel toalla.

30 minutos
6 personas

* Las arañitas pueden conservarse en la nevera un par de días y se les da un golpe de horno antes de servirlas.

Pan de coco

Ingredientes:
2 1/2 tazas de harina
2 cucharadas de azúcar
1/2 cucharadita de sal
2 cucharadas de polvo de hornear
2 cucharadas de manteca vegetal
1 cucharada de margarina
1/2 taza de coco rallado
3/4 taza de leche de coco

Procedimiento:
1. Cierna la harina con el azúcar, la sal y el polvo de hornear.
2. Mezcle con la manteca y la mantequilla y amase.
3. Incorpore el coco y la leche y continúe amasando hasta que la masa se despegue fácilmente del recipiente.
4. Divida la masa en bolitas y aplástelas sobre una superficie enharinada.
5. Hornee a 400ºF en plancha engrasada.

1 hora
4-6 personas

Sherbet de mangó

Ingredientes:
Salsa de mangó -
3 tazas de pulpa de mangó
1/2 taza de agua
1/2 taza de azúcar

Sherbert -
1 1/2 tazas de azúcar
3/4 tazas de agua
1/4 taza de jugo de china
2 tazas de salsa de mangó
3 tazas de leche
1 clara de huevo batida

Procedimiento:
Salsa de mangó -
1. Hierva el mangó en el agua con el azúcar.
2. Licúe y cuele para sacarle toda la fibra.
3. Deje enfriar.

Sherbert-
1. Disuelva el azúcar en el agua y deje hervir.
2. Incorpore el jugo y enfríe.
3. Agregue la salsa de mangó y la leche.
4. Congele y cuando esté parcialmente sólido, mezcle con la clara batida a punto de nieve de forma envolvente.
5. Regrese al congelador y revuelva cada media hora por dos veces.

1 hora
12 personas

Nacionalidades

Argentina

- Tarta pascualina
- Lengua a la vinagreta
- Papas con queso
- *Crêpes* de queso con melocotones

Menú de
Sonia González de Mora

Tarta pascualina

Ingredientes:
Relleno-
6 paquetes de 10 onzas de espinaca congelada
2 cucharadas de galleta molida
4 huevos duros picaditos
2 cucharadas de queso parmesano
1/2 taza de aceite
1 libra de sesos hervidos con sal y picados (opcional)
sal, pimienta y nuez moscada a gusto

Masa-
2 tazas de harina
2 cucharadas de aceite
1 huevo
2 cucharadas de margarina

Procedimiento:
Relleno-
1. Escurra y exprima las espinacas cocidas según instrucciones del paquete.
2. Incorpore las galletas, los huevos, el queso, el aceite y los sesos.
3. Condimente con sal, pimienta y nuez moscada.

Masa-
1. Amase la harina con el aceite, el huevo y la margarina hasta quedar suave.
2. Divida la masa en 4 rollitos y deje descansar por 1 hora.
3. Estire un rollito y forre con él un molde de hornear enmantecado y enharinado.
4. Untele aceite y coloque encima el segundo rollito extendido.
5. Coloque el relleno sobre esta doble masa y cubra con los 2 rollitos restantes extendidos y aceitados entremedio.
6. Pinte con huevo batido.
7. Hornee a 350ºF por una hora.
8. Sirva a temperatura ambiente.

1 1/2 horas
6-8 personas

* Si la masa tendiera a romperse, una los pedazos presionándolos ligeramente.

"En las sagradas alturas / está el maestro principal,/ que enseña a cada animal / a procurarse el sustento,/ y le brinda el alimento / a todo ser racional."

José Hernández
Martín Fierro

Lengua a la vinagreta

Ingredientes:
1 lengua de res
2 cubitos de caldo de res
6 hojas de laurel
10 granos de pimienta
1 taza de agua
3/4 taza de vinagre
2 zanahorias grandes ralladas en tiras
1 cebolla grande rebanada finita
2 huevos duros picaditos

Procedimiento:
1. Hierva la lengua a fuego moderado-bajo por 3/4 ó 1 hora en agua sazonada con los cubitos, el laurel y la pimienta.
2. Retire la lengua del agua; pélela y córtela en rebanadas semigruesas.
3. Coloque en un molde refractario; bañe con el agua y el vinagre y cubra con la cebolla y la zanahoria.
4. Tape y cocine a fuego moderado 15 ó 20 minutos más hasta que los vegetales se amortigüen.
5. Adorne con huevo duro picadito.

1 1/2 horas
4-6 personas

"Y aves y vichos y pejes ,/ se mantienen de mil modos/ pero el hombre en su acomodo/ es curioso de oservar:/ es el que sabe llorar / y es el que los come a todos."

José Hernández
Martín Fierro

Papas con queso

Ingredientes:
6 papas grandes de hornear
1/2 cucharada de mantequilla
1 cebolla rebanada finita
1/2 taza de polvo de pan
1/2 taza de queso parmesano

Procedimiento:
1. Lave y corte las papas en ruedas finas.
2. Coloque en un molde engrasado en forma de abanico y unte con la mantequilla.
3. Acomode la cebolla entre las papas.
4. Cubra con el polvo de pan y el queso.
5. Hornee a 350ºF por 30 minutos.

45 minutos
8 personas

Nacionalidades

Crêpes de queso con melocotones

Ingredientes:

Crêpes-
1 1/2 taza de leche
2/3 taza de harina
1/2 cucharadita de sal
3 huevos
1/2 cucharadita de vainilla

Relleno-
8 onzas de queso crema
10 onzas de requesón *(cottage cheese)*
1/4 taza de azúcar
1/2 cucharadita de vainilla

Cubierta-
1 lata de 16 oz. de melocotones en tajadas
4 cucharadas de mermelada de albaricoque
2 cucharditas de *Cointreau*

Procedimiento:

Crêpes-
1. Una todos los ingredientes sin que se formen grumos.
2. Enfríe en la nevera por 2 horas.
3. Vierta por cucharadas en una sartén de 8" untada con mantequilla.
4. Cocine la *crêpe* a fuego moderado volteándola cuando se seque.

Relleno-
1. Mezcle bien los quesos con el azúcar y la vainilla.
2. Enfríe en la nevera por 2 horas.
3. Rellene cada *crêpe* con una cucharada abundante de la mezcla de quesos y doble las 4 puntas en forma de sobre.
4. Coloque las *crêpes* en un molde de hornear rectangular en dos filas de 6 crêpes.

Cubierta-
1. Unte las *crêpes* con la mermelada.
2. Coloque encima los melocotones en tajadas.
3. Cubra hasta la mitad con el sirop de los melocotones y el *Cointreau*.
4. Hornee en el microondas por 20 segundos y sirva caliente.

* Si prepara las *crêpes* el día antes, reserve el sirop para bañarlas antes de servir.

12 crêpes
3 horas
6-12 personas

El lenguaje sofisticado del vino I

aterciopelado	vino que contiene mucha glicerina y materias gomosas
aroma	olor agradable cuyo *bouquet* es la expresión más agradable
áspero	rudo, difícil de tragar
astringente	se agarra a las encías; cargado de tanino
bouquet	la calidad más apreciada del vino; se refiere a la vez a su olor y gusto
cargado	vino espeso, demasiado obscuro
carnoso	vino que tiene cierta consistencia
completo	vino que presenta un conjunto armónico de cualidades
cuerpo	vino tinto que tiene fuerza, sustancia
débil	vino sin mucho cuerpo o gusto
delicado	vino fino con poco cuerpo
distinguido	vino delicado y gustoso
duro	vino nada aterciopelado, desagradable de pasar por el paladar
fino	vino que procede de cepajes seleccionados, tiene delicadeza, *bouquet*, gusto y grano que lo distingue de los vinos comunes

Enrique Queynat
Los buenos vinos argentinos

España

- Coca mallorquina
- Palitos tostados con queso
- Pote asturiano
- Buñuelos

Coca mallorquina
Catalina Colón de Rodríguez

Ingredientes:
Masa -
2 paquetitos de 1/4 aonza de levadura en polvo
2 tazas de agua tibia
1 taza de aceite de oliva
3 1/2 -4 tazas de harina para todo uso *(all purpose)*

Relleno -
1 manojo de perejil sin los tallos
2 pimientos picaditos
2 tomates picados
1 cebolla grande picadita
2 manojos de cebollines sin las hojas
1 ajo picado en granitos
2 cucharaditas de aceite de oliva
1 cucharada de vinagre de vino
2 cucharaditas de pimentón
1 cucharadita de sal

Procedimiento:
Masa -
1. Disuelva la levadura en el agua tibia y mezcle con el aceite.
3. Incorpore poco a poco la harina, moviendo a mano, hasta que se forme una masa suave.
4. Divida la masa en dos mitades.
5. Extienda cada mitad sobre un molde para *pizza* engrasado con aceite de oliva.
6. Coloque los moldes fuera de toda corriente de aire, a temperatura ambiente, para que suba la masa en 20-30 minutos.
7. Precaliente el horno a 350ºF.

Relleno-
1. Combine todos los ingredientes del relleno.
2. Aderece con aceite, vinagre, sal y pimentón.
3. Coloque uniformemente sobre las dos masas que habrán ya aumentado de tamaño.
4. Hornee inmediatamente por 30 minutos a 350ºF o hasta que la masa esté cocida y ligeramente dorada.

30 minutos
20 palitos

"Olla que muy rápido hierve, sabor pierde"

"La olla y la mujer resposadas han de ser"

Refranes españoles

Palitos tostados con queso
Blanca Paoli de Fernández

Ingredientes:
1 1/3 taza de hojuelas de maíz molidas
1/4 taza de queso parmesano rallado
1/3 taza de mantequilla derretida
1/2 cucharadita de sal de cebolla
4 rebanadas de pan para emparedados sin corteza tostadas y picadas en 5 palitos cada una.

Procedimiento:
1. Combine las hojuelas molidas con el queso.
2. Mezcle aparte la mantequilla con la sal y reserve.
3. Pase los palitos por la mezcla de mantequilla y luego por la de hojuelas.
4. Coloque en una plancha de hornear engrasada.
5. Cocine a 350ºF por 5 mins. hasta quedar crujientes.
6. Sirva caliente acompañando al sopón.

30 minutos
20 palitos

"Después de Dios, la olla y lo demás todo es bambolla"

"Una olla y una vara, el gobierno de una casa"

Refranes españoles

Pote asturiano
Blanca Paoli de Fernández

Ingredientes:
1 taza de habichuelas blancas pequeñas
7 tazas de agua
1 libra de masa de carne de res picada en trozos
1 libra de jamón de cocinar picado
1 chorizo picado en ruedas
1 morcilla picada en tres
1 caja de 10 onzas de *green turnips* congelados o de acelgas
2 libras de papas picadas en pedazos

Procedimiento:
1. Remoje en agua las habichuelas el día anterior y escurra.
2. Coloque en un caldero el agua, las habichuelas y el jamón; cocine a fuego lento por 1 hora.
3. Incorpore el chorizo, la morcilla, los *turnips* o las acelgas y las papas.
4. Cocine por 1 hora más hasta que el pote espese.

2 horas
8-12 personas

Buñuelos
Blanca Paoli de Fernández

45 minutos
4-6 personas

Ingredientes:
Buñuelos-
1 taza de agua hirviendo
1/2 taza de mantequilla derretida
1/4 cucharadita de sal
1 taza de harina

Sirop-
4 tazas de agua
3 tazas de azúcar
1/2 cucharadita de vainilla o la cáscara de 1/2 limón

Procedimiento:
Buñuelos -
1. Combine el agua con la mantequilla y retire del fuego.
2. Incorpore la sal y la harina moviendo constantemente hasta que despegue de la cacerola.
3. Fría la mezcla por cucharadas en aceite bien caliente por 3-5 minutos hasta que doren.
4. Sirva acompañado del sirop.

Sirop -
1. Combine el agua con el azúcar y póngalo al fuego hasta que tome la consistencia de almíbar.
2. Agregue la vainilla y viértalo sobre los buñuelos.

El único plato que es común para la casi totalidad de España es el cocido: la cumbre de la evaporación.

Diversas clases de cocido aparecen en todas las regiones: el cocido vasco, el extremeño, el madrileño, el riojano, el andaluz, l'olla valenciana, la escudilla catalana, "sopa y bullit" de Baleares y la fabada asturiana, etc.

Tan representativo es de la cocina española, que el célebre gastrónomo literario del siglo XIX, Dr. Thebussem se refería a este como "el lazo de unión constitucional entre los antiguos reinos."

El Libro de la Cocina Española
Néstor Luján y Juan Perucho

El lenguaje sofisticado del vino II

firme	vino que tiene cuerpo y nervio; no llegó a su perfecta madurez
flaco	vino sin cuerpo, ni fuerza, a veces conserva algo de *bouquet*
frío	vino cuyo aroma no se desprende
frutado	vino con fuerte sabor de la uva, del racimo
fuerte	vino con mucho alcohol
generoso	vino que procura sensación de bienestar en el estómago
liviano	vino con poco cuerpo y color pero de buen gusto
masticable	vino de mucho cuerpo, espeso, con una fuerte proporción de vino de prensa
nervioso	vino con bastante cuerpo, alcohol y acidez
potente	vino con mucho cuerpo y alcohol
redondo	vino lleno, carnoso, agradable y suave
seco	vino que no contiene azúcar; si es blanco "calienta la lengua", si es tinto no es bastante aterciopelado
tierno	vino fácil de beber
vivaz	vino que impresiona vivamente las papilas; que tiene nervio

Enrique Queynat
Los buenos vinos argentinos

Francia

- *Vichyssoise* fácil
- Sesos en mantequilla
- Chuletas de cordero en salsa de lentejas
- *Soufflé* de avellanas
- *Charlotte* de manzana

Menú de
Las editoras

Vichyssoise fácil

30 minutos
4 personas

Ingredientes:
3 tazas de caldo de pollo
1 taza de leche
1 1/2 cucharadita de cebolla en polvo
1/2 cucharadita de sal
1/8 cucharadita de pimienta blanca
1 sobre de 3.25 onzas de papa majada instantáneo
1 taza de crema de leche
hojas verdes de cebollín picadito

Procedimiento:
1. Hierva el caldo de pollo con la leche, la cebolla, la sal y la pimienta.
2. Incorpore el sobre de papa y remueva hasta que se disuelva y hierva.
3. Retire del fuego y deje reposar.
4. Enfríe por dos horas en la nevera.
5. Agregue la crema antes de servir y remueva.
6. Adorne con un puñado de hojitas de cebollín.

Sesos en mantequilla

25 minutos
4-6 personas

Ingredientes:
3 libras de sesos
4 tazas de agua
1 3/4 cucharadita de sal
1 cucharada de vinagre o jugo de 1/2 limón
1 hoja de laurel
1 pizca de tomillo
1 cebolla pequeña
1 cucharadita de pimienta
2 cucharaditas de perejil picadito
1 cucharada de mantequilla
2 onzas de mantequilla derretida

Procedimiento:
1. Escalfe los sesos en el agua condimentada con 3/4 cucharadita de sal, el vinagre, el laurel, el tomillo y la cebolla.
2. Cocine a fuego lento por 10-15 minutos sin dejar de hervir y escurra.
3. Sazone con una cucharadita de sal, la pimienta, el perejil, las alcaparras y la mantequilla.
4. Sirva caliente.

"nouvelle cuisine" es aquella que:
- confecciona un menú con alimentos frescos disponibles en el día;
- resalta el sabor propio del alimento que se cocina;
- produce menús sencillos y livianos.

Paul Bocuse's French Cooking

Chuletas de cordero en salsa de lentejas

Ingredientes:

Chuletas-
4 onzas de tocino
1 zanahoria rebanada
1 cebolla mediana rebanada
6 chuletas gruesas de cordero
bouquet garni (véase el glosario de las especias)
1 taza de vino blanco
2 tazas de consomé

Purée-
1 cucharadita de sal
2 tazas de lentejas
1 cebolla con 1 clavo enterrado
1 zanahoria picada a la mitad
1/2 cabeza de ajo
bouquet garni

Procedimiento:

Chuletas-
1. Ponga a remojar las lentejas en agua por 2 horas y proceda a preparar las chuletas.
2. Dore el tocino en una sartén y saltee en esta grasa la zanahoria y la cebolla; luego retírelos.
3. Dore en esa misma grasa las chuletas; regrese la cebolla y la zanahoria y añada el *bouquet garni*.
4. Rocíe con el vino y deje evaporar a la mitad.
5. Bañe con el consomé.
6. Hornee tapado a 300°F por 2 horas.

Purée-
1. Cocine las lentejas en agua que las cubra.
2. Condimente el agua con la sal, la cebolla, la zanahoria, el ajo, el *bouquet garni* y el jamón de cocinar.
3. Cocine a fuego lento por 1 3/4-2 horas.
4. Escurra, licúe y pase por un colador fino.
5. Traslade a una sartén para espesar el *purée* añadiendo un poco del jugo de las chuletas para darle la consistencia deseada.
6. Destape las chuletas, báñelas con su jugo y suba al máximo la temperatura para glasearlas.
7. Sirva el *purée* en el centro de una bandeja llana y rodee con las chuletas, la parte glaseada hacia arriba, bañándolas con un poco de su jugo.
8. Coloque en una salsera el jugo restante.

2 horas
6 personas

"¿Qué es la mesa de comer? Es un altar que preparamos y decoramos para celebrar el culto a la amistad."

Paul Bocuse

Soufflé de avellanas

Ingredientes:
2 cucharadas de harina
1 taza de leche
4 cucharadas colmadas de azúcar
1 rajita de vainilla
4 yemas de huevo
1 1/2 cucharadas de mantequilla
5 claras de huevo
2 cucharadas de avellanas picadas
1/2 cucharadita de extracto de almendras

Procedimiento:
1. Humedezca la harina con un poco de la leche.
2. Hierva la leche con el azúcar y la vainilla removiéndola a los 5 minutos.
3. Mezcle la leche con la harina y caliente sin dejar hervir, moviendo siempre y retire del fuego.
4. Incorpore las yemas, la mantequilla y el extracto de almendra.
5. Agregue las claras batidas a punto de nieve mezclando de forma envolvente.
6. Vierta en molde de hornear de 7-8" de profundidad engrasado y salpicado con azúcar pulverizada.
7. Hornee en la parrilla inferior por 1 minuto a 325ºF.
8. Suba el molde a la parrilla intermedia y hornee por 18-20 min. rotándolo 2 veces hasta que se infle.
9. Espolvoree con azúcar pulverizada cuando comience a dorar y repita este azucarado cada 2 segundos por 6 veces en un proceso rápido sin dejar abierto el horno por largo rato para lograr un glaseado transparente.
10. Sirva inmediatamente.

1 hora
6-8 personas

Para tener mayor éxito en la cocina, Paul Bocuse recomienda:

- preparar solo recetas que nos gustan;

- hacer las recetas con amor, para comensales que realmente apreciamos;

- dejar espacio para la improvisación cuando hay que estimar la cantidad o sustituir un ingrediente por otro.

Paul Bocuse's French Cooking

Charlotte de manzana

Ingredientes:
2 libras de manzanas peladas y cortadas en lascas
3 cucharadas de azúcar
4 1/2 cucharadas de mantequilla cortada en pedacitos
2 rajas de canela
corteza de un limón
1 libra de pan blanco especial rebanado, sin corteza
4 cucharadas de mermelada de albaricoque
1/4 libra de mantequilla derretida

Procedimiento:
1. Coloque las manzanas en una sartén honda y grande.
2. Espolvoree con el azúcar y coloque encima los pedazos de mantequilla.
3. Añada la canela y la corteza de limón.
4. Cocine tapado a fuego bajo por 20 minutos hasta que la manzana se desbarate.
5. Retire del fuego, mezcle con la mermelada y deje refrescar.
6. Haga 2 cortes diagonales en 4 rebanadas de pan para producir 1 docena de triángulos.
7. Mójelos por un lado en mantequilla y cubra el fondo de un molde de *quiche* engrasado, formando una roseta y colocando la parte mojada del triángulo hacia abajo.
8. Corte 4 rebanadas de pan en mitades; mójelas en mantequilla y forre los costados enmantequillados del molde con las mitades, la parte mojada hacia el molde y sobreponiendo una sobre el borde de la próxima mitad; luego recórtelas a la altura del molde.
9. Rellene con la mezcla de manzana de la que retiró la canela y la corteza de limón.
10. Corte 3 rebanadas de pan en triángulos y 1 rebanada en forma redonda.
11. Coloque el redondel en medio del molde y cubra la superficie restante con el resto de los triángulos.
12. Dore por 15 minutos en horno precalentado a 425ºF por 10 minutos; luego cocine a 250ºF por otros15 minutos.
13. Refresque por 15 minutos antes de servir.

1 1/2 hora
6-8 personas

Italia

- *Osso buco*
- Lingüine al *pesto*
- *Ensalada de tomate y queso mozzarella*
- Frutas tricolor

Menú de
Margarita Pumarada Van Kirk

Osso buco
Garrón de ternera

2 1/4 horas
8 personas

Ingredientes:
8 piezas de *osso buco*
8 dientes de ajo machacados
1 cucharada de romero
sal y pimienta a gusto
1/2 taza de harina de trigo
6 cucharadas de mantequilla
6 cucharadas de aceite
1 cebolla grande picada
2 zanahorias picadas
8 ciruelas sin semilla
1 taza de caldo de pollo
1/4 de taza de caldo de res
1 taza de vino blanco
cáscara de 1/2 limón amarillo cortada en tiritas
hojas de perejil

Procedimiento:
1. Adobe el *osso buco* con los ajos, el romero, la sal y la pimienta.
2. Cubra ligeramente con la harina.
3. Dore a fuego alto-moderado en 4 cucharadas de mantequilla y 4 de aceite.
4. Licúe la cebolla, la zanahoria y las ciruelas hasta formar una pasta.
5. Eche 2 cucharadas de mantequilla y 2 de aceite en la sartén de la carne.
6. Añada la pasta de vegetales, los caldos, el vino y el limón; cocine a fuego moderado por 5 minutos.
7. Vierta la salsa sobre la carne.
8. Hornee tapado a 300ºF por 2 horas.
9. Adorne con perejil.

Lingüine al *pesto*

30 minutos
6 personas

Ingredientes:
1 paquete de 16 onzas de *lingüine*
2 cucharadas de mantequilla
7 onzas de salsa de pesto
1 yema de huevo

Procedimiento:
1. Hierva los *lingüine* según instrucciones del paquete, escurra y añada la mantequilla.
2. Combine la salsa de pesto con la yema.
3. Agregue la pasta y mezcle bien.
4. Cubra con queso parmesano.

Ensalada de tomate y queso *mozzarella*

30 minutos
8 personas

Ingredientes:
4 tomates maduros picados en ruedas
1 pepinillo sin pelar picado en ruedas
6 onzas de queso *mozzarella* cortado en lascas finas
1/2 lata de 7 onzas de aceitunas negras sin semillas
1/4 taza de aceite de oliva ·
3 cucharadas de aceite balsámico
sal y pimienta a gusto
pizca de azúcar
albahaca y orégano a gusto

Procedimiento:
1. Coloque alternando en una fuente grande los tomates, los pepinillos y el queso.
2. Adorne con las aceitunas.
3. Prepare el aliño con el aceite, el vinagre, la sal, la pimienta y el azúcar.
4. Vierta sobre los vegetales.
5. Espolvoree con albahaca y orégano.

El queso *mozzarella* es típico de la región de Campania. Originalmente se hacía con leche de búfalo porque este animal abundaba en las campiñas italianas.

Hoy día se confecciona mayormente con leche de vaca puesto que la leche de búfalo es muy escasa.

Italian Cooking

Frutas tricolor

30 minutos
8 personas

Ingredientes:
3 *kiwis*
3 nectarinas grandes
10 fresas grandes picadas en mitades
1/4 taza de licor de china
jugo de medio limón
hojas de menta (opcional)

Procedimiento:
1. Pele y corte las nectarinas y los *kiwis* en pedazos de 1".
2. Coloque las 3 frutas en una fuente honda.
3. Mezcle el licor y el limón.
4. Vierta sobre las frutas al momento de servir.

Polonia

- Pierogi
- Kapusta
- Golumbki
- Bigos
- Clastki

Menú de
Señoras polacas residentes en Puerto Rico

Confeccionado para celebrar la visita del Santo Padre Juan Pablo II a la Isla en 1984.

Pierogi
Masitas rellenas

Jane Hryhorczuk de Rullán

70 minutos
20 personas

Ingredientes:
Masa -
2 tazas de harina
6 yemas de huevo
3 huevos
1/4 taza de agua
pizca de sal
1/4 libra de mantequilla derretida
1 taza de crema agria

Procedimiento:
1. Haga una montaña de la harina y ahuéquela en el centro.
2. Coloque en el centro los huevos y una cortando con el cuchillo.
3. Incorpore el agua y la sal.
4. Una hasta quedar una masa firme.
5. Divida la masa en tres partes.
6. Amase, aplane con un rodillo y corte en círculos con una taza.
7. Rellene cada círculo con una cucharadita de cualquiera de los rellenos.
8. Doble el círculo; unte un poco de agua en los bordes y presione bien para cerrarlo.
9. Eche los *pierogi* en agua hirviendo con sal y cocine a fuego bajo por 5 minutos.
10. Retire los *pierogi* con una cuchara colador.
11. Dórelos en mantequilla.
12. Sirva con crema agria.

• relleno de queso

15 minutos

Ingredientes:
1 taza de requesón *(cottage cheese)*
4 tazas de papa majada caliente
1 taza de cebollas picadas y amortiguadas
sal y pimienta a gusto

Procedimiento:
1. Combine todos los ingredientes y mezcle bien.
2. Deje enfriar antes de usar.

• relleno de ciruelas

45 minutos

Ingredientes:
1 taza de ciruelas
2 cucharadas de azúcar
pizca de sal
1 cucharadita de jugo de limón

Procedimiento:
1. Remoje las ciruelas en agua por 9-10 horas.
2. Cocínelas con el azúcar, la sal y el jugo de limón.
3. Remueva las semillas y maje las ciruelas antes de usarlas como relleno.

• relleno de setas

Ingredientes:
1 cebolla picadita
1 cucharada de margarina
1 taza de setas picadas
sal y pimienta a gusto
2 yemas de huevo

Procedimiento:
1. Sofría la cebolla en la margarina.
2. Incorpore las setas y sazone con la sal y la pimienta.
3. Retire del fuego y añada las yemas revolviendo rápidamente.
4. Deje enfriar antes de usar.

15 minutos

• relleno de papa y *sauerkraut*

Ingredientes:
4-5 papas majadas y calientes
16 onzas de col agria tipo "*Vlasic Sauerkraut*"
1 taza de cebolla
2 cucharadas de mantequilla
sal y pimienta a gusto

Procedimiento:
1. Pique la col en tiritas y cocine por 45 minutos en poca agua.
2. Amortigüe la cebolla en la mantequilla.
3. Combine la col con la cebolla y sazone con sal y pimienta.

* Los rellenos rendirán para 10 ó 20 *pierogi* dependiendo del tamaño en que corte la masa.

10-20 *pierogi*
45 minutos

Kapusta
Sopa de col

Jane Kryhorczuk

Ingredientes:
1 cebolla picada
1 cucharada de mantequilla
2 chuletas de cerdo cortadas en cuadritos
1 lata de 10 3/4 onzas de sopa de tomate diluida en una de agua
1 lata de 10 3/4 onzas de sopa de guisantes verdes diluida en una de agua
1 zanahoria cortada en rueditas finas
hojas de col fresca cortadas en tiras
1 lata de 16 onzas de col agria *(sauerkraut)* escurrida

Procedimiento:
1. Sofría la cebolla en la mantequilla y añada las chuletas cocinándolas hasta que queden tiernas.
2. Incorpore las sopas diluidas, las zanahorias, las hojas de col y el *sauerkraut.*
3. Cocine a fuego bajo por una hora.

1 hora 20 minutos
6 personas

Nacionalidades

Golumbki
Col rellena con carne molida

Magdaline Sosnoski

1 1/2 horas
8 personas

Ingredientes:
1 col mediana sin el corazón
3/4 taza de arroz grano largo
3/4 taza de agua
2 libras de carne de res molida
1 cebolla grande picadita
sal y pimienta a gusto
1 lata de 10 3/4 onzas de sopa de tomate
4 onzas de mantequilla

Procedimiento:
1. Caliente la col en agua hasta que las hojas luzcan transparentes y se desprendan con facilidad; escurra y reserve la col y el líquido.
2. Cocine el arroz en el agua con la sal por 5 minutos o hasta que comience a ablandar.
3. Mezcle la carne y la cebolla con el arroz; sazone con sal y pimienta.
4. Corte el tallo a las hojas de col cocinadas.
5. Rellene las hojas a lo largo con 2 cucharadas de la mezcla de carne.
6. Doble los costados hacia adentro, enrolle o doble a su conveniencia y coloque en una sartén.
7. Mezcle la sopa con el agua reservada y bañe los rollos hasta apenas cubrirlos.
8. Cocine tapado a fuego bajo por 1 hora.

Clastki
Galletas

Carolyn Kszyston

45 minutos
12 personas

Ingredientes:
3/4 taza de azúcar
1 taza de mantequilla
5 yemas de huevo cocidas y desbaratadas
1 cucharadita de vainilla
2 tazas de harina
1/2 cucharadita de sal
1 huevo
1 cucharadita de leche
opcional: nueces, semillas de amapola o azúcar de canela

Procedimiento:
1. Bata el azúcar con la mantequilla.
2. Añada poco a poco las yemas, la vainilla, la harina y la sal, batiendo siempre.
3. Refrigere esta masa por una hora.
4. Amase sobre paño o papel enharinado hasta obtener un espesor de 1/4".
5. Corte la masa en pedazos de distintos tamaños y formas.
6. Coloque en una plancha ligeramente engrasada y glasee con el huevo batido con la leche.
7. Adorne si desea, con nueces picaditas, semillas de amapola o azúcar de canela.
8. Cocine en horno precalentado a 350ºF por 12 mins.

Bigos
Guiso de col
(Hunter's stew)

Jane Hryhorczuk de Rullán

2 horas
8-10 personas

Ingredientes:
2 libras de col agria *sauerkraut*
3/4 libras de jamón ahumado (*Boston butt*) cortado en trozos
1 col fresca picada
10 onzas de setas secas
4 tazas de agua
1 libra de carne de res para guisar
1 libra de carne de cerdo para guisar
1/4 libra de tocineta frita
1/2 taza de cebolla picada
2 cucharadas de harina
1 libra de salchichas polacas (*kel Basa*) sin pellejo y picadas
1 libra de costillas de cerdo (*spareribs*)
1 lata de 16 onzas de tomates

Procedimiento:
1. Cocine tapada la col agria con el jamón ahumado por 45 minutos en un fondo de agua; saque el jamón y reserve.
2. Hierva aparte la col fresca con las setas en el agua para amortiguar una e hidratar las otras; tape y reserve.
3. Dore la carne de res y de cerdo en un poco de aceite.
4. Fría la tocineta y reserve la grasa.
5. Combine la tocineta con las carnes y el jamón ahumado cocinando hasta quedar tiernas.
6. Dore aparte las cebollas en el aceite de la tocineta y agregue la harina moviendo hasta disolverla.
7. Incorpore la mezcla de cebolla a la col agria.
8. Combine la mezcla de carnes con la col fresca, las setas, la mezcla de cebollas y los tomates.
9. Sazone con sal y pimienta.
10. Cocine tapado por 40 minutos.

Nuestra casa fue su casa

El 12 de octubre de 1984, su S.S. Juan Pablo II, visitó la Universidad del Sagrado Corazón para reunirse con 2,000 religiosas, religiosos y seminaristas de Puerto Rico; en la cancha bajo techo del Centro de Estudiantes y cenar con los obispos.

En su mensaje puntualizó nuestra responsabilidad con la juventud: "Construir este mundo más justo significa, entre otras cosas, hacer todo esfuerzo posible para asegurarse de que no habrá jóvenes sin una preparación adecuada para la vida...."

Ecos- Boletín informativo de la U.S.C. - octubre de 1984

Cercano Oriente

- Sopa de lentejas
- *Kibbeh* de cordero
- *Hommos*
- *Tabuleh*
- Barritas de dátiles y nueces
- Café árabe

Sopa de lentejas
Sara González de Pagán

Ingredientes:
1/2 taza de cebolla picada
1/4 taza de pimiento verde picadito
2 dientes de ajo picados
2 onzas de jamón de cocinar
2 cucharadas de aceite
1 lata de 8 onzas de salsa de tomate
4 tazas de agua
1/2 taza de lentejas
1 zanahoria rebanada finita
1 cubito de caldo de res
1/2 cucharadita de sal
1 papa picada en cuadritos (opcional)

Procedimiento:
1. Coloque la cebolla, el pimiento, el ajo y el jamón en el aceite y salsa de tomate.
2. Incorpore el agua, las lentejas, las zanahorias y el cubito.
3. Cocine destapado a fuego moderado por 20 minutos.
4. Añada la sal y la papa.
5. Cueza por 15 minutos más.

* Esta receta es de alto contenido en hierro y puede servirse como plato único.

45 minutos
4-6 personas

Kibbeh de cordero
Jackeline Biscombe

Ingredientes:
3 tazas de *burghul* (trigo íntegro triturado)
2 libras de carne de cordero sin grasa y molida
2 cucharaditas de sal
1/4 cucharadita de pimienta
1/8 cucharadita de malagueta (*all spice*) molida
1/8 cucharadita de canela
1 cebolla grande rallada
1/4 taza de aceite de oliva

Procedimiento:
1. Remoje el *burghul* en agua fría con hielo por 10 minutos; escúrralo y exprima con las manos.
2. Mezcle todos los ingredientes y páselos por el procesador de alimentos.
3. Forme las croquetas en óvalos pequeños.
4. Dore en el aceite caliente y escurra sobre papel toalla.

* El *burghul* se consigue en las tiendas de alimentos naturistas.

45 minutos
4-6 personas

Hommos
Purée de garbanzos

Sara González de Pagán

35 minutos
4-6 personas

Ingredientes:
1 lata de 16 onzas de garbanzos cocidos
3 cucharadas de pasta de ajonjolí
2-3 cucharadas de jugo de limón
3 dientes de ajo grandes
1 cucharadita de comino
4 cucharadas de aceite de ajonjolí o a gusto.
sal agusto (opcional)

Procedimiento:
1. Una todos los ingredientes, licúe y añada el líquido de los garbanzos para suavizar la mezcla.
2. Sirva a temperatura ambiente con pan pita o galletas.
3. Guarde en el congelador la mezcla restante.

En la dieta árabe predomina la carne de cabra, oveja o pollo; la de cerdo está prohibida por la Ley Islámica.

Es rica en vegetales tales como garbanzos, lentejas, berenjenas y cebollas. También incluye dátiles y almendras.

Lentejas, comida de viejas,/ si quieres las comes / y si no, las dejas.
Refrán español

Tabuleh
Ensalada de perejil, pepinillo y tomates

Sonia González de Mora

40 minutos
4-6 personas

Ingredientes:
1 cajita de 5 onzas de *tabuleh* (trigo) con sazón
1 tomate grande sin semillas cortado en cuadritos
1 pepinillo picado en cuadritos
1 cebolla grande picada en cuadritos
1/2 mazo de perejil picado
jugo de un limón grande

Procedimiento:
1. Remoje el trigo según indicaciones de la caja.
2. Mezcle el trigo con el tomate y la cebolla.
3. Sazone con limón.
4. Refrigere hasta el momento de servir.

* El *tabuleh* también puede prepararse con pepinillo.

Barritas de dátiles y nueces
Mercedes Benítez de Rodríguez

Ingredientes:
1 1/2 taza de azúcar
1/2 taza de mantequilla
1/4 taza de manteca vegetal
4 huevos medianos separados
1 cucharadita de vainilla
2 tazas de harina
2 cucharaditas de polvo de hornear
1 taza de dátiles picaditos
1 1/3 taza de nueces picadas

1. Mezcle bien el azúcar con la mantequilla y la manteca.
2. Bata las claras y añádalas a la crema de azúcar.
3. Agregue las yemas y la vainilla.
4. Cierne la harina con el polvo de hornear y una de forma envolvente a la crema de azúcar.
5. Agregue los dátiles.
6. Vierta en molde de hornear rectangular llano engrasado.
7. Adorne con las nueces.
8. Cocine en horno precalentado a 350ºF por 30 minutos.

45 minutos
8-12 personas

Café arabe
Sonia González de Mora

Ingredientes:
6 pocillos de agua
6 cucharaditas de café molido bien finito
6 cucharaditas de azúcar
6 gotas de agua de azahar
12 semillas de cardamomo (el carozo solamente)

Procedimiento:
1. Hierva el agua con el café, el azúcar y el cardamomo.
2. Sirva el café en los pocillos sin removerlo.
3. Ponga en cada pocillo 2 semillas de cardamomo y 1 gota de agua de azahar.

- El café árabe no se remueve para que la borra se asiente en el pocillo.

El café hay que tomarlo: /caliente como el infierno, / negro como el pecado, / puro como un ángel, / dulce como el amor.

Refrán popular

Términos equivalentes

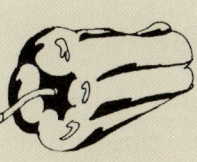
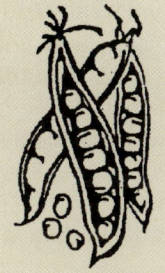
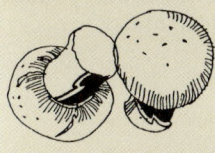
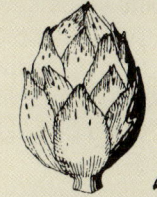

Puerto Rico	América Latina	Estados Unidos
aguacate	palta	avocado
ají dulce	ajo porro	leeck
ají picante	pimiento	dwarf pepper
albaricoque	damasco	apricot
alcachofas	alcaucil	artichoke
apio verde	apio	celery
batata	camote	sweet potato
calabaza	zapallo, ahuyama	pumpkin
calabacín	zapallito	zucchini
cebollín	cebollín	scallions
chalote	————	shallots
china	naranja	orange
col, repollo	repollo	cabbage
fresa	frutilla	strawberry
guineo	banana, plátano, cambur	banana
habichuela	frijol, poroto, guisante	bean
habichuelitas verdes	chauchas	string beans
higo	breva	fig
setas	setas, hongo, champignon	mushrooms
maíz	choclo, jojoto	corn
melocotón	durazno	peach
papa	patatas	potato
piña	ananá	pineapple
requesón	queso blanco	cottage cheese
rositas de maíz	copos de maíz	pop-corn
toronja	pomelo	grapefruit

India

- Arroz con canela y clavos
- Cordero al *curry*
- Ensalada de pepinillo con yogurt
- *Halwa*

Cordero al curry
Margarita Pumarada Van Kirk

Ingredientes:
2 libras de masa de cordero sin grasa, picada en trozos de 1 pulgada
jugo de un limón
sal y pimienta a gusto o adobo en polvo
2 cucharadas de aceite de oliva
1 cucharada de polvo de curry o a gusto
1/8 cucharadita de cada uno: canela, cilantro, clavo, comino, cúrcuma *(turmeric)*
1 cebolla mediana picadita
1 pimiento verde picadito
2 tallos de apio verde *(celery)* picaditos
3 dientes de ajo picaditos
3 ajíes dulces picaditos
1 cucharada de jengibre fresco picadito
1 taza de caldo de pollo
1/2 taza de caldo de res
1/2 taza de yogurt o crema agria
hojas de menta o cilantrillo

Procedimiento:
1. Adobe el cordero con limón, sal y pimienta y deje reposar por 1 hora.
2. Dore el cordero en el aceite a fuego moderado alto.
3. Sazone con los polvos de: *curry,* canela, cilantro, clavo, comino y cúrcuma; cocine por 3 minutos a fuego moderado.
4. Incorpore la cebolla, el pimiento, el apio, los ajíes, los ajos y el jengibre; cocine moviendo por 5 minutos.
5. Agregue los caldos; tape y cocine a fuego bajo por 45 minutos hasta que la carne esté blanda y la salsa espese.
6. Retire del fuego y añada la crema agria o el yogurt.
7. Adorne con las hojas de menta a cilantrillo.

2 horas
6 personas

Arroz con canela y clavos
Cynthia Morales

Ingredientes:
2 cebollas picadas
2 cucharadas de mantequilla
1 cucharadita de azúcar
12 semillas de cardamomo (opcional)
2 palitos de canela
6 clavos de olor
6 granos de pimienta
1 1/2 taza de arroz
1 cucharadita de sal
2 1/2 tazas de caldo de pollo

Procedimiento:
1. Rehogue las cebollas en la mantequilla.
2. Incorpore el azúcar y las especias; saltee hasta dorar.
3. Agregue el arroz y mezcle bien.
4. Sazone con sal e incorpore el caldo poco a poco.
5. Tape cuando seque.
6. Cocine 20 minutos más a fuego bajo.

30 minutos
6 personas

Ensalada de pepinillo con *yogurt*
Jackeline Biscombe

20 minutos
6 personas

Ingredientes:
2-3 pepinillos verdes grandes
2 cucharaditas de sal
1 diente de ajo machacado (opcional)
1 taza de *yogurt* sin sabor
jugo de un limón
perejil a gusto

Procedimiento:
1. Pele los pepinillos, córtelos a lo largo por la mitad y quíteles las semillas.
2. Pique los pepinillos transversalmente; le quedarán en forma de la letra C.
3. Riéguelos con sal.
4. Deje reposar por una hora y escurra bien.
5. Aliñe con el ajo, el *yogurt* y el limón.
6. Prepare y refrigere desde un día antes.
7. Sirva frío.

Halwa *Fudge* de Zanahoria
Jackeline Biscombe

40 minutos
6 personas

Ingredientes:
3 cucharadas de mantequilla dulce
3 tazas de zanahoria rallada
3 tazas de crema de mesa
1/4 taza de azúcar
1 cucharadita de *cardamomo* molido
1/2 taza de pasas
2 cucharadas de nueces *pistachio* molidas
1/2 taza de almendras en lascas

Procedimiento:
1. Engrase con una cucharada de mantequilla un molde llano con capacidad para 1 1/2 taza de contenido.
2. Mezcle la zanahoria y la crema; cocine en el microondas a fuego alto por 25 minutos moviendo en tres ocasiones y hasta que la crema espese.
3. Retire del horno e incorpore la mantequilla restante, el azúcar, el *cardamomo*, las pasas, las nueces y las almendras.
4. Cocine destapado en el microondas a fuego alto por 5-7 minutos hasta tomar la consistencia de tapioca, moviendo una vez.
5. Vierta en el molde engrasado para darle forma.
6. Coloque encima un plato y voltee para sacar del molde el *Halwa*.
7. Adorne con almendras.

Capítulo VI

Cocteles

Piso de la galería del Dormitorio de Mayores y de las Religiosas del Sagrado Corazón, hoy galería del Decanato de Desarrollo, segundo piso, alas derecha e izquierda del Edificio de Administración.

Coctel Formal 1

- *Roast beef*
- Canapés de queso
- Platón de *crudités* con *tapenade*
- *Pâté* de hígado
- Bocaditos de maíz y canela
- Tomatitos con salmón
- Tartitas de guayaba
- *Champagne brut*

Roast beef
Carmen Luisa Neváres de Ubarri

2 1/2 horas
20 personas

Ingredientes:
1 posta de *roast beef* de 10 libras
sal y pimienta a gusto
1 pote de mostaza

Procedimiento:
1. Adobe la carne con sal y pimienta a gusto.
2. Cubra con mostaza.
3. Precaliente el horno a 500ºF.
4. Hornee la carne por 1/2 hora.
5. Apague el horno y sin abrirlo deje la carne un tiempo más en el horno (1/2 hora por cada libra); si la pieza pesa más de 5 libras se baja el horno a 350ºF.
6. Sirva acompañado de panecillos de huevo.

Canapés de queso y mayonesa
Rosi Cancio de Rabell

15 minutos
8-10 personas

Ingredientes:
1 taza de mayonesa
1/4 taza de queso parmesano
6 dientes de ajo machacados
1 libra de pan francés

Procedimiento:
1. Una bien la mayonesa, el queso y los ajos.
2. Corte el pan en rebanadas finas; unte con la mezcla por un solo lado.
3. Coloque en una lámina con teflón y hornee en el asador por 4 minutos hasta que doren.
4. Sirva caliente.

Tapenade
Esther María de Navas

15 minutos
20 personas

Ingredientes:
8 aceitunas negras
1 latita de 2 onzas de anchoa
3 dientes de ajo picados
1 cucharada de mostaza tipo *Dijon*
perejil a gusto
4 onzas de alcaparrado
1 lata de 6 onzas de atún oscuro en aceite
tomillo, sal, pimienta y limón a gusto

Procedimiento:
1. Una todos los ingredientes en el procesador de alimentos.
2. Sirva como *dip* acompañando una bandeja de *crudités* compuesta de: apio verde, zanahoria, coliflor y brécol.

Pâté de hígado
Rina Biaggi

Ingredientes:
1/2 libra de hígado de ternera
2 tazas de agua
1 cebolla rebanada
sal y pimienta a gusto
1/2 libra de jamón cocido
1 yema de huevo duro
1 latita de 4 onzas de pimientos morrones
3 cucharadas de queso de bola
4 onzas de mantequilla

Procedimiento:
1. Cocine el hígado con la cebolla, la sal y la pimienta en el agua hasta que hierva
2. Escurra y reserve el caldo.
3. Licúe todos los ingredientes en el procesador de alimentos.
4. Suavice la mezcla con el caldo reservado y añada la mantequilla.
5. Mezcle bien y coloque en un envase atractivo.
6. Enfríe y sirva con galletitas.

30 minutos
15 personas

La canela es la corteza de un bello árbol de hoja perenne, llamado el canelero. Existen dos especies principales, el canelero de Ceilán y el de la India.

Secretos de la Buena Cocina

Bocaditos de maíz y canela
Gisela T. Joseph Rodas

Ingredientes:
1 taza de harina de trigo
1 taza de harina de maíz
2 cucharaditas de polvo de hornear
1 cucharadita de canela en polvo
1/2 taza de azúcar morena
1 cucharadita de sal
4 onzas de mantequilla a temperatura ambiente
1 huevo
1 1/2 taza de leche

Procedimiento:
1. Cierna las harinas, el polvo de hornear, la canela, el azúcar y la sal.
2. Incorpore la mantequilla y mezcle bien.
3. Agregue el huevo y la leche poco a poco, moviendo hasta que una bien.
4. Fría en aceite caliente echando la mezcla por cucharadas.

15 minutos
2 docenas

Tomatitos con salmón
Enid Toro

Ingredientes:
50 tomatitos (*cherry tomatoes*)
1 lata de 15 onzas de salmón
8 onzas de queso crema
jugo de un limón
perejil fresco

Procedimiento:
1. Corte los tomatitos en mitades.
2. Limpie el interior con la cucharita de hacer bolitas de melón y escurra sobre papel toalla.
3. Mezcle el salmón, el queso y el limón.
4. Rellene los tomatitos con esta mezcla.
5. Sirva adornado con perejil.

45 minutos
20 personas

"Arroyo sabe a caimito,/Culebra me sabe a sal,/
a plátanos Corozal,/a guayabas Aibonito.."

Luis Rivera Rivera
Los sabores de mi tierra

Tartitas de guayaba
Jackeline Biscombe

Ingredientes:
2 tazas de harina de trigo
1 taza de azúcar
2 huevos
4 onzas de mantequilla
1/4 cucharadita de extracto de almendra
1 cucharada de polvo de hornear
1/4 cucharadita de sal
canela en polvo a gusto
4 onzas de pasta de guayaba

Procedimiento:
1. Una en el procesador de alimentos todos los ingredientes, menos la guayaba, para formar una masa.
2. Enfríe en la nevera por 2 horas o de un día para otro.
3. Corte la pasta de guayaba en trocitos de 1" X 1/4" de espesor.
4. Coloque moldecitos de papel en mini-moldes de hacer molletes *(muffins)* o engrase los moldes.
5. Eche la masa por cucharaditas dentro de cada molde; coloque un trozo de guayaba y cubra con otra cucharadita de masa.
6. Hornee a 325ºF por 20-25 minutos.
7. Saque el molde enseguida si usa vasitos de papel o deje refrescar primero si usa molde engrasado.

45 minutos
2 docenas

El *BUFFET*

La mesa *buffet*:

- pegue la mesa a la pared, como en el ejemplo, si necesita espacio;
- repita el *buffet* en ambos lados de la mesa, si el número de invitados es grande, para evitar la espera al momento de servir;
- coloque en la mesa un atractivo adorno de flores, follaje o frutas;
- coloque desde el principio los postres en la mesa si es grande, si no, tráigalos ya servidos en platos individuales;
- revise su vajilla y cubiertos asegurándose de que alcanzan para todos los invitados;
- utilice bandejas de distintas formas y tamaños para hacer la mesa más atractiva.

El menú del *buffet*:

- determine que platos preparará en la casa y cuales ordenará afuera;
- incluya variedad de platos fríos y calientes;
- prepare entremeses que puedan servirse con la mano;
- corte la carne para evitar que sus invitados lo hagan.

Tipos de *buffet*:

Para comer de pie:
- evite comidas que requieran usar cuchillos.

Para comer sentado:
- disponga de mesitas individuales;
- coloque de antemano los cubiertos, las copas y la botella de vino en cada una de ellas.

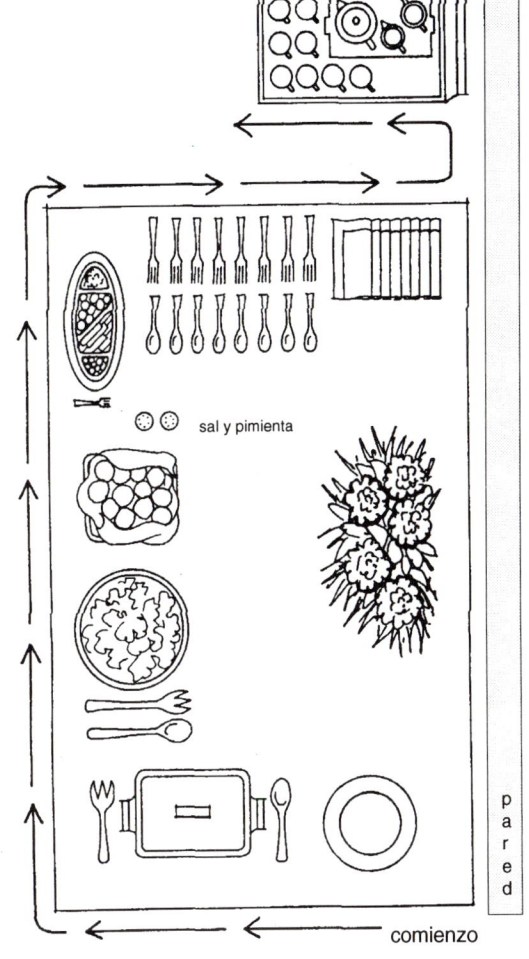

Coctel Formal 2

- *Pie* de caviar
- *Dip* de alcachofas
- Jamón con hueso
- Antipasto de pollo
- Albondiguitas agridulces
- Brochetas de camarones
- Bocaditos de limón
- Coctel de manzana, vino y ginebra

Pie de caviar
Sonia González de Mora

1 hora
10-15 personas

Ingredientes:

1er piso
2 huevos duros picaditos
1/2 cebolla rallada
2 onzas de mantequilla a temperatura ambiente

2do piso
1 latita de 2 onzas de anchoa
2 cucharadas de mayonesa

3er piso
1 latita de 3.5 onzas de caviar
1/2 cebolla rallada
jugo de 1/2 limón

Procedimiento:
1. Coloque en una bandejita de cristal llana, ovalada o rectangular, la mezcla de los ingredientes del primer piso.
2. Enfríe en la nevera para que se compacte bien.
3. Mezcle los ingredientes del segundo piso; coloque sobre la mezcla de huevo y enfríe en la nevera hasta que endurezca.
4. Mezcle los ingredientes del tercer piso; coloque sobre la mezcla de anchoa y enfríe en la nevera hasta el momento de servir.
5. Sirva con un cuchillo ancho partiendo verticalmente para obtener una muestra de los tres pisos.
6. Acompañe con galletitas.

El caviar son los huevos del esturión, pez que vive principalmente en el Mar Caspio, lo que permite que tanto Rusia como Irán sean sus abastecedores principales en el mercado mundial.

Enciclopedia Espasa-Calpe

Dip de alcachofas
Cynthia Morales

15 minutos
8 personas

Ingredientes:
1 lata de 14 onzas de corazones de alcachofas
4 cucharadas de mayonesa
3/4 taza de queso parmesano

Procedimiento:
1. Pique y desbarate las alcachofas.
2. Mezcle bien con la mayonesa y el queso.
3. Caliente en el microondas por 3 minutos.
4. Sirva con galletitas

Jamón con hueso
Carmen Luisa Neváres de Ubarri

Ingredientes:
1 jamón con hueso de 20 libras
1 botella de 25 onzas de vino seco de cocinar
1 lata de 46 onzas de jugo de piña
2 libras de azúcar negra
1 cucharada de clavos de especia en polvo
12 onzas de mermelada de melocotón

Procedimiento:
1. Lave el jamón sin quitarle la piel.
2. Dele muchos pinchazos fuertes con un tenedor de cocina.
3. Coloque en un caldero grande y cubra con: el jugo de piña, 1 libra de azúcar, el clavo, la botella de vino menos una taza y agua suficiente para cubrir el jamón hasta la mitad.
4. Cocine a fuego hasta que hierva; baje el fuego y al cabo de una hora voltee el jamón y hierva por una hora adicional.
5. Saque el jamón del caldero y aún caliente quite fácilmente la piel, corte gran parte de la grasa dejando una capa fina alrededor.
6. Coloque en un recipiente de hornear y dele unos cortes superficiales en forma de diamantes.
7. Mezcle la mitad de la mermelada con media libra de azúcar y la taza de vino reservada.
8. Vierta sobre el jamón, tape y guarde en la nevera hasta el día siguiente.
9. Mezcle el resto de la mermelada y del azúcar y cubra el jamón por encima con esta mezcla.
10. Cocine en horno precalentado a 400ºF hasta que dore bien.
11. Sirva entero acompañado de panecillos, mayonesa, mostaza y el líquido que soltó al hornearse.

2 1/2 horas
20 personas

Antipasto de pollo
Carmen Luisa Ubarri

Ingredientes:
1 latita de 5 onzas de pollo desmenuzado
1/2 taza de aceitunas negras rebanadas
3/4 taza de pepinillos encurtidos rebanados
1 pote de 3 onzas de setas rebanadas
1/4 taza de aderezo italiano
1/4 taza de *ketchup* con cebollas

Procedimiento:
1. Mezcle el pollo con las aceitunas, los pepinillos y las setas.
2. Combine el aderezo con el *Ketchup* y agregue a la mezcla de pollo.
3. Guarde en la nevera por 24 horas.
4. Sirva acompañado de galletitas saladas.

20 minutos
8-10 personas

Albondiguitas agridulces

Carmen Luisa Neváres de Ubarri

Ingredientes:
- 1 taza de relleno de pan
- 1 taza de leche
- 1 cebolla grande picadita
- 1 cucharada de perejil seco
- 1 cucharada de salsa inglesa
- 1 cucharadita de sal
- 1 libra de carne molida
- 12 onzas de jalea de uva
- 1 frasco de 12 onzas de salsa *chili*

Procedimiento:
1. Moje bien el pan con la leche e incorpore la cebolla, el perejil, la salsa inglesa y la sal.
2. Mezcle con la carne.
3. Forme bolitas pequeñas y fría en una pulgada de aceite caliente hasta dorar.
4. Seque las bolitas sobre papel absorbente y descarte el aceite del caldero sin lavarlo.
5. Caliente en ese caldero a fuego moderado la salsa *chili* y la jalea hasta que ésta se derrita.
6. Añada las albondiguitas y cocine por media hora más.
7. Sirva con palillitos en un *chafing dish*.

30 minutos
8-10 personas

Brochetas de camarones

Mayda Cortés Rodríguez

Ingredientes:
Brochetas-
- 1 libra de camarones tamaño mediano
- sal, ajo y orégano a gusto
- 1 pimiento verde grande cortado en pedazos
- 2 cebollas cortadas en pedazos
- 1 lata de 15.5 onzas de piña en pedazos

Salsa agridulce -
- el jugo escurrido de la lata de piña
- 3 gotas de salsa inglesa
- 3 cucharadas de *ketchup*
- 1/2 cucharada de azúcar

Procedimiento:
Brochetas-
1. Limpie los camarones quitándole la concha y la línea negra que corre a lo largo de su cuerpo.
2. Adobe con sal, ajo y orégano.
3. Hierva el pimiento en agua para cocinarlo.
4. Prepare las brochetas ensartando alternadamente un camarón, un pedazo de cebolla, de pimiento y de piña.
5. Hornee a 400ºF por 20-30 minutos.
6. Sirva acompañado de la salsa agridulce.

Salsa agridulce-
Combine todos los ingredientes en un cacerolita y cocine hasta que hierva.

45 minutos
4 personas

Bocaditos de limón
Gloria Rodríguez de Idrach

Ingredientes:
Masa-
4 onzas de mantequilla
1 taza de harina
1/2 taza de azúcar pulverizada

Relleno-
1 taza de azúcar
2 cucharadas de harina
1/2 cucharadita de polvo de hornear
2 huevos enteros
3 cucharadas de jugo de limón

Procedimiento:
Masa-
1. Mezcle la mantequilla con la harina y el azúcar.
2. Vierta en un molde de hornear 8" X 8" engrasado.
3. Hornee a 350ºF por 15 minutos.

Relleno-
1. Mezcle en la licuadora todos los ingredientes.
2. Vierta sobre la masa ya horneada.
3. Hornee a 350ºF por 20-25 minutos.
4. Corte en cuadritos cuando enfríe y espolvoree con azúcar pulverizada.
5. Coloque los cuadritos en moldecitos de papel.

1 hora
8-10 personas

El limonero más productivo es el injertado. Da fruto todo el año a partir del cuarto o quinto año y su vida productiva es aproximadamente de 50 años. Italia, Estados Unidos y Brasil son los tres principales productores mundiales de limón.

World Book Encyclopedia

Coctel de manzana, vino y ginebra
Las editoras

Ingredientes:
1 bloque de hielo grande
1 galón de jugo natural de manzana
1 botella de vino *sauterne* o blanco del *Rhin*
1 botella de ginebra

Procedimiento:
1. Prepare el bloque de hielo en el congelador el día antes.
2. Mezcle en una bulera el jugo, el vino y la ginebra.
3. Enfríe con el bloque de hielo y sirva.

15 minutos
20 personas

Coctel Formal 3

- Bolitas de queso
- Quiche Lorraine
- Filete al tiempo
- Camarones en cerveza
- Endibias rellenas de queso
- Higados de pollo al vino
- Bombones de chocolate
- Sangría de tres vinos

Bolitas de queso
Sara González de Pagán

30 minutos
6-8 personas

Ingredientes:
1 libra de queso del país rallado
2 huevos
2 cucharadas de maicena
1 cucharadita de sal
1 cucharadita de polvo de ajo
pizca de pimienta

Procedimiento:
1. Mezcle bien todos los ingredientes hasta formar una masa blanda.
2. Coja la mezcla por cucharaditas y forme bolitas.
3. Fríalas en aceite volteando hasta que adquieran un color marrón claro parejo.

Quiche Lorraine
Carmen Luisa Neváres de Ubarri

1 1/4 hora
8-10 personas

Ingredientes:
Masa -
1 cajita de 10 onzas de masa de *pie* instantánea
1 cucharada de mantequilla

Relleno -
6 huevos
3 tazas de queso suizo rallado
3 tazas de crema de leche
1 cucharada de cebolla rallada
1 1/2 cucharadita de sal
pizca de pimienta
1 libra de tocineta frita y picada en pedazos

Procedimiento:
1. Prepare la masa según instrucciones de la caja.
2. Extienda con un rodillo y con esta masa cubra un molde de hornear rectangular engrasado.
3. Ponga en la nevera hasta que el relleno esté preparado.
4. Bata los huevos para unirlos, sin hacer espuma.
5. Incorpore el queso, la crema, la cebolla, la sal, la pimienta y por último la tocineta.
6. Saque el molde de la nevera, úntele la mantequilla y vierta la mezcla de huevos.
7. Cocine en horno precalentado a 375ºF por 40-50 minutos o hasta que dore.
8. Deje enfriar y corte en pedazos para servir.

Filete al tiempo
Carmen Luisa Neváres de Ubarri

Ingredientes:
1 filete de res de 3 ó 4 libras
3 dientes de ajo machacados
1 cebolla pequeña picada
4 granos de pimienta
4 cucharaditas de sal
1/2 cucharadita de jugo de limón

Procedimiento:
1. Adobe el filete con la mezcla del ajo, la cebolla, la pimienta, la sal y el limón.
2. Déjelo macerar en la nevera de un día para otro.
3. Cocine el filete en horno precalentado colocándolo cerca del asador.
4. Sáquelo del horno cuando dore.
5. Rebánelo finito y sirva frío acompañado de panecillos, mayonesa y mantequilla.

30 minutos
6-8 personas

"Ninguna mesa está bien adornada si la templanza está ausente de ella."

R. Julio

Camarones en cerveza
Carmen Luisa Neváres de Ubarri

Ingredientes:
1 bolsa de 3 libras de camarones grandes congelados
2 latas de cerveza

Salsa #1 -
1 pote de 12 onzas de *cocktail sauce*
5-6 gotas de limón

Salsa #2 -
1 taza de mayonesa
1/4 taza de *Ketchup*
jugo de medio limón
1 cucharada de *India relish*

Procedimiento:
1. Vierta en una olla grande las cervezas y agua hasta llenar más de la mitad de la olla; hierva a fuego alto.
2. Incorpore entonces los camarones congelados.
3. Deje hervir una segunda vez por 15 minutos y retire los camarones enseguida.
4. Cuele y enfríe los camarones en la nevera.
5. Prepare las salsas mezclando sus respectivos ingredientes.
6. Sirva los camarones acompañados de las salsas.

45 minutos
8-10 personas

Endibias rellenas con queso
Las editoras

30 minutos
10-15 personas

Ingredientes:
14 onzas de queso cremoso suave
1 mazo de berros picado
sal y pimienta a gusto
2 endibias deshojadas y lavadas
2 tomates pelados, sin semillas y picados en cuadritos

Procedimiento:
1. Mezcle el queso con los berros, la sal y la pimienta.
2. Disponga las hojas de endibia en una bandeja y rellene cada una con un poco de la mezcla de queso.
3. Adorne con los cuadritos de tomate.

La endibia se origina en Bélgica como fruto nesperado del *witloof*. Los belgas lo cultivaban y utilizaban sus raíces, secas y molidas como sustituto del café.

Por accidente, un año, una planta de *witloof* fue olvidada en un almacén oscuro y le brotaron hojas blancuzcas, siendo entonces bautizado como endibia. Por sus delicadas hojas y particular proceso de crecimiento en la oscuridad, la endibia se catalogó alimento *gourmet*.

Victory Garden Cookbook

Hígados de pollo al vino
Las editoras

8-10 personas

Ingredientes:
1 libra de hígados de pollo cortados en mitades
3 cucharadas de mantequilla
1/4 taza de cebolla picadita
1/4 taza de perejil picadito
1 tomate pelado y picado
3 onzas de vino Madeira
sal y pimienta a gusto

Procedimiento:
1. Sofría la cebolla, el perejil y los hígados en la mantequilla derretida hasta que doren.
2. Incorpore el tomate y continúe la cocción por 15 minutos más.
3. Agregue el vino y cocine por 30 minutos o hasta que los hígados estén blandos.
4. Sirva con palillos.

Bombones de chocolate
Georgina Ruisánchez

Ingredientes:
1 libra de chocolate amargo
1 libra de mantequilla sin sal
1 libra de azúcar
12 huevos separados
1 cucharada de vainilla
almendras tostadas y picaditas

Procedimiento:
1. Derrita el chocolate a baño de María y deje refrescar.
2. Bata la mantequilla con el azúcar hasta quedar blanca.
3. Agregue las yemas primero y luego el chocolate fresco, envolviendo sin batir.
4. Bata las claras a punto de nieve y añada de forma envolvente.
5. Sazone con la vainilla.
6. Vierta en un molde redondo grande.
7. Ponga en el congelador de un día para otro.
8. Sáquelo del molde poniéndolo primero en agua caliente unos minutos.
9. Adorne con las almendras y regrese al congelador.
10. Sirva cortado en cuadritos colocados en moldes individuales de papel.

30 minutos-preparación
12 horas-congelacion
8-10 personas

El kiwi es una fruta rica en vitamina C que se ha popularizado en los últimos años. Procede originalmente del sudeste de la China y se le conocía como *chinese gooseberry*.

Nueva Zelanda es hoy en día su principal productor; allí adoptó un nuevo nombre, kiwi, de un pájaro neozelandés que no vuela y al que se asemeja por su color y forma.

World Book Encyclopedia

Sangría de tres vinos
Sara González de Pagán

Ingredientes:
2 botellas de vino blanco
2 botellas de vino rosado
2 botellas de vino tinto
6 latas de 11 onzas de *Seven Up*
2 *kiwis* pelados y picados en ruedas
1 bloque de hielo grande

Procedimiento:
1. Prepare el bloque de hielo en el congelador un día antes.
2. Vierta las tres botellas de vino en una bulera.
3. Añada el *Seven Up* y el hielo.
4. Adorne con la fruta.

15 minutos
30 personas

Coctel Informal 1

- Camarones al limón
- Paté de atún
- Mollejas al vino
- Sorpresa Brie
- Dip de espárragos
- Frituras de yautía
- Polvorones de nueces
- Sangría con frutas

Camarones al limón
Jackeline Biscombe

Ingredientes:
1 libra de camarones grandes
2 onzas de mantequilla
1 hoja de laurel
1/4 cucharadita de sal
1/8 cucharadita de pimienta
4 gotitas de salsa Tabasco
jugo de 2 limones verdes pequeños
2 ramitas de eneldo fresco picado

Procedimiento:
1. Limpie y pele los camarones.
2. Derrita la mantequilla a fuego moderado en una sartén grande e incorpore el laurel.
3. Añada los camarones volteándolos a los 4-5 minutos cuando se tornen rosados.
4. Agregue el resto de los ingredientes y cocine 10 minutos más.

15 minutos
4 personas

* Utilice también esta receta como plato principal para 2 personas y acompañe con arroz blanco.

Quien encuentra un amigo, encuentra un tesoro.

Sentencia popular

Pâte de atún
Marina Martínez de Fernández Paoli

Ingredientes:
8 onzas de queso crema
2 cucharadas de salsa *chili*
2 cucharadas de perejil en polvo
1 cucharadita de polvo de cebolla
2 cucharadas de salsa *Hot pepper*
2 latas de 7 onzas de atún blanco escurridas
perejil fresco

Procedimiento:
1. Mezcle el queso con el *chili*, el perejil, la cebolla y la salsa *Hot pepper*.
2. Incorpore el atún desbaratado.
3. Pase esta mezcla por el procesador de alimentos.
4. Vierta en un envase y deje enfriar en la nevera por 3 horas o de un día para otro.
5. Sirva adornado con perejil fresco y acompañado de galletitas.

15 minutos
8-10 personas

Mollejas al vino con especias

Margarita Pumarada Van Kirk

Ingredientes:
3 libras de mollejas frescas de pollo

Adobo -
6 dientes de ajo machacados
1 cucharadita de aceite de oliva
1 cucharada de vinagre
1 cucharada de jugo de limón
sal a gusto

Guiso -
3 cucharadas de mantequilla
1 cucharada de aceite de oliva
1 cebolla grande picada
2 tallos de apio verde picaditos
1 pimiento verde picadito
3 ajíes dulces picaditos
1 lata de 4 onzas de pimientos morrones
1 hoja de laurel
1/2 cucharadita de pimienta en granos
1 cucharadita de perejil picado
1/4 cucharadita de romero
1/4 cucharadita de albahaca
1/4 cucharadita de salvia
1/8 cucharadita de tomillo
1/8 cucharadita de estragón
1/8 cucharadita de mejorana
2 tazas de caldo de pollo
3/4 taza de vino blanco

Procedimiento:
1. Lave las mollejas y adóbelas.
2. Dore ligeramente las mollejas en la mantequilla derretida con el aceite en un caldero grande.
3. Incorpore todos los ingredientes sólidos moviendo siempre y luego añada el caldo y el vino.
4. Tape, baje el fuego y cocine alrededor de 1 1/2 hora o hasta que las mollejas estén blandas.

2 horas
12 personas

Las especias se diferencian fundamentalmente de las hierbas aromáticas porque solo crecen en los trópicos mientras que las hierbas se dan en climas templados.

De las especias rara vez se aprovechan sus hojas, como es el caso de las hierbas, más bien se utilizan sus tallos, raíces o semillas.

Secretos de la Buena Cocina

Sorpresa Brie
Margarita Pumarada Van Kirk

45 minutos
8-10 personas

Ingredientes:
1 rollo de 8 onzas de masa para *croissants*
2 cucharadas de mostaza
2 cucharadas de mayonesa
12 onzas de queso *Brie*
1 huevo batido

Procedimiento:
1. Abra la masa y una las divisiones para que quede entera.
2. Unte la masa con la mostaza y la mayonesa.
3. Coloque el queso en el medio y forme una bolsita uniendo las puntas de la masa en el centro, sellando bien todos los lados para evitar que el queso se salga.
4. Pinte con el huevo batido.
5. Hornee a 350ºF por 30 minutos.
6. Deje reposar por 20 minutos.
7. Acompañe con galletitas.

* Al servir corte con un cuchillo dentado.

Dip de espárragos
Yolanda García de Torres

20 minutos
15-20 personas

Ingredientes:
3 latas de 15 onzas de espárragos desmenuzados
3 dientes de ajo machacados
8 onzas de queso crema
3 cucharadas de mayonesa

Procedimiento:
1. Mezcle los espárragos con los ajos.
2. Agregue el queso y la mayonesa.
3. Sirva con galletitas o Doritos.

Mofonguitos de plátano
Carmelita Lefranc

1 hora
24 personas

Ingredientes:
8 plátanos verdes mondados y picados
1 libra de tocineta frita y desbaratada
12 granos de ajo machacados

Procedimiento:
1. Hierva los plátanos en agua con sal.
2. Májelos en un pilón.
3. Añada los ajos, eche poco a poco la grasa que soltó la tocineta al freirla y finalmente la tocineta desbaratada.
4. Amase hasta quedar una masa suave.
5. Forme bolitas y congélelas hasta el momento que vaya a usarlas.
6. Descongélelas y colóquelas en horno precalentado a 375ºF por 15-20 minutos.

Polvorones de nueces
Isabel Sarmiento

Ingredientes:
4 tazas de nueces mixtas sin sal
2 claras batidas a punto de nieve
1 taza de azúcar
1 cucharadita de canela en polvo
4 onzas de mantequilla

Procedimiento:
1. Hornee las nueces a 325ºF por 10 minutos y tritúrelas en el procesador de alimentos.
2. Mezcle aparte las claras con el azúcar, la canela y luego las nueces para formar una pasta espesa.
3. Vierta sobre un molde de hornear de *pizza* engrasado y hornee a 325ºF por 1/2 hora.
4. Voltee cada 10 minutos; se romperá en pedazos.
5. Sirva los pedazos grandes solos o con mantecado.

* Puede conservar las boronías hasta 2 semanas en la nevera y usarlas para cubrir un flan.

30 minutos
8-10 personas

Las nueces son frutos secos con alto valor nutritivo; ricos en grasa y proteínas, todos tienen fósforo y además constituyen la fuente más económica de energía.

Pueden compararse con la carne por la cantidad de proteínas que contienen, pero como no son de origen animal, no tienen exactamente el mismo valor nutritivo.

Secretos de la Buena Cocina

Sangría con frutas
Yolanda García de Ferrer

Ingredientes:
ruedas de 1 china mondada
ruedas de 3 limones mondados
1/2 jarrón de hielo
3 cucharadas rebosantes de azúcar
1/4 taza de jugo de limón
1 taza de jugo de china fresco
1 botella de sangría
1 lata de 11 onzas de soda

Procedimiento:
1. Machaque con una cuchara de palo las ruedas de fruta con el hielo y el azúcar.
2. Agregue los jugos, la sangría y la soda; mueva bien.
3. Sirva inmediatamente.

30 minutos
2 botellas

Coctel Informal 2

- *Fondue* de queso
- Uvas glaseadas
- *Escargots* con setas
- *Dip* de jamón
- *Mousse* de salmón
- Rueditas de dátiles
- Coctel de parcha

Fondue de queso
Sonia González de Mora

Ingredientes:
1 diente de ajo
2 tazas de vino blanco seco
1 1/2 cucharada de harina de trigo
1 libra de queso suizo rallado
8 onzas de queso *gruyère* desmenuzado
1/4 cucharadita de pimienta
1/4 cucharadita de nuez moscada

Procedimiento:
1. Frote el ajo en el fondo de un recipiente para *fondue.*
2. Coloque el recipiente sobre la hornilla y a fuego bajo, mezcle el vino con la harina moviendo constantemente para que no forme grumos.
3. Incorpore poco a poco los quesos, moviendo siempre; mantenga sobre el fuego 10 minutos más o hasta que la mezcla quede pareja.
4. Sazone con la pimienta y la nuez moscada.
5. Retire del fuego y coloque el recipiente sobre un *sterno* encendido para que no se endurezca la mezcla de quesos.
6. Sirva acompañado de pan francés cortado en cuadritos.
7. Acompañe además con uvas glaseadas y vino blanco o cidra, si tiene invitados adultos y hace frío, o jugo de manzana si los invitados son jóvenes y hace calor.

* Si una vez servido el *fondue* espesa mucho, vuelva a calentarlo en la hornilla.

30 minutos
10 personas

Uvas glaseadas
Sonia González de Mora

Ingredientes:
2 racimos de uvas verdes sin semilla cortadas en racimos pequeños
3 claras de huevo
agua
4 cucharadas de azúcar

Procedimiento:
1. Sumerja las uvas en las claras batidas con unas gotas de agua.
2. Escurra y coloque sobre un enrejillado.
3. Espolvoree con el azúcar.
4. Coloque el enrejillado en la nevera y deje secar y enfriar las uvas por dos horas antes de servir.
5. Sirva acompañado del *fondue* de queso.

20 minutos
8-10 personas

Escargots con setas
Sara González de Pagán

30 minutos
8-10 personas

Ingredientes:
6 dientes de ajo machacados
4 onzas de mantequilla
2 cucharadas de aceite de oliva
1/2 cucharadita de perejil
pizca de sal y pimienta
8 onzas de setas frescas rebanadas
1 lata de 6 onzas de *escargots*
caracoles (opcional)

Procedimiento:
1. Sofría los ajos en la mantequilla y el aceite, sin dejar que doren.
2. Sazone con el perejil, la sal y la pimienta.
3. Agregue las setas y los *escargots* moviendo para empaparlos del condimento.
4. Cueza por 15 minutos.
5. Sirva con palillitos o en los caracoles.

Dip de jamón
Yvonne Feliciano de Ortiz

15 minutos
8-10 personas

Ingredientes:
3 latitas de 12 onzas de jamonilla desmenuzada
1 frasco de 16 onzas de queso amarillo para untar
1 lata de 15.5 onzas de piña picadita

Procedimiento:
1. Mezcle la jamonilla con el queso.
2. Agregue 3-4 cucharadas de piña y mezcle bien.
3. Sirva con galletitas saladas.

Mousse de salmón
La editoras

20 minutos
10-15 personas

Ingredientes:
1 lata de 15 onzas de salmón rosado
1 lata de 15 onzas de sopa de crema de camarones
1 pimiento verde picadito
1 cebolla picadita
8 onzas de queso crema blandito
3 sobres de .25 onzas de gelatina sin sabor
1/2 taza de agua tibia

Procedimiento:
1. Desmenuce el salmón y mezcle con la crema de camarones.
2. Incorpore el pimiento y la cebolla.
3. Agregue el queso crema y una bien.
4. Añada la gelatina disuelta en el agua y vierta en molde untado con aceite.
5. Refrigere en la nevera para que cuaje y saque al momento de servir.
6. Sáquelo del molde y sírvalo acompañado de galletitas.

Rueditas de dátiles
Las Editoras

Ingredientes:
2 tazas de dátiles descorozados y picados
1 taza de nueces picadas
6 cucharadas de azúcar
1 taza y 4 cucharadas de bizcocho seco, dulce y pulverizado
crema de leche, la necesaria

Procedimiento:
1. Mezcle los dátiles con las nueces, luego con el azúcar y el bizcocho.
2. Agregue de a poco la crema, mientras amasa con las manos, hasta que tenga consistencia de mazapán y se pueda moldear.
3. Vuelque sobre la mesa previamente espolvoreada con las 4 cucharadas de bizcocho.
4. Amase y dele forma de un cilindro de 2" ó de 1" de diámetro dependiendo del tamaño en que desee las rueditas.
5. Envuelva en papel de aluminio y congele hasta el momento de servir.
6. Corte en rueditas de 1/2" de espesor.

30 minutos
8-10 personas

La palma de dátil es una de las principales fuentes de alimento del Cercano Oriente y Africa del Norte. Al igual que la palma de coco, es de los árboles de mayor utilidad para el hombre.

Sus hojas sirven para tejer canastos; de sus fibras se hacen sogas; su fruto se come y con él se elabora el licor *arack*; sus semillas tostadas sirven como sustituto del café y moliéndolas se les extrae aceite.

Enciclopedia Espasa-Calpe

Coctel de parcha
Sara González de Pagán

Ingredientes:
1 bloque de hielo
2 litros de jugo de parcha o 2 latas de 12 onzas de jugo parcha congelado y diluido
1/2 litro de *vodka*
6 latas de 11 onzas de *Seven Up*

Procedimiento:
1. Prepare un bloque de hielo grande en el congelador el día antes.
2. Mezcle en una bulera la parcha, el *vodka* y el *Seven Up.*
3. Enfríe con el bloque de hielo y sirva.

10 minutos
15 personas

EL COCTEL

El *cocktail party*:

- nació de la costumbre europea de "*prendre l'aperitif*" (tomar el aperitivo);
- En Norteamérica se convirtió en un evento en sí con servicio de alimentos y bebidas.

Ventajas del coctel:

- es ideal para fiestas familiares, aniversario de una empresa, presentación de un nuevo producto, para recibir amigos...
- el anfitrión, no tiene por qué preocuparse de cancelaciones de invitados a última hora;
- los invitados, al no requerírsele la puntualidad inglesa, incluyen el coctel fácilmente en su agenda junto a otros planes;
- es correcto invitar a un coctel "a partir de las ...." o limitarlo "de las ....horas a las ....horas;"
- la asistencia fluctua en un 10% de más o menos por lo que es aconsejable calcular la comida y la bebida un 10% de más;
- los mozos (o meseros) pueden ofrecer la bebida y los canapés en bandejas ,circulando entre los invitados, o se puede habilitar un bar para que los invitados puedan servirse la bebida.

El menú de un coctel:

- al calcular los canapés fríos y calientes se debe contar con un mínimo de 6 a 10 piezas por persona;
- al calcular la bebida debe contar con un promedio de tres copas por persona en un coctel de dos horas de duración;
- al comprar el vino debe tener en mente que la botella promedia 6 ó 7 copas y el *champagne*, 6 copas;
- al comprar la bebida debe tener en mente la preferencia de los invitados por *whisky*, *vodka*, ron, ginebra o vino.

Coctel Informal 3

- Dip de camarones
- Setas rellenas
- Chorizos al vino
- Bocaditos de coco y nueces
- Coctel de *Champagne*

Dip de camarones
Ivonne Feliciano Ortiz

15 minutos
10 personas

Ingredientes:
1 lata de 5 onzas de camarones grandes
1 frasco pequeño de 8 onzas de mayonesa
1/2 cebolla picadita

Procedimiento:
1. Desmenuce los camarones.
2. Mezcle con la mayonesa y la cebolla.
3. Sirva con galletitas.

Las setas son hongos cuyo color evidencia la ausencia de clorofila; ellas son, no obstante, ricas en vitamina B y en minerales tales como potasio, hierro y fósforo.

Secretos de la Buena Cocina

Setas rellenas
Margarita Pumarada Van Kirk

45 minutos
8 personas

Ingredientes:
16 setas frescas grandes
1 cebolla grande picadita
2 dientes de ajo picaditos
4 tallos de apio verde picaditos
5 cucharadas de mantequilla
1 1/2 taza de caldo de pollo
1/3 taza de perejil fresco picadito
2 tazas de migajas de pan seco pre-sazonado para rellenar
1/2 taza de queso parmesano

Procedimiento:
1. Remueva el tallo a las setas y límpielas con un paño húmedo sin sumergirlas en agua.
2. Coloque en un molde de hornear ligeramente engrasado y reserve.
3. Sofría la cebolla, el ajo y el apio verde en la mantequilla hasta que ablanden; añada el perejil y retire del fuego.
4. Hierva el caldo de pollo; incorpore la mezcla de cebolla.
5. Agregue las migajas de pan y una bien; añada más caldo si el relleno queda muy seco.
6. Rellene las setas con la mezcla y cubra con queso parmesano.
7. Hornee a 350ºF por 10 minutos.

Chorizos al vino
Margarita Pumarada Van Kirk

30 minutos
8-10 personas

Ingredientes:
8 chorizos españoles amarrados estilo longaniza
1 cucharada de aceite de oliva
1 cebolla grande picadita
2 dientes de ajo picaditos
1 lata de 6 onzas de setas rebanadas
1/2 taza de vino blanco o tinto

Procedimiento:
1. Pique los chorizos en ruedas finas.
2. Caliente en una sartén a fuego moderado por 5 minutos hasta que larguen bastante grasa.
3. Retire del fuego, remueva los chorizos y descarte la grasa.
4. Vierta el aceite en la sartén y sofría la cebolla y el ajo por 5 minutos.
5. Incorpore los chorizos y el vino; tape y cocine a fuego bajo por otros 5 minutos.
6. Sirva acompañado de pan francés cortado en ruedas.

Bocaditos de coco y nueces
Sonia González de Mora

1 hora
8-10 personas

Ingredientes:
2 huevos
2 tazas de azúcar negra
1/8 cucharadita de sal
1/2 cucharadita de vainilla
2 tazas de coco rallado
1/4 taza de nueces picadas
6 cucharadas de harina

Procedimiento:
1. Bata los huevos hasta quedar cremosos.
2. Incorpore el azúcar, la sal y la vainilla y continúe batiendo.
3. Agregue el coco, las nueces y por último la harina poco a poco y mezcle bien.
4. Vierta en un molde cuadrado engrasado de 9".
5. Cocine por 30 minutos en horno precalentado a 350ºF.
6. Deje enfriar por 10-15 minutos y corte en cuadritos.

* Estos bocaditos son de consistencia húmeda y pegajosa.

Coctel de *champagne*
Margarita Pumarada Van Kirk

10 minutos
6-8 personas

Ingredientes:
1 bloque de hielo
1 botella de *champagne brut*
2 latas de 11 onzas de *Seven Up*

Procedimiento:
1. Prepare un bloque de hielo en el congelador el día antes.
2. Mezcle en una bulera el *champagne* y el *Seven Up*.
3. Enfríe con el bloque de hielo y sirva.

Capítulo VII

Festejos

Piso de la Enfermería del Pensionado, hoy Oficina de la Decana de Desarrollo, segundo piso, ala derecha del Edificio de Administración.

Navidad

- Queso del país a la vinagreta
- Frituras de yuca
- Filete navideño
- Rollo de papa
- Ensalada de tomates y pimientos asados
- Budín de arroz
- Coquito de ron
- Ponche al ron

Queso del país a la vinagreta
Sara González de Pagán

30 minutos
12 personas

Ingredientes:
1 pimiento verde grande *bell* picadito
1 pimiento rojo grande *bell* picadito
1 cebolla picadita
1/2 taza de aceite de oliva
3/4 taza de vinagre
3 quesos del país de 7 onzas, tipo *Indulac*, cortados en cuadritos de 1/2"

Procedimiento:
1. Mezcle los pimientos y la cebolla con el aceite y el vinagre.
2. Vierta una tercera parte en el fondo de un recipiente refractario.
3. Coloque encima los quesos.
4. Vierta la mezcla de pimientos restantes sobre el queso.
5. Hornee a 350º F por 25 minutos.

"¡Canta con el corazón toda la humanidad,
que ha nacido el Niño Dios,
Rey de la cristiandad.
A casa del Siño Ney le vamos a cantar,
y una fiesta en el batey
le vamos a formar!"

Rafael Hernández
La Trulla

Frituras de yuca
Jacqueline Biscombe

45 minutos
6-8 personas

Ingredientes:
1 libra de yuca rallada
1 huevo
1 cucharadita de vinagre
1 cucharadita de sal
1/4 cucharadita de pimienta
1/3 taza de queso del país
aceite para freír
adobo en polvo

Procedimiento:
1. Mezcle en una licuadora la yuca con el resto de los ingredientes para formar una masa pastosa.
2. Eche la mezcla por cucharaditas en aceite bien caliente a fuego mediano alto.
3. Fría hasta que dore bien volteando de vez en cuando.
4. Espolvoree con adobo en polvo al servirlos.

Filete navideño
Cynthia Morales

Ingredientes:
3 pepinos grandes cortados en rebanadas de 1/4"
1 diente de ajo machacado
5 cucharadas de mantequilla
2 1/2 libras de filete de res limpio
sal y pimienta
14 onzas de setas frescas rebanadas
3 cucharadas de harina
2 tazas de caldo de res
1 taza de crema de leche
8 tomates cortados en gajos

Procedimiento:
1. Hierva los pepinos en agua con sal hasta que ablanden; luego escurra y coloque en platón refractario enmantequillado.
2. Sofría el ajo en la mantequilla y luego el filete hasta que dore por ambos lados.
3. Sazone el filete con sal y pimienta; cocine tapado 5 minutos más y retírelo del fuego.
4. Corte el filete en rebanadas y acomódelo sobre los pepinos.
5. Sofría las setas en la mantequilla restante por 5 minutos; sazone con sal y pimienta y espolvoree con harina revolviendo bien.
6. Agregue el caldo de res, poco a poco, moviendo por 5 minutos más hasta que la salsa espese.
7. Añada la crema de leche y revuelva.
8. Vierta la salsa sobre el filete.
9. Coloque los tomates alrededor del filete.
10. Cocine en horno precalentado a 450ºF por 15 minutos.

1 hora
4-6 personas

"Ha nacido en un portal,
llenito de telarañas,
entre la mula y el buey,
el Redentor de las almas.

• • • • • • • • • • • • •

En Belén tocan a fuego,
del portal sale la llama,
es una estrella del cielo,
que ha caído entre las pajas."

Amaury Veray
Villancico Yaucano

Rollo de papa
Yolanda García de Ferrer

45 minutos
8-10 personas

Ingredientes:
3 libras de papas
aceite, vinagre y sal a gusto
2 huevos hervidos bien picaditos
1/2 lata de 4 onzas de pimientos morrones
2 onzas de aceitunas picaditas

Procedimiento:
1. Hierva, maje y sazone las papas con aceite, vinagre y sal; dele un sabor fuerte que luego se reducirá con el frío de la nevera.
2. Eche las papas sobre papel parafinado formando un rectángulo.
3. Rellene todo a lo largo con los huevos, los pimientos y las aceitunas.
4. Enrolle como brazo gitano y envuelva con el papel parafinado.
5. Prepare un día antes y guarde en la nevera.

La luna está clara, / la noche serena;
que por muchos años / tengan noche buena

Tradición oral
Puerto Rico

Ensalada de tomates y pimientos asados
Jacqueline Biscombe

45 minutos
6 personas

Ingredientes:
3 tomates grandes
2 pimientos verdes grandes
2 cebollas grandes

Aliño-
1/2 taza de aceite de oliva
2 cucharadas de vinagre
1/2 cucharadita de sal
1/8 cucharadita de pimienta
1/2 cucharadita de orégano

Procedimiento:
1. Ase en el *broiler*, los tomates, los pepinillos y las cebollas sin pelar por 20-30 minutos hasta quedar bastante quemados y voltéelos a mitad de cocción.
2. Deje enfriar; pele y corte en tiras anchas.
3. Prepare el aliño y vierta sobre los vegetales.
4. Refrigere hasta el momento de servir.

*   Esta ensalada dura una semana al guardarse en un frasco bien sellado en la nevera.

Budín de arroz
Cynthia Morales

Ingredientes:
1 1/2 taza de arroz cocido y de consistencia blanda
3 tazas de leche evaporada
1 taza de agua
2 onzas de mantequilla derretida
4 huevos separados
1 1/2 taza de azúcar
2 rajas de canela
1 cucharadita de ralladura de limón
2 cucharaditas de vainilla
1/2 taza de harina preparada

Procedimiento:
1. Cueza el arroz con la leche, el agua y la mantequilla.
2. Mezcle el arroz con las yemas de huevo y el azúcar.
3. Sazone con la canela, la ralladura de limón y la vainilla.
4. Incorpore poco a poco la harina y las claras batidas a punto de nieve uniendo en forma envolvente.
5. Vierta en molde de hornear rectangular engrasado.
6. Hornee a 350ºF por una hora o hasta que el cuchillo salga limpio.

1 1/2 hora
8-10 personas

Coquito de ron
Sara González de Pagán

Ingredientes:
2 latas de 16 onzas de crema de coco
1 litro de ron blanco
2 latas de 12 onzas de leche evaporada
1 lata de 14 onzas de leche condensada
1 cucharadita de vainilla
pizca de sal y de canela

Procedimiento:
1. Mezcle todos los ingredientes menos la canela
2. Vierta en dos botellas de a litro cada una.
3. Refrigere y sirva frío con una pizca de canela.

30 minutos
20 personas

Ponche al ron
Lileana Acosta de Márquez

Ingredientes:
1 lata de 12 onzas de leche evaporada
1 lata de 14 onzas de leche condensada
3 yemas de huevo
1 cucharadita de vainilla
1/8 cucharadita de nuez moscada
1/4 cucharadita de canela en polvo
1 taza de ron blanco

Procedimiento:
1. Mezcle todos los ingredientes menos el ron y caliente removiendo hasta que espese.
2. Retire del fuego e incorpore el ron.
3. Vierta en una botella de un litro y enfríe en la nevera.

30 minutos
10 personas

Día de Reyes

- Frituras de yautía
- Cabrito en cerveza
- Gandules en vinagreta
- Ensalada de col
- Arroz con leche

Frituras de yautía
Margarita Pumarada Van Kirk

45 minutos
40 bolitas-aproximadamente

Ingredientes:
5 yautías medianas ralladas por el lado más grueso del guayo
6 dientes de ajo machacado
1/2 taza de queso parmesano rallado
1 libra de longaniza picadita
aceite vegetal para freír

Procedimiento:
1. Mezcle la yautía con los ajos y el queso.
2. Forme con la mezcla tortitas en la palma de la mano.
3. Coloque en el centro un pedacito de longaniza y enrolle formando una bolita.
4. Fría a fuego moderado en el aceite volteando para que se dore por ambos lados.

> "Los tres Reyes Magos con grande armonía
> le ofrecen incienso, el oro y la mirra;
> nosotros pastores no tenemos don,
> le ofrecemos flores con el corazón."
>
> José Ignacio Quintón
> Aguinaldo

Cabrito en cerveza
Sonia González de Mora

3 horas
10 personas

Ingredientes:
10 libras de cabro troceado
jugo de 2-3 limones
2 cebollas rebanadas
2 latas de 8 onzas de salsa de tomate
1/2 pote de 12 onzas de sofrito preparado
1 mazo de recao amarrado
2 cubitos de res
15 granos de pimienta
2 libras de jamón de cocinar picado
4 latas de 10 onzas de cerveza
1 botella de 24.5 onzas de vino tinto de cocinar
1 1/2 libra de papas picadas

Procedimiento:
1. Remoje el cabro en agua de limón por 10-15 minutos y enjuague.
2. Ponga la cebolla en el fondo de una olla y encima el cabro troceado.
3. Incorpore el resto de los ingredientes y cocine tapado por 2 horas a fuego lento.
4. Sazone con sal a gusto cuando hierva.
5. Agregue las papas a las 2 horas y cocine 1/2 hora más.
6. Retire el mazo de recao al servir.

Gandules en vinagreta
Digna Pagán

Ingredientes:
2 latas de 16 onzas de gandules
1 cebolla picadita
2 ajíes dulces picaditos
recao largo y corto picadito
1 sobre de 17 onzas de condimento criollo *sazón*
1 taza de aceite de oliva
1/2 taza de vinagre
1 cucharada de sofrito preparado
sal a gusto

Procedimiento:
1. Combine todos los ingredientes y refrigere.

* Prepare un día antes para que los gandules tomen más sabor. Puede mantenerlos fuera de la nevera por un día entero.

25 minutos
6-8 personas

Ensalada de col
Sonia González de Mora

Ingredientes:
6 tazas de agua
1 1/4 taza de vinagre
2 tazas de azúcar negra
2 libras de col cortadas en lonjas finitas
2 cucharadas rebosantes de mayonesa
1-2 cajitas de pasas (blancas preferiblemente)

Procedimiento:
1. Retire el agua de la hornilla cuando hierva y sazone con el vinagre y el azúcar.
2. Incorpore la col; mueva bien y deje reposar tapado por 1/2 hora.
3. Escurra y añada la mayonesa y las pasas.
4. Sirva a temperatura ambiente o fría de nevera.

45 minutos
6-8 personas

Arroz con leche
Cynthia Morales

Ingredientes:
1 1/2 taza de arroz grano corto
1 1/2 taza de agua
1 cucharadita de sal
1 raja de canela
1 tira de corteza de limón
1 lata de 14 onzas de leche de coco
3 latas de 14 onzas de leche fresca
canela en polvo

Procedimiento:
1. Cocine el arroz con el agua, la sal, la canela y el limón.
2. Incorpore las leches cuando se seque.
3. Continúe la cocción a fuego lento hasta que espese revolviendo para que no se pegue.
4. Vierta en una dulcera y espolvoree con canela.

40 minutos
8-10 personas

Cuaresma

- *Mousse* de aguacate
- Sopón de mariscos
- *Crostini* con mostaza
- Mantecado de huevo

Mousse de aguacate
Jacqueline Biscombe

15 minutos
8-10 personas

Ingredientes:
2 cucharadas de aceite
3 aguacates medianos
3 tazas de crema de leche
1 taza de mayonesa
jugo de 3 limones
2 sobres de 1/2 onza de gelatina sin sabor
sal y pimienta a gusto

Procedimiento:
1. Engrase con aceite un molde con hueco en el centro y escurra.
2. Licúe todos los ingredientes y vierta en el molde preparado.
3. Enfríe en la nevera por 3-4 horas antes de servir.

* Este *mousse* pica muy bien y se puede usar como plato principal.

Sopón de mariscos
Cynthia Morales

1 1/2 horas
8 personas

Ingredientes:
1/3 taza de aceite
1 taza de cebolla picadita
1 taza de cebollines *(scallions)* picaditos
3 dientes de ajos machacados
1 lata de 10 onzas de almejas pequeñas
1 lata de 16 onzas de tomate
1 lata de 8 onzas de salsa de tomate
1 taza de vino tinto seco
1/4 taza de perejil picado
2 cucharaditas de sal
1/2 cucharadita de orégano
1/4 cucharadita de albahaca
1/4 cucharadita de pimienta
1 libra de bacalao *(cod)* en pedazos
3/4 libra de chillo en pedazos
1/2 libra de langosta en pedazos o camarones

Procedimiento:
1. Sofría por 10 minutos en el aceite las cebollas y los ajos sazonados con una pizca de pimienta.
2. Agregue el líquido de las almejas, los tomates y el vino.
3. Sazone con las especias, añada 1 taza de agua y mezcle bien.
4. Reduzca el fuego cuando hierva y cocine tapado por 30 minutos más.
5. Añada los pescados y la langosta; cuando hierva baje el fuego y cocine tapado 30 minutos más.

Crostini con mostaza
Cynthia Morales

15 minutos
6-8 personas

Ingredientes:
1 libra de pan de agua (o francés)
4 onzas de mantequilla para untar
6 cucharadas de mostaza
8 cucharadas de queso parmesano rallado

Procedimiento:
1. Corte por el medio horizontalmente la libra de pan.
2. Unte las dos mitades primero con mantequilla y luego con mostaza.
3. Espolvoree con el queso.
4. Dore en el asador.
5. Corte en rebanadas de 1/2" antes de servir.

"¡Término al sacrificio generoso,
la cruz es una escala al cielo santo
y con el último gemido empieza el canto
de la ascención, el renacer glorioso!"

José De Diego
A España II

Mantecado de huevo
Olga Rosa Díaz de Anibarro

30 minutos - preparación
8-10 personas

Ingredientes:
1 litro de leche
cáscara de 1 limón verde
4 huevos
1 taza de azúcar

Procedimiento:
1. Hierva 1/2 taza de leche con la cáscara de limón.
2. Bata los huevos con el azúcar y agregue poco a poco las otras 3 1/2 tazas de leche.
3. Añada la leche hervida y bata un poco más.
4. Cuaje en el congelador y raspe a las 4 horas para suavizar la mezcla. También puede cuajar en garrafa.

> Este mantecado es típico del Puerto Rico preindustrial cuando en los años 20 y 30 nuestras abuelas nos sorprendían con esta deliciosa producción doméstica.

Pascua de Resurrección

- Endibias con salmón
- Pierna de cordero
- Budín de batata
- Ensalada de espinaca con piñones y peras
- Budín de chocolate quebradillano

Endibias con salmón
Jacqueline Biscombe

Ingredientes:
2 rodajas de salmón fresco picados en daditos de 1"
1/2 taza de agua
1 cucharada de mayonesa
1 cucharada de crema agria
jugo de 1/2 limón grande
1/4 cucharadita de eneldo *(dill seeds)*
sal y pimienta a gusto
4 endibias

Procedimiento:
1. Cueza a fuego lento el salmón en agua con sal por 8 minutos; escurra y deje enfriar.
2. Mezcle la mayonesa con la crema, el limón, el eneldo, la sal y la pimienta.
3. Separe las endibias en hojas y coloque trocitos de salmón en cada hoja.
4. Vierta media cucharadita de la mayonesa preparada en cada una.

20 minutos
4-6 personas

Pierna de cordero
Margarita Pumarada Van Kirk

Ingredientes:
1 pierna de cordero de 6-7 libras limpia de grasa
6 dientes de ajo machacados
1 cucharada de romero
sal y pimienta a gusto
ramitas de perejil
1/2 taza de caldo de pollo

Procedimiento:
1. Adobe la pierna con ajos, el romero, la sal y la pimienta.
2. Dele varios cortes superficiales e inserte adobo.
3. Llene con agua el fondo del molde de hornear donde colocará la pierna descansando sobre una parrilla.
4. Cubra la pierna (para que no se seque) con pedazos de la grasa que le quitó.
5. Hornee a 450º F por 45 minutos.
6. Reduzca la temperatura a 350ºF y hornee por 2 horas. Si usa termómetro de carne éste marcará 145ºF al momento de retirar la pierna del horno y la carne cerca del hueso estará rosada.
7. Sirva en bandeja adornada con perejil.
8. Prepare la salsa removiendo el exceso de grasa del molde al que añadirá el caldo de pollo.
9. Sirva en una salsera.

3 horas
6-8 personas

* El tiempo de cocción es de 15-18 minutos por libra.

Budín de batata
Antonieta Maldonado

1 hora
4-6 personas

Ingredientes:
3 tazas de batata hervida y majada
5 huevos
1 1/2 taza de crema espesa
sal y pimienta a gusto

Procedimiento:
1. Mezcle todos los ingredientes.
2. Vierta en un molde de 8" engrasado.
3. Hornee en baño de María a 325ºF por 30 minutos.

Ensalada de espinaca con piñones y peras
Marina Martínez de Fernández Paoli

30 minutos
6-8 personas

Ingredientes:
10 onzas de espinacas frescas
1 pera pelada y picada en cuadritos
1 cucharadita de jugo de limón
1 cucharada de piñones *(pine nuts)* tostados
1 1/2 cucharada de queso romano

Aliño-
1 taza de aceite de oliva
1/2 taza de vinagre de vino blanco
1 cucharadita de mostaza tipo *Dijon*
sal y pimienta a gusto

Procedimiento:
1. Lave las espinacas y escurra.
2. Mezcle la pera con el jugo de limón y los piñones.
3. Incorpore las espinacas y espolvoree con el queso.
4. Prepare el aliño y guarde en la nevera.
5. Sirva bien frío sobre la espinaca mezclando bien.

Budín de chocolate quebradillano
María del Carmen Veray

1 1/3 hora
8-10 personas

Ingredientes:
1 libra de pan especial
3 tazas de leche fresca
2 cuadritos de una barra de chocolate Cortés
2 onzas de mantequilla
3 1/2 onzas de queso blanco del país rallado
1 1/4 taza de azúcar
1l2 cucharadita de polvo de canela
1 cucharadita de clavo en polvo
3 huevos desbaratados
1/2 taza de vino tinto de cocinar
1/2 taza de pasas

Procedimiento:
1. Quite la corteza al pan, desmenuce y remoje en la leche uniendo bien con un tenedor.
2. Derrita a fuego bajo el chocolate en la mantequilla y añada al pan.
3. Agregue el queso, el azúcar, la canela, los clavos y continúe moviendo.
4. Añada los huevos, el vino y las pasas.
5. Hornee en molde 9x9x2 engrasado a 375ºF por 1 1/2 hora; baje a 350ºF la última 1/2 hora.

Acción de Gracias

- Bul de frutas
- *Crostini* con caviar
- Arroz con *vermicelli*
- Pavo relleno de:
  - pan de maíz y salchichas
  - castañas
  - nueces y arándanos
- *Mousse* de batata con *praline*
- Coles de Bruselas al ajillo
- Gelatina de sangría
- Tarta de calabaza

Bul de frutas
Gail Goenaga

20 minutos-preparación
25 personas

Ingredientes:
1 lata de 6 onzas de jugo de limón concentrado
1 lata de 6 onzas de jugo de china concentrado
1 cucharada de especias combinadas (*all spices*)
4 rajas de canela
1 galón de sidra dulce
8 tazas de agua
2 tazas de azúcar

Procedimiento:
1. Mezcle todos los ingredientes
2. Cuele y enfríe en la nevera.
3. Sirva con hielo.

* En los países de clima frío se toma este bul caliente.

Crostini con caviar
Sonia González de Mora

20 minutos
6 personas

Ingredientes:
12 tajadas de 1/2" de espesor de pan italiano
2 dientes de ajo
4 onzas de queso crema o *Mascarpone*
1 cebolla pequeña rallada
2 cucharadas de estragón *(tarragon)*
1 onza de caviar negro escurrido
1/2 cucharadita de pimienta blanca

Procedimiento:
1. Quite la costra al pan y corte en triángulos.
2. Dore en el horno a 375º F por 8 minutos volteando una vez.
3. Frote el pan con el ajo.
4. Unte con la mezcla de queso, cebolla, estragón, caviar y pimienta.

Arroz con *vermicelli*
María Rosa Cervoni

35 minutos
10-12 personas

Ingredientes:
1/2 caja de 16 onzas de *vermicelli* #10
4 onzas de mantequilla
4 tazas de arroz
5 tazas de caldo de pollo
1/4 taza de queso parmesano

Procedimiento:
1. Sofría los *vermicelli* en mantequilla hasta que doren y retire del fuego.
2. Añada el arroz y el caldo mezclando bien.
3. Cocine a fuego mediano - bajo por 20 minutos.
4. Espolvoree con el queso y tape hasta el momento de servir.

Pavo relleno

María Rosa Cervoni

Ingredientes:
Un pavo de 10-15 libras (rinde para 8-10 personas).
10 dientes de ajo
10 granos de pimienta
5 cucharaditas de orégano
5 cucharaditas de sal
5 cucharaditas de aceite
5 cucharaditas de vinagre
1 lata de 10.5 onzas de sopa de setas o *vermouth*
4 onzas de mantequilla

Procedimiento:
1. Adobe el pavo con las especias, el aceite y el vinagre.
2. Rellene con el relleno de su elección.
3. Hornee con la pechuga hacia abajo a 325ºF por 3 1/2-5 horas (25 minutos por libra).
4. Bañe el pavo mientras se hornea con el *vermouth* o la sopa de setas diluida con la mantequilla.

- **relleno de: pan de maíz y salchichas**

Ingredientes:
1/2 libra de salchichas de cerdo
4 tazas de pan de maíz desbaratado
4 tazas de pan seco desbaratado
1 cucharadita de sal
1/4 cucharadita de pimienta
3/4 cucharadita de salvia *(sage)*
1/2 cucharadita de tomillo
1/2 cucharadita de mejorana *(marjoran)*
1/2 taza de cebolla picadita
1/2 taza de apio verde *(celery)* picadito
1/2 taza de pimiento verde picadito
1/2 taza de almendras picadas

Procedimiento:
1. Sofría la salchicha hasta que cueza; saque y desbarate; reserve la grasa.
2. Mezcle el pan de maíz con el pan seco, la sal y las especias y reserve.
3. Saltee la cebolla, el apio verde, el pimiento y las almendras en la grasa reservada.
4. Incorpore la mezcla del pan y un poco de agua hasta obtener la humedad deseada.
5. Cueza el relleno que sobre después de rellenar el pavo en molde tapado por 1 hora, mojándolo ocasionalmente con el líquido del pavo.

30 minutos-relleno para pavo de 12-14 libras

Festejos

• relleno de: castañas

Ingredientes:
- 1/2 libra de castañas frescas ó 1 taza de castañas cocidas
- 1/2 taza de cebolla picadita
- 1/2 taza de apio verde *(celery)* picadito
- 2 onzas de mantequilla
- 3 tazas de pedacitos de pan tostado
- 1 taza de agua caliente
- 1/4 cucharadita de pimienta
- 1 1/2 cucharadita de salvia *(sage)*

Procedimiento:
1. Lave las castañas, dele un corte y aselas por 15 minutos a 500º F.
2. Retire del horno, pele y pique las castañas.
3. Saltee por 5 minutos la cebolla y el apio verde en la mantequilla.
4. Agregue el pan y el agua.
5. Sazone con la sal, la pimienta y la salvia.

25 minutos
relleno para pavo
de 12-14 libras

"Unos tienen comida y no tienen apetito, otros tienen apetito y no tienen comida. Yo tengo ambas cosas, loado sea el Señor."

Oliver Cromwell
Acción de gracias

• relleno de: nueces y arándanos

Ingredientes:
- 1 paquete de 7 onzas de relleno en cuadritos
- 1 taza de cebolla picada
- 1 taza de setas rebanadas
- 1/2 taza de nueces o apacanas *(pecans)*
- 2 onzas de mantequilla
- 1 taza de arándanos *(cranberries)* picados en mitades
- 3 cucharadas de azúcar
- 1/2 taza de perejil picadito

Procedimiento:
1. Prepare el relleno según las instrucciones del paquete.
2. Saltee por 5 minutos la cebolla, las setas y las nueces en la mantequilla.
3. Combine los arándanos con el azúcar y agregue al relleno; mezcle bien.
4. Cocine tapado en el horno por los últimos 30 minutos de cocción del pavo.

* Calcule 1 taza de relleno por cada libra de pavo.

45 minutos
relleno para pavo
de 12-14 libras

Mousse de batata con praline
Marina Martínez de Fernández Paoli

Ingredientes:
Mousse -
1/2 libra de batata amarilla hervida
1/2 libra de batata blanca hervida
8 onzas de queso crema
3/4 taza de azúcar
1 cucharadita de clavo molido
1 cucharadita de jengibre en polvo
1 cucharadita de canela en polvo
1 cucharadita de vainilla
1 sobrecito de gelatina sin sabor
3 cucharadas de ron
2 cucharadas colmadas de crema batida instantánea (cool whip)

Praline-
1 1/2 taza de azúcar
1 taza de nueces o almendras

Procedimiento:
Mousse-
1. Maje las batatas en el procesador de alimentos con el queso y el azúcar.
2. Disuelva la gelatina en el ron y añada las especias.
3. Envuelva con el cool whip y cuaje en la nevera.
4. Espolvoree el mousse con el praline y sirva caliente.

Praline-
1. Haga a fuego alto un caramelo con el azúcar y las nueces.
2. Vierta sobre papel de aluminio engrasado y colocado sobre un molde llano.
3. Deje enfriar y parta en pedazos que pulverizará en el procesador de alimentos.
4. Espolvoree el mousse con el praline y sirva caliente.

40 minutos
4 personas

Coles de Bruselas al ajillo
Jackeline Biscombe

Ingredientes:
2 dientes de ajo picaditos
2 cucharadas de aceite de oliva
2 paquetes de 10 onzas de coles de Bruselas congeladas
1/2 taza de agua
1/2 cucharadita de sal
2 pimientos morrones picados en tiritas

Procedimiento:
1. Dore el ajo en aceite a fuego moderado y reserve.
2. Hierva las coles en agua con sal.
3. Vierta el aceite con ajo sobre las coles.
4. Adorne con tiritas de pimiento.

30 minutos
6-8 personas

Gelatina de sangría
María Rosa Cervoni

20 minutos- preparación
3 horas- refrigeración
8-10 personas

Ingredientes:
3 sobres de 1/4 onza de gelatina sin sabor
2/3 taza de jugo de china fresco
1/3 taza de azúcar
2 cucharadas de jugo de limón
1 1/2 taza de vino tinto seco
5 onzas de agua de soda
1 lata de 16 onzas de frutas mixtas en almíbar escurridas
frutas frescas

Procedimiento:
1. Mezcle la gelatina con el jugo de china y cocine a fuego bajo moviendo 3-4 minutos hasta que la gelatina se disuelva.
2. Retire del fuego; disuelva el azúcar en la gelatina y añada el limón, el vino y la soda.
3. Enfríe moviendo hasta adquirir la consistencia de huevo batido e incorpore las frutas.
4. Vierta en un molde de 6 tazas y cuaje en la nevera.
5. Adorne con frutas frescas al servir.

Tarta de calabaza
Estelita González de Casanova

2 1/2 horas
8-10 personas

Ingredientes:
1 1/2 taza de azúcar
1 taza de calabaza no aguachosa
1 1/2 taza de harina
1 cucharadita de bicarbonato de soda
1/4 cucharadita de polvo de hornear
3/4 cucharadita de sal
1/2 cucharadita de clavo en polvo
1/2 cucharadita de nuez moscada
1/2 cucharadita de canela
1/2 taza de aceite vegetal
1/2 taza de jugo de china o piña
2 huevos
1/2 taza de nueces picaditas
1/2 taza de pasas enharinadas

Procedimiento:
1. Acarameles un molde con 1/2 taza de azúcar.
2. Hierva la batata con sal hasta que ablande y maje.
3. Mezcle con la harina, la soda y el polvo de hornear.
4. Sazone con la sal, las especias y una taza de azúcar.
5. Ablande con el aceite, el jugo y los huevos.
6. Agregue las nueces y las pasas.
7. Hornee a baño de María en horno precalentado a 350ºF por 2 horas o hasta que el palillo salga limpio.

Cómo trinchar un ave

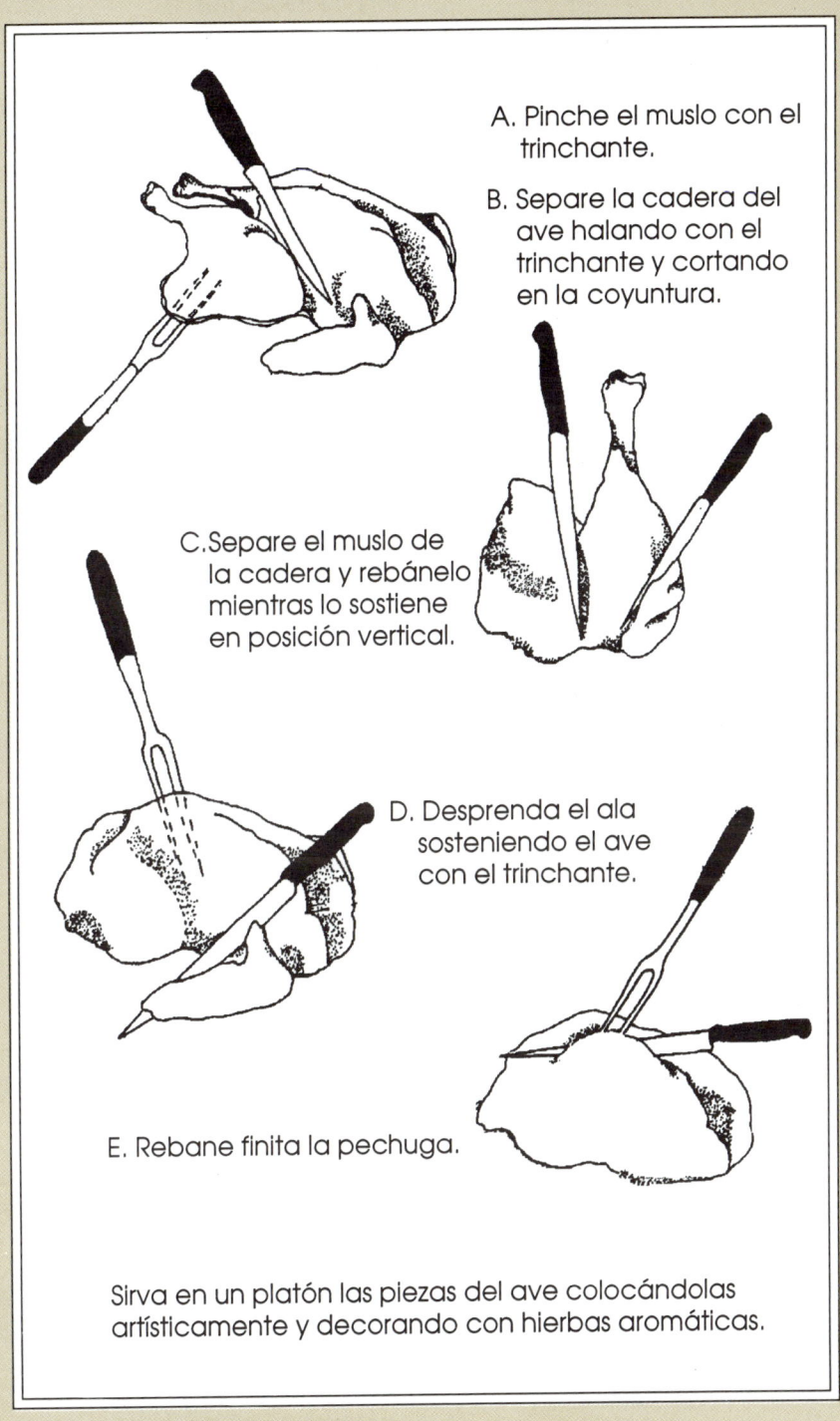

A. Pinche el muslo con el trinchante.

B. Separe la cadera del ave halando con el trinchante y cortando en la coyuntura.

C. Separe el muslo de la cadera y rebánelo mientras lo sostiene en posición vertical.

D. Desprenda el ala sosteniendo el ave con el trinchante.

E. Rebane finita la pechuga.

Sirva en un platón las piezas del ave colocándolas artísticamente y decorando con hierbas aromáticas.

Bautizo

- Mimosa de china con *champagne*
- *King crab* a la vinagreta
- Pierna de jamón con: salsa de arándanos o salsa de especias
- Arroz marroquí con soya
- Brazo gitano de queso
- Ensalada de papa con pimientos
- Bizcocho tradicional

Mimosa de china con *champagne*
Sara González de Pagán

20 minutos
15 personas

Ingredientes:
3 botellas de *champagne*
1 pote de 12 onzas de jugo de china concentrado
1 libra de fresas frescas
2 cubetas de hielo o 1/2 bolsa pequeña

Procedimiento:
1. Mezcle todos los ingredientes líquidos.
2. Sirva en copas.

King crab a la vinagreta
Sara González de Pagán

20 minutos
25 personas

Ingredientes:
2 1/2 libra de *king crab* desmenuzado
1/2 col rebanada bien finita
3 pimientos, verde, rojo y amarillo, picaditos
1 cebolla picadita
1 taza de aceite de oliva
1 1/2 taza de vinagre
2 cucharaditas de adobo criollo

Procedimiento:
1. Mezcle el *king crab* con la col, los pimientos y la cebolla.
2. Mezcle el aceite con el vinagre y el adobo.
3. Sazone el *king crab* con este aliño.
4. Refrigere por 2 horas antes de servir.

* Acompañe con galletitas.

Pierna de jamón:

Ingredientes:
1 pierna de jamón de 16 libras horneada con clavos de especias a 350ºF por 1 hora

• salsa de arándanos
Jacqueline Biscombe

1 hora
25 personas

Ingredientes:
2 libras de arándanos *(cranberries)* frescos lavados
4 manzanas agrias peladas y picadas
4 litros de agua
1 cucharadita de canela
1 cucharadita de clavo en polvo
1/2 cucharadita de nuez moscada

Procedimiento:
1. Cocine los arándanos y las manzanas tapados a fuego mediano - alto hasta que el agua hierva.
2. Reduzca el fuego y cueza por 12 minutos más.
3. Destape y sazone con las especias.

- **salsa de especias**
Cynthia Morales

Ingredientes:
1 cucharada de canela
1 cucharada de mostaza seca
1 cucharada de jengibre
2 cucharadas de clavos de especia
2 cucharadas de *cognac*
4 cucharadas de azúcar morena
1 cucharada de melao
1/2 taza de vinagre
1 1/2 taza de jugo de china

Procedimiento:
1. Mezcle los primeros cinco ingredientes y deje reposar por una hora.
2. Mezcle el resto de los ingredientes y combínelos con los primeros.
3. Sirva bien caliente

1 1/4 minutos
25 personas

* Esta salsa sirve tambien para macerar *biftecs* de jamón y bañarlos con ella una vez asados.

"¿Qué es el santo bautismo, sino Dios hecho agua que nos unge en las frentes con su sangre de gracia?"

García Lorca
Mañana

Arroz marroquí con soya
Fernando Rosado

Ingredientes:
4 onzas de mantequilla sin sal
4 tazas de arroz grano largo
8 tazas de agua
1 cucharada de sal
1 pote de 10 onzas de salsa soya
1/3 taza de miel
2 cebollines picaditos
1 taza de pasas
3/4 taza de almendras

Procedimientos:
1. Derrita a fuego alto la mantequilla e incorpore el arroz mezclando bien.
2. Añada el agua y la sal.
3. Hierva tapado por 5 minutos y a fuego mediano por 15 minutos más.
4. Vierta en un recipiente y una con los ingredientes restantes.

30 minutos
8-10 personas

Festejos • 245

Ensalada de papa con pimientos
Jacqueline Biscombe

45 minutos
8-10 personas

Ingredientes:
5 libras de papas hervidas
1 pimiento verde picadito
1 pimiento rojo picadito
1 cebolla picadita
1 tallo de apio verde *(celery)* picadito
1 pote de 16 onzas de aderezo italiano

Procedimiento:
1. Pele las papas cuando enfríen y corte en cuadritos.
2. Mezcle con los pimientos, la cebolla y el apio verde.
3. Sazone con el aderezo y refrigere hasta el momento de servir.

Bizcocho tradicional
Cecil Ortiz

1 1/2 horas
10-15 personas

Ingredientes:
Bizcocho-
1 libra de mantequilla
2 tazas de azúcar
12 yemas
8 claras de huevo
1/4 taza de *brandy*
3 tazas de harina

Almíbar-
1 taza de azúcar
2 tazas de agua
1 cucharada de *brandy*

Cubierta-
4 claras de huevo
2 cajas de 16 onzas de azúcar refinada
1/2 cucharadita de cremor tártaro

Procedimiento:
Bizcocho-
1. Bata la mantequilla por 10 minutos; incorpore el azúcar y continúe batiendo 15 minutos más.
2. Agregue poco a poco batiendo despacio las 12 yemas, el *brandy* y la harina.
3. Bata las 8 claras a punto de nieve y una a la mezcla de forma envolvente.
4. Vierta en molde engrasado y enharinado.
5. Hornee a 350ºF por 40-45 minutos.

Almíbar-
1. Disuelva a fuego lento el azúcar en el agua hasta formar un almíbar liviano.
2. Retire del fuego, añada el *brandy*.
3. Vierta sobre el bizcocho ya frío.

Cubierta-
1. Bata las claras a punto de nieve.
2. Agregue poco a poco el azúcar y el cremor tártaro.
3. Cubra el bizcocho con esta mezcla.

Brazo gitano de queso

Marina Martínez de Fernández Paoli

Ingredientes:

Bizcocho-
2 cucharadas de mantequilla derretida
6 cucharadas de harina
1/8 cucharadita de pimienta de Cayena *(cayenne)*
3/4 cucharadita de sal
1 1/4 taza de leche
1/2 taza de queso parmesano
1/2 taza de queso de papa *(cheddar sharp)*
1/4 cucharadita de cremor tártaro
7 huevos separados

Relleno-
2 paquetes de 10 onzas de espinacas congeladas
1/4 taza de cebolla picadita
1 onza de mantequilla
1/2 cucharadita de sal
1/4 taza de queso de papa rallado
8 onzas de crema agria
1/2 taza de queso parmesano rallado
1/4 libra de queso de papa en lascas

Procedimiento:

Bizcocho-
1. Engrase una plancha de hornear *(cooking sheet)* y cubra con papel encerado engrasado.
2. Derrita a fuego bajo la mantequilla e incorpore la harina, la cayena, la sal y la leche moviendo hasta que hierva y cuaje en una pasta que se separa de la olla.
3. Incorpore los quesos y las yemas batidas.
4. Agregue las claras batidas a punto de nieve con cremor tártaro y una de forma envolvente.
5. Vierta sobre la plancha preparada.
6. Cocine en horno precalentado a 350º F por 15 minutos.

Relleno-
1. Presione en un colador la espinaca, cocida según instrucciones del paquete, para quitarle todo el líquido.
2. Sofría la cebolla en mantequilla e incorpore la espinaca, la sal, el queso de papa y la crema agria mezclando bien; reserve.
3. Voltee el bizcocho ya frío sobre una fuente; quítele el encerado y espolvoree con queso parmesano.
4. Cubra todo a lo largo con el relleno y enrolle terminando con la punta hacia abajo.
5. Adorne con tiritas de queso de papa
6. Hornee unos minutos en el asador para dorar y derretir el queso.

* Prepare esta receta con anticipación y caliéntela al servir.

1 hora
8 personas

Cumpleaños

- Ensalada César
- Paella valenciana
- *Soufflé* de amarillo
- Flan de coco y caramelo
- Sangría de vino blanco

*Menú de
Vivian Ramos Umpierre*

Ensalada César

Ingredientes:
2 yemas de huevo
1 diente de ajo machacado
1/4 cucharadita de mostaza tipo *Dijon*
1/4 cucharadita de pimienta
1/2 cucharadita de sal
5 filetes de anchoas escurridos y picaditos
jugo de un limón grande o 2 pequeños
6 cucharadas de aceite
1 cucharada de *vermouth* seco
1 diente de ajo en mitad
2 mazos de lechuga *Romaine*
2 tazas de *croutons*
1/2 taza de queso parmesano

Procedimiento:
1. Bata con un tenedor las yemas e incorpore el ajo, la mostaza, la pimienta y la sal.
2. Agregue las anchoas y luego, poco a poco, el limón, el aceite y el *vermouth.*
3. Una bien; reserve en el refrigerador.
4. Frote la ensaladera con el ajo partido.
5. Parta la lechuga en trozos con las manos y coloque en la ensaladera.
6. Riegue con la salsa fría de nevera.
7. Añada los *croutons* y el queso.
8. Sirva enseguida.

* Puede preparar la salsa y la lechuga de antemano, por separado, para entonces mezclarlas al momento de servir.

25 minutos
6-8 personas

"La juventud no es un tiempo de la vida, es un estado del espíritu."

S. Ullman
From the summit of four score years

"La juventud es el paraíso de la vida; la alegría es la juventud eterna del espíritu."

I. Nievo
Confesiones de un octogenario

Paella valenciana

Ingredientes:
6 tazas de caldo de pollo hecho en casa o 3 latas de 10.5 onzas de caldo de pollo
4 tazas de jugo de almejas *(clams)*
Bijol a discreción para dar color amarillo
aceite de oliva
3 dientes de ajo picadito
1 cucharada de perejil picadito
6 chorizos en rueditas
1 1/2 cucharadita de azafrán
1 1/2 libras de masa de cerdo sin hueso adobada
2 libras de caderas de pollo adobadas
1 1/2 libra de camarones grandes pelados
2 rabos de langosta en pedazos
4 tazas de arroz grano largo
12 mejillones frescos
8 almejas frescas
4 bocas de cangrejo

Procedimiento:
1. Mezcle el caldo de pollo con el jugo de almejas y el *Bijol*; caliente y reserve.
2. Cubra con aceite el fondo de una paellera y sofría los dientes de ajo, el perejil, luego los chorizos, hasta que suelten un poco la grasa y añada el azafrán.
3. Incorpore y sofría bien primero el cerdo luego el pollo regándolos por toda la paellera.
4. Agregue los camarones y la langosta; mueva todo el tiempo hasta que se cocinen y se pongan rosados.
5. Eche el arroz, sofría y mezcle bien.
6. Incorpore el caldo caliente.
7. Ponga la paellera en el horno precalentado a 350ºF por 20 minutos y luego saque la paellera.
8. Acomode los mejillones, las almejas y las bocas de cangrejo en la paellera.
9. Tape la paellera con papel de aluminio y cocine por 15 minutos más.
10. Destape y si el grano está blandito y el líquido evaporado, retírela del horno y deje reposar por 5 minutos.
11. Adorne con los pimientos morrones y los guisantes y sirva enseguida.

* Si varía la cantidad de carnes y mariscos varíe la del arroz manteniendo la proporción de 1 1/2 taza de caldo por cada taza de arroz.

1 hora
8-10 personas

Soufflé de amarillo con salsa de ron

Ingredientes:

Soufflé-
2/3 taza de azúcar
3 cucharadas de harina
3/4 tazas de leche
4 yemas de huevos
3/4 taza de amarillo hervido y majado (1 plátano)
2 cucharadas de mantequilla
5 claras
pizca de sal

Salsa-
1 taza de azúcar morena
1/2 taza de agua
1/2 taza de ron

Procedimiento:

Soufflé -
1. Riegue 1/3 del azúcar en el fondo y los lados de un molde de hornear engrasado y con capacidad de 6 tazas.
2. Mezcle el otro 1/3 de azúcar con la harina y eche poco a poco la leche; cocine a fuego moderado moviendo hasta que espese.
3. Retire del fuego y agregue las yemas una a una, la mantequilla y el plátano moviendo hasta formar una masa suave.
4. Bata las claras con la sal e incorpore poco a poco a la mezcla de plátano de forma envolvente.
5. Vierta en el molde preparado y hornee a 375ºF por 20 minutos.
6. Espolvoree con azúcar pulverizada y hornee por 10-15 minutos más.

Salsa-
1. Cocine a fuego bajo el azúcar con el agua.
2. Tape al hervir y cocine 10 minutos más.
3. Añada el ron y cocine 5 minutos más.
4. Vierta sobre el *soufflé* caliente y sirva.

45 minutos
6-8 personas

"Qué cosa más agradable que una vejez rodeada de una juventud afanosa de aprender."

Cicerón
De Senectute

Flan de coco y caramelo

Ingredientes:
1 taza de azúcar
1/4 taza de agua
1/8 cucharadita de cremor tártaro
30 plantillas de bizcocho tostaditas
1 1/2 taza de pasas
3/4 tazas de ron
2 latas de 14 onzas de leche condensada
1 lata de 16 onzas de crema de coco
1 1/2 taza de agua
6 huevos
4 yemas de huevo
4 claras de huevo
1/2 taza de azúcar
1 cucharadita de jugo de limón

Procedimiento:
1. Prepare un caramelo con el azúcar, el agua y el cremor y acaramele un molde 9"x13".
2. Acomode las plantillas en el fondo del molde y cubra con las pasas y el ron.
3. Mezcle la leche, el coco, el agua, los huevos y las yemas; cuele sobre las plantillas, las cuales flotarán.
4. Cocine en horno precalentado a 325ºF por 50 minutos hasta que esté firme y dorado.
5. Bata las claras a punto de nieve; agregue el azúcar poco a poco y el limón.
6. Cubra la parte superior y los costados del flan con el merengue y dore en el asador.
7. Enfríe en la nevera y consuma antes de la sexta hora de colocado el merengue.

* Puede preparar el día antes hasta el cuarto paso inclusive, guardándolo en la nevera hasta que rezuma la preparación.

70 minutos
12-15 personas

Sangría de vino blanco

Ingredientes:
1 botella de vino blanco frío
2 tazas de soda (*ginger ale*) fría
3 cucharadas de jugo de limón fresco
1 1/2 onza de *Cointreau*
1 manzana en pedacitos
1 china en ruedas sin semillas
3 cucharadas de azúcar

Procedimiento:
1. Una todos los ingredientes en un jarrón grande.
2. Sirva con hielo.

15 minutos
8-10 personas

Graduación

- Bul de *champagne*
- Dip de berenjena
- Pechugas de pavo al *vermouth*
- Enrollado de espinaca
- Cazuela de arroz y cebolla
- Garbanzos aromáticos
- *Chiffon* de chocolate

Bul de *champagne*
Cecil Ortiz

20 minutos
15-20 personas

Ingredientes:
1 1/2 taza de sirop blanco
2 botellas de vino blanco frías
1 1/2 taza de *brandy*
3 botellas de *champagne* frías
hielo hecho en moldes grandes

Procedimiento:
1. Vierta en una bulera el sirop y mezcle bien con el vino.
2. Agregue el *brandy* y por último el *champagne*.
3. Coloque un molde grande de hielo en la bulera y sirva inmediatamente.

Dip de berenjena
Sonia González de Mora

25 minutos
6-8 personas

Ingredientes:
1 berenjena grande
2 cucharaditas de aceite de oliva
1 cucharadita de vinagre
2 1/2 cucharadita de jugo de limón
1/2 cucharadita de sal de ajo
1 cebolla mediana rallada

Procedimiento:
1. Corte la berenjena por la mitad y hierva hasta que ablande; luego pele y maje la berenjena.
2. Sazone con el aceite, el vinagre, el limón y el ajo.
3. Incorpore la cebolla mezclando bien.
4. Guarde en la nevera hasta el momento de servir.

Pechugas de pavo al *vermouth*
Marina Martínez de Fernández Paoli

80 minutos
8 personas

Ingredientes:
2 pechugas de pavo
sal y pimienta a gusto
2 cucharaditas de ajo machacado
3 cucharadas de orégano
1/2 taza de *vermouth* blanco seco
4 cucharadas de mantequilla
1 cucharadita de pimentón rojo *(paprika)*

Procedimiento:
1. Adobe bien las pechugas con la sal, la pimienta, el ajo y el orégano.
2. Riegue el *vermouth* por la cavidad de las pechugas y por encima.
3. Coloque pedacitos de mantequilla por encima e igualmente en la cavidad.
4. Espolvoree con pimentón
5. Hornee destapado a 350ºF por 1/2 hora y luego tapado otra 1/2 hora, siempre bañando con los jugos.

Enrrollado de espinaca
Ada Díaz

Ingredientes:
Masa-
2 tazas de leche
1/2 taza de harina
2 cucharadas de mantequilla
4 huevos separados
pizca de sal

Relleno-
6 onzas de queso cremoso sazonado con ajo y hierbas
1 caja de 10 onzas de espinacas congeladas
6 onzas de jamón hervido picadito
1/2 taza de cebolla picadita
sal a gusto

Procedimiento:
1. Mezcle la leche con la harina y la mantequilla; cocine a fuego moderado y al cuajar incorpore las yemas y deje refrescar.
2. Bata las claras a punto de nieve y una a la mezcla de forma envolvente.
3. Engrase una plancha de hornear (*cooking sheet*) de 15"x11" y engrase; forre con papel de cera y engrase de nuevo.
4. Vierta la mezcla en la plancha; hornee a 375ºF por 30 minutos, retire y deje refrescar muy bien.
5. Corte las esquinas más tostadas; voltee sobre molde llano rectangular, y retire el encerado ayudándose con una espátula o cuchillo.
6. Rellene todo a lo largo poniendo en camadas: queso, espinaca, jamón, cebolla y sal.
7. Enrolle sin presionar dejando la última parte hacia abajo.
8. Envuelva en papel de cera, luego en el de aluminio, y enfríe en la nevera antes de servir.

* El enrollado se mantiene en la nevera por 2-3 días. También puede congelarse.

1 hora
8-10 personas

"¡Venid, oh jóvenes ....!
¡Venid, con fuerza en números!
Penetrad en nuestra tierra
y seréis como la lluvia,
que la reflorece y la pone
más hermosa y más fecunda!"

José De Diego
Pro-Patria

Cazuela de arroz y cebolla
Sonia González de Mora

1 1/4 horas
6-8 personas

Ingredientes:
1/2 taza de arroz
2 libras de cebolla blanca rebanada
6 cucharadas de mantequilla
2 cucharadas de aceite
3-4 cucharadas de crema de leche
1/2 taza de queso parmesano rallado
sal, pimienta y jugo de limón a gusto

Procedimiento:
1. Cocine el arroz por 5 minutos en agua con sal hirviendo y escurra.
2. Sofría ligeramente la cebolla en mantequilla.
3. Incorpore el arroz mezclando bien, y sazone con sal.
4. Hornee tapado en horno precalentado a 325ºF por 45-60 minutos o hasta que el arroz esté tierno.
5. Agregue la crema y el queso y remueva.
6. Rectifique el sabor con más sal de ser necesario.
7. Añada pimienta y limón a gusto.

"...Entrad pues a la vida, que os abre sus hondos horizontes, con la noble ambición de hacer sentir vuestra presencia en ella...
Toca al espíritu juvenil la iniciativa audaz, la genialidad innovadora."

José Enrique Rodó
Ariel

Garbanzos aromáticos
Jackeline Biscombe

20 minutos
6-8 personas

Ingredientes:
2 cucharadas de mostaza tipo *Dijon*
2 cucharadas de aceite de oliva
1 cucharadita de vinagre
1/2 cucharada de nuez moscada
sal y pimienta a gusto
1/4 taza de cebolla picadita
1/4 taza de pimiento verde picadito
6 ramas de perejil fresco picadito
2 latas de 16 onzas de garbanzos escurridos

Procedimiento:
1. Prepare el aliño con la mostaza, el aceite, el vinagre, la sal, la pimienta y la nuez moscada.
2. Incorpore los ingredientes sólidos: cebolla, pimiento, perejil y garbanzos; mezcle bien.

Chiffon de chocolate
Blanqui Fernández de Somoza

Ingredientes:
- 12 onzas de crema batida instantánea (*cool whip*)
- 2 paquetes de 3 3/8 onzas de budín instantáneo de vainilla
- 8 onzas de queso crema
- 2 onzas de mantequilla a temperatura ambiente
- 3 1/2 tazas de leche
- 1/4 cucharadita de vainilla
- 2 paquetes de 20 onzas de galletas de chocolate tipo *Oreo*

Procedimiento:
1. Combine todos los ingredientes, menos las galletas, moviendo hasta formar una crema y reserve.
2. Triture las galletas en la licuadora.
3. Coloque por camadas, en un molde redondo y profundo, galleta y crema sucesivamente terminando con galleta.
4. Enfríe en el refrigerador para que cuaje bien.
5. Sirva frío.

30 minutos preparación
6 horas refrigeración
8-10 persona

"La juventud es el descubrimiento de un horizonte inmenso, que es la vida."
                        Ernest Renan

Polvorones de avellana
Sara González de Pagán

Ingredientes:
- 1/2 taza de mantequilla a temperatura ambiente
- 1/2 taza de manteca vegetal tipo *Crisco*
- 2/3 taza de azúcar
- 2 1/3 taza de harina
- 1/3 taza de avellanas trituradas en el procesador de alimentos
- 1/2 cucharadita de sal
- 1 cucharada de canela en polvo
- 1 taza de azúcar

Procedimiento:
1. Una la mantequilla y la manteca con una cuchara.
2. Incorpore el azúcar.
3. Agregue poco a poco la harina, la sal y la canela.
4. Añada las avellanas.
5. Eche la masa por cucharaditas en la mano para formar bolitas y húndalas ligeramente en el medio con el dedo.
6. Coloque en una plancha de hornear.
7. Hornee a 300ºF por 30 minutos y retire del horno.
8. Deje enfriar para que se endurezcan.
9. Mezcle en una bolsa plástica la canela y la taza de azúcar.
10. Eche 5-6 polvorones a la vez y agite la bolsa para que se azucaren.

1 hora
4 docenas

Aniversario de boda

- Crema de calabacines
- Conejo al vino
- Arroz griego con col
- Ensalada caliente de espinaca y tocineta
- Budín de almendras

Crema de calabacines
Sonia González de Mora

40 minutos
4-6 personas

Ingredientes:
3 ó 4 calabacines pelados y troceados
2 papas grandes peladas y troceadas
1/2 coliflor
2-3 tazas de agua
laurel, nuez moscada rallada, sal y pimienta a gusto
2 tazas de crema de leche
4 rebanadas de pan tostado cortado en daditos

Procedimiento:
1. Cueza por 30 minutos los calabacines, las papas y la coliflor en el agua sazonada con las especias.
2. Licúe para formar un *purée*.
3. Rectifique la sazón.
4. Añada la crema de leche.
5. Sirva acompañado de los trozos de pan.

Conejo al vino
Candita Surillo Pumarada

2 1/2 horas
8-10 personas

Ingredientes:
3 conejos frescos troceados
naranja agria o limón
adobo a gusto: ajo, sal, pimienta, vinagre, orégano, tomillo, aceite de oliva y perejil seco
4-5 cebollas medianas rebanadas
15 granos de pimienta
8 clavos de especia
10 hojas de laurel
6 ramas de perejil fresco
6 cucharadas de harina
2 cabezas de ajo enteras
tomillo a gusto
1-2 tazas de agua
2 tazas de vino tinto de mesa

Procedimiento:
1. Lave el conejo con el jugo de naranja o limón.
2. Adobe el día antes y guarde en la nevera.
3. Dore el conejo en un fondo de aceite y coloque las presas en el recipiente donde se adobaron.
4. Sofría en el caldero la cebolla, la pimienta, los clavos, el laurel y el perejil.
5. Agregue de nuevo el conejo; espolvoree con la harina y voltee las presas.
6. Añada las cabezas de ajo, el tomillo y por último el agua y el vino.
7. Cocine tapado por 1 1/2-2 horas o hasta que ablande.

* Para que el conejo quede más gustoso prepárelo el día antes y sustituya el agua por vino.

Arroz griego con col
Chiqui Urrutia de Pumarada

Ingredientes:
2 cebollas grandes picaditas
8 onzas de mantequilla
1 col mediana en tiritas
1 lata de 10.5 onzas de consomé
1 lata de 10.5 onzas de sopa de cebolla
2 tazas de arroz grano largo

Procedimiento:
1. Sofría las cebollas en la mantequilla a fuego moderado; agregue la col y sofría hasta que se amortigüen.
2. Incorpore las sopas y el arroz moviendo bien.
3. Cocine destapado hasta que el líquido se evapore.
4. Baje el fuego, tape y cocine hasta que el grano esté tierno.

* Añada preferiblemente consomé, si fuera necesario ablandar más el arroz

45 minutos
6 personas

Entre col y col, lechuga.

El que quiere a la col, quiere a las hojas de alrededor.

Refranes populares

Ensalada caliente de espinaca y tocineta
Chiqui Urrutia de Pumarada

Ingredientes:
1 paquete de 10 onzas de espinacas frescas
2 ajos machacados
1/2 cucharadita de mostaza en polvo
4 cucharadas de salsa *Worcestershire*
1/2 cucharadita de salsa *Tabasco*
5 cucharadas de azúcar negra
1/2 taza de vinagre de vino
1 cucharada de *brandy*
3/4 taza de tocineta frita desbaratada en pedacitos

Procedimiento:
1. Lave la espinaca, corte sus tallos y reserve.
2. Caliente a fuego moderado el resto de los ingredientes menos la tocineta que incorporará cuando el líquido hierva.
3. Vierta sobre la espinaca y sirva inmediatamente.

* Esta ensalada debe comerse con prontitud antes de que la espinaca se amortigüe.

> Chiqui Urrutia descubrió esta receta en el oeste de los Estados Unidos en un restaurant cuyo chef generosamente la compartió con ella.

20 minutos
6 personas

Budín de almendras
Chiqui Urrutia de Pumarada

Ingredientes:
4-6 onzas de almendras naturales enteras
1 taza de agua o leche
1 libra de pan especial (*sandwich*)
1 lata de 12 onzas de leche evaporada
1 lata de 12 onzas de agua
5 huevos
2 1/2-3 tazas de azúcar
4 onzas de mantequilla
2-3 cucharadas de vainilla

Procedimiento:
1. Hierva las almendras, pélelas y licúelas con la taza de agua o leche.
2. Corte la corteza del pan; mezcle la migaja con la leche evaporada y el agua; incorpore poco a poco los huevos.
3. Añada el azúcar, luego la mantequilla, las almendras y la vainilla, uniendo a mano.
4. Vierta en un molde de cristal acaramelado tamaño 9"x12"x1 1/2".
5. Cocine a baño de María a 350ºF por 45-60 minutos.

1 1/2 horas
10-12 personas

Esta es una receta antigua, original del abuelo de Chiqui Urrutia, el repostero mayagüezano Don Tito Urrutia.

"Mezcle la dulzura con un poco de susurros.
Agregue compañerismo y admiración.
Envuelva en fantasía hasta evocar nostalgias.
Vierta acompasadamente en un molde quimérico.
Añada una cucharada de besos.
y caliente en un fuego moderado.
Adorne con alegría, entusiasmo y metas.
Espolvoree trabajo y penas.
Salpique de detalles
y sirva en una copa de esperanzas."

Gilda Teresita Domínguez
Receta del matrimonio

Hierbas culinarias y especias I

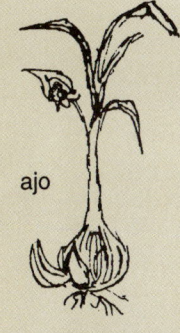
ajo

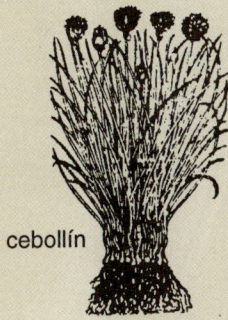
cebollín

azafrán

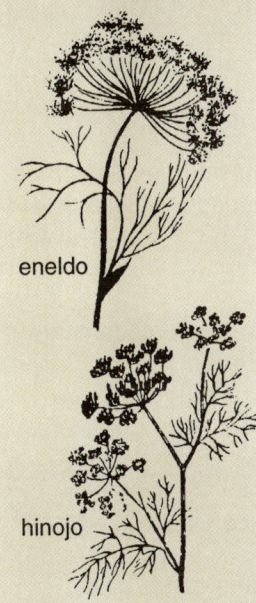
eneldo

hinojo

Nombre en español e inglés	Descripción	Uso
achiote annato	semilla	dar color al arroz, a grasas en carnes o masas
ajedrea svory	hierba	en salsas de pollo y pescado; con huevos, habichuelas y embutidos
albahaca basil	hoja	en salsas para pasta, ensaladas de tomate, sopas de tomate y de almejas; con berenjenas y espinacas
alcarovea caraway	semilla	repollo hervido, con pescado y en panes
ajonjolí sesame	semilla	en platos chinos; panes, pastelería y refrescos
anís estrellado anise	semilla	en sopas de crema y en compotas de frutas
azafrán saffron	estigmas florales	en paellas y la boullabaise, con camarones y pescados
canela cinnamon	corteza	aromatiza postres a base de leche, frutas
cardamono cardamon	semilla	en el café, en recetas árabes y de la India
cebollín chives	hierba	en *dips*, sopas, salsas para mariscos y con huevos
comino cumin	fruto	con habichuelas, en salsa de carnes rojas
cilantro coriander	hoja	en habichuelas, sopas, guisos y para marinar
clavo de olor clove	botones florales	en embutidos, encurtidos con jamones, con lengua, plátanos maduros y compotas de frutas
culantro culantro	hoja	en sopas, platos mejicanos con habichuelas, en salsa de carnes
cúrcuma turmeric	raíz amarga	con encurtidos, componente escencial del curry
eneldo dill	hojitas	con pepinillos, papas, col hervidos con salmón; en salsa de pescados
estragón tarragon	hoja	con pescado y pollo, estofados
hierbabuena spearmint	hoja	en bebidas y en sopas
hinojo fennel	fruto	en ensaladas, pescados y carnes asadas, en sopas
jengibre ginger	raíz	en platos chinos, aves, panes, galletas, tés, con curry

Continúa en la página 271

Festejos • 259

San Valentín

- Sopa de col
- Filetes de cerdo al tamarindo
- *Soufflé* de plátanos maduros
- Arroz con cilantro y perejil
- Bizcocho esponjoso con salsa de fresa
- Besitos de coco

Sopa de col
Luisa Fernández de Juliá

45 minutos
4 personas

Ingredientes:
3 cucharadas de aceite de oliva
3 tomates grandes picaditos
1 cebolla picadita
1/2 col picada en tiritas
1 papa picada en cuadritos
2 cubitos de caldo de pollo
4 tazas de agua
queso parmesano a gusto

Procedimiento:
1. Mezcle todos los ingredientes y cocine en el microondas a temperatura mediana por 30 minutos.
2. Espolvoree con queso al servir.

"Dame ese autor que conserva el corazón en plenitud de paz."

Tagore
La Cosecha

Filetes de cerdo al tamarindo
Margarita Pumarada Van Kirk

50 minutos
9 personas

Ingredientes:
Salsa para marinar -
2 dientes de ajo machacados
2 cucharadas de jengibre machacado
2 cucharadas de salsa de soya
1 cucharada de mostaza
3 cucharadas de miel
1 cucharadita de vinagre
1 cucharada de vino tinto
1 cucharadita de rayadura de cáscara de una china
3 cucharadas de pulpa de tamarindo disuelto en 1/4 taza de agua

Cerdo -
3 filetes de cerdo de 1 1/2 libra aproximadamente

Procedimiento:
1. Prepare la salsa uniendo todos los ingredientes.
2. Marine el cerdo en esta salsa el día anterior preferiblemente.
3. Hornee el cerdo destapado con la salsa a 350ºF por 30 minutos.
4. Voltee a los 15 minutos y bañe con la salsa.

Soufflé de plátanos maduros
Fernando Rosado

Ingredientes:
5 plátanos bien maduros
1/4 taza de ron perfumado
4 onzas de mantequilla a temperatura ambiente
pizca de sal
1/2 taza de queso parmesano
2 tazas de claras de huevo
perejil

Procedimiento:
1. Pele y hierva los plátanos con el ron perfumado por 20 minutos.
2. Escurra y maje los plátanos.
3. Incorpore la mantequilla, la sal y el queso.
4. Vierta en molde de hornear engrasado.
5. Bata las claras a punto de nieve.
6. Ponga en una manguera y haga formas sobre el plátano.
7. Adorne con perejil y cocine en horno precalentado a 425ºF por 15 minutos.

50 minutos
6-8 personas

"Dios formó lindas flores, / delicadas como son / les dio toda perfección / y cuanto Él era capaz / pero al hombre le dio más, / cuando le dio el corazón."

José Hernández
Martín Fierro

Arroz con cilantro y perejil
Marina Martínez de Fernández Paoli

Ingredientes:
4 cebollines (*scallions*) picados
1/2 taza de cebolla picada
1 taza de perejil fresco
6 hojas de cilantro
1 diente de ajo machacado
2 cucharaditas de sal
1/8 cucharadita de pimienta
2 tazas de arroz grano largo
1/3 taza de aceite
2 tazas de caldo de pollo

Procedimiento:
1. Muela en el procesador de alimentos los cebollines, la cebolla, el perejil y el cilantro.
2. Sazone con el ajo, la sal y la pimienta; reserve.
3. Sofría en un caldero el arroz con el aceite.
4. Incorpore el *purée* de cebolla y el caldo mezclando bien.
5. Tape el arroz cuando seque; reduzca el fuego a bajo y cocine por 20 minutos o hasta que el grano esté tierno.

30 minutos
4-6 personas

Bizcocho esponjoso
Aurora del Valle

Ingredientes:
1 2/3 taza de harina cernida dos veces
1 2/3 tazas de azúcar
8 huevos
1/2 cucharadita de sal
3/4 cucharadita de vainilla
1 1/2 cucharadita de ralladura de limón

Procedimiento:
1. Mezcle la harina con 1/3 taza de azúcar y cierna.
2. Bata los huevos en la licuadora con 1 1/3 taza de azúcar y la sal hasta que aumente de volumen.
3. Incorpore la vainilla y el limón.
4. Baje la velocidad al mínimo y agregue la mezcla de harina por cucharadas.
5. Revuelva con una espátula de abajo para arriba y de los lados, por 3-4 veces.
6. Vuelva a batir al mínimo de velocidad por 1/2 minuto.
7. Vierta en molde sin engrasar de 10" con tubo al centro.
8. Cocine en horno precalentado a 350º F por 70 minutos.
9. Deje enfriar por 1 hora en el molde invertido.

2 1/2 horas
8-10 personas

Salsa de fresa
Jackeline Biscombe

Ingredientes:
1 libra de fresas congeladas
1/2 taza de azúcar negra
1/4 taza de ron oscuro
jJugo de un limón
cáscara de medio limón

Procedimiento:
1. Combine todos los ingredientes en la licuadora hasta tener la consistencia de *purée*.
2. Sirva sobre el bizcocho esponjoso.

1 3/4 hora
8-10 personas

"Perdóname si te pregunto en mi querella
¿si estará pensando en mí
como estoy pensando en ella?"

José Gautier Benítez
Una pregunta

Besitos de coco

Margarita Pumarada Van Kirk

30 minutos
20 bolitas aproximadamente

Ingredientes:
1 1/2 taza de coco rallado
3 cucharadas de harina
3 cucharadas de mantequilla
3 yemas de huevo
1/2 taza de azúcar
1/2 cucharadita de vainilla
ralladura de un limón

Procedimiento:
1. Mida 1 1/2 taza de coco comprimiéndolo bien.
2. Mezcle todos los ingredientes y mueva hasta que unan bien.
3. Forme bolitas del tamaño deseado y coloque en un molde de hornear ligeramente engrasado.
4. Hornee a 300ºF por 15 minutos.

"Dime padre: ¿qué es amor?
Es el amor hija mía
fuente de toda alegría,
germen de todo dolor.
Es potencia arrolladora,
es debilidad de niño,
es un inmenso cariño
con fuerza devastadora.
Es una ansia siempre grata,
de amar, querer y vivir,
que a veces hace morir
y que en ocasiones mata."

Manuel Castro Tierdo
¿Qué es amor?

Día de las Madres

- Dip de habichuelas, queso y tomate
- Filete con mostaza
- Papas y batatas gratinadas
- Ensalada de brécol, setas y lechuga
- Merengue con fresas y chocolate

Este menú fue confeccionado teniendo en mente al esposo como sustituto de la mujer en la cocina

Dip de habichuelas, queso y tomate
Eva Sárraga

20 minutos
6-8 personas

Ingredientes:
8 onzas de queso crema
2 cucharadas de aceite de oliva
3 ajos picaditos
1 lata de 16 onzas de habichuelas refritas majadas
1 cebolla picadita
1 tomate picadito
6-8 hojas de culantro picaditas
1 latita de 16 onzas de chiles verdes *mild* picaditos
1 taza de queso de papa rallado

Procedimiento:
1. Cubra el fondo de un molde para *pie* con el queso crema.
2. Sofría en el aceite los ajos e incorpore las habichuelas majadas.
3. Deje enfriar y vierta sobre el queso.
4. Mezcle la cebolla, el tomate, el culantro y los chiles y vierta parejo sobre las habichuelas.
5. Coloque por último el queso de papa.
6. Guarde en la nevera y saque 10 minutos antes de servir.

* Acompañe este aperitivo con tortillitas.

Filete con mostaza
Marina Martínez de Fernández Paoli

30 minutos
6-8 personas

Ingredientes:
1 filete de 3-4 libras
2 cucharadas de aceite de oliva
1 cucharada de pimienta fresca molida
2 cucharaditas de mostaza
1/4 taza de mantequilla
pizca de sal
4 cucharadas de salsa inglesa
2 cucharadas de jerez
2 cucharadas de perejil picadito

Procedimiento:
1. Unte la carne con el aceite, la pimienta y la mostaza.
2. Dore en un caldero a fuego moderado en la mantequilla derretida y sazone con la sal. O dore en horno precalentado a 400ºF colocándolo a 2" de distancia del asador, 5 minutos de cada lado.
3. Saque el filete y colóquelo en una bandeja.
4. Incorpore a la mantequilla la salsa inglesa, el jerez y el perejil y revuelva.
5. Vierta sobre el filete.

* Si desea puede encender el filete con una cucharada de *Cognac*.

Papas y batatas gratinadas

Marina Martínez de Fernández Paoli

1 horas
6-8 personas

Ingredientes:
1/2 cucharadita de mostaza en polvo
1/2 cucharadita de sal
1/2 cucharadita de pimienta
1 1/2 cucharada de harina
3 papas medianas peladas y rebanadas
2 batatas amarillas medianas peladas y rebanadas
1 taza de queso *Jarlsberg* o suizo rallado
1 1/2 cucharadita de nuez moscada
1 taza de leche
1 huevo batido
2 cucharadas de mantequilla dulce fría

Procedimiento:
1. Mezcle la mostaza con la sal, la pimienta y la harina.
2. Ponga las papas y las batatas en un molde rectangular engrasado, intercalándolas.
3. Espolvoree con 1/3 taza de queso, 1/2 cucharadita de nuez moscada y 1/2 de la mezcla de harina.
4. Caliente la leche; incorpore el huevo y mueva constantemente.
5. Bañe las papas con la leche y espolvoree con el resto del queso y la nuez moscada.
6. Añada la mantequilla cortada en pedacitos.
7. Hornee a 375ºF por 45 minutos.
8. Retire del horno y deje asentar por 10-15 minutos.

"¡Amor de madre! Amor acá en la tierra
imagen pura del amor divino:
sentimiento clarísimo que encierra
cuanto hermoso del cielo al mundo vino:
iris de paz en la continua guerra
de las pasiones que nos dio el destino,
bálsamo celestial, gozo del alma,
puerto seguro de apacible calma."

José Zorrilla
María

"Solo una cosa en el mundo es más hermosa y mejor que la mujer —la madre."

E. Schefer
Libesbrevier

Ensalada de brécol, setas y lechuga
Jacqueline Biscombe

25 minutos
8 personas

Ingredientes:
Ensalada-
2 tazas de ramilletes de brécol
10 hojas de lechuga (la de su gusto)
1 taza de setas picadas
1 taza de cebolla roja rebanada finita
1 tomate picado
1 taza de queso *mozzarella*

Aderezo -
1 diente de ajo machacado
1 cucharada de jugo de limón
1 1/2 cucharada de vinagre balsámico
2 1/2 cucharadas de aceite de oliva
1/4 cucharadita de azúcar
1/4 cucharadita de salsa inglesa
sal y pimienta a gusto

Procedimiento:
1. Mezcle todos los ingredientes de la ensalada en una ensaladera.
2. Prepare el aderezo mezclando bien los ingredientes.
3. Vierta sobre la ensalada.

El brécol utilizado en América es oriundo de Europa meridional. Se le conoce como brécol italiano y es rico en vitamina A y C.

Merengue con fresas y chocolate
Marina Martínez de Fernández Paoli

30 minutos
6 personas

Ingredientes:
6 merengues grandes
1 bolsa de 10 onzas de fresas congeladas
1 bolsa de 8 onzas de gotitas de chocolate
1 cuartillo de helado de vainilla

Procedimiento:
1. Parta los merengues en mitades y achate 6 mitades en la parte inferior para estabilizarlos.
2. Rellene las 6 mitades con una cucharada de helado, las fresas y su salsa.
3. Tape con las otras 6 mitades.
4. Derrita el chocolate en baño de María y vierta encima de los merengues.
5. Guarde en el congelador hasta el momento de servir.

Oración por los hijos

Hazme buena, Señor, para mis hijos
con la bondad de las cosas sencillas.
En cada mañana, en cada noche,
en la verdad de cada día.

Hazme fuerte, Señor, para darles
la palabra precisa
y para mantenerlos y mantenerme
serenamente digna.

Hazme sabia, Señor, para llegarles
oportuna y sin prisa.
Que sepa alegrarles la tristeza
y compartir sus risas.

Hazme justa, Señor, para formarles
la conciencia tranquila.
Para que sean libres de malsanas pasiones,
hondos en el sentir
y altos de miras.

Y hazme humilde, aún más cuando les
toque atravesar peligros sin salida.
Que entren limpios
y firmes en la prueba,
para encontrar
serenos la alegría.

Que sepan compartir,
y bien escojan
quien ha de acompañarlos
en la vida.

Hazme merecedora
de ser madre,
que para serlo,
fui por Ti escogida.

Elsa Fernández Sanz de Tió
Revista ICP #30, Abril 1966

Día de los Padres

- Carrucho y pulpo al ajillo
- Chuletas rellenas de manzana y tocineta
- Papas escaldadas con calabacines
- *Casserole* de espinacas estilo *creole*
- Torta rellena y coronada con merengues

Carrucho y pulpo al ajillo
Margarita Pumarada Van Kirk

25 minutos
8 personas

Ingredientes:
3 latas de 4 onzas de pulpo en aceite
1 libra de carrucho cocido y picado
1 cebolla pequeña picadita
1 ají picadito
1 diente de ajo picadito
1 pimiento morrón picado
1 hoja de laurel
2 cucharadas de jugo de limón

Procedimiento:
1. Escurra el aceite en que viene el pulpo y reserve una cucharada.
2. Sofría en la cucharada de aceite la cebolla, el ají, el ajo, el pimiento morrón y la hoja de laurel.
3. Añada el pulpo y cocine 5 minutos más a fuego bajo.
4. Sirva con galletitas.

Chuletas rellenas de manzana y tocineta
María Rosa Cervoni

3 1/2 minutos
4 personas

Ingredientes:
4 chuletas de cerdo de 1 1/2 de grueso
1/2 cucharada de sal
1/8 cucharadita de pimienta
2 dientes de ajo machacados
1 cucharada de aceite de oliva

Relleno -
4 lascas de tocineta canadiense
4 ruedas de manzanas mondadas

Salsa -
1/4 taza de salsa para BBQ
1/2 taza de *ketchup*
1/8 taza de salsa de soya
1 1/2 cucharada de azúcar negra
1/2 cucharada de jengibre en polvo

Procedimiento:
1. Adobe las chuletas el día anterior con la sal, la pimienta, el ajo y el aceite.
2. Corte un bolsillo en el costado de la chuleta.
3. Rellene con la tocineta y la manzana.
4. Coloque en un molde de hornear engrasado.
5. Mezcle los ingredientes de la salsa y vierta sobre las chuletas.
6. Enfríe en la nevera por 2 horas.
7. Hornee a 350ºF por 1 hora.

Papas escaldadas con calabacines
Lileana Acosta de Márquez

50 minutos
6-8 personas

Ingredientes:
5-6 papas de hornear rebanadas
1 cucharadita de sal
4 cucharadas de aceite de oliva
3 dientes de ajo machacados con piel
2 calabacines pelados y rebanados
1 cebolla grande rebanada finita

Procedimiento:
1. Sazone ligeramente las ruedas de papa con sal.
2. Fríalas a fuego lento por 15 minutos en el aceite.
3. Acomode las papas a un lado de la sartén para dejar libre el centro donde rehogará los ajos.
4. Mezcle los ajos con las papas al comenzar a freír.
5. Incorpore los calabacines y las cebollas.
6. Baje el fuego y cocine tapado por 15 minutos.

Casserole de espinacas estilo *creole*
Sonia González de Mora

1 hora
6-8 personas

Ingredientes:
1/2 taza de cebolla picadita
1/2 taza de apio verde *(celery)* picadito
1/2 taza de pimiento grande *(bell)* picadito
6-7 dientes de ajo picaditos
8 onzas de jamón cocido picadito
1/2 taza de mantequilla
1/2 taza de harina
3 1/2 taza de crema de batir
1/2 taza de tomates picados
4 onzas de queso de papa rallado
2 pimientos jalapeños picaditos
sal y pimienta a gusto
2 paquetes de 10 onzas de espinacas frescas hervidas

Procedimiento:
1. Sofría la cebolla, el apio verde, el pimiento, los ajos y el jamón por 10 minutos en mantequilla.
2. Incorpore la harina moviendo constantemente sin dejar oscurecer.
3. Agregue poco a poco la crema y continúe moviendo.
4. Añada los tomates, el queso, los jalapeños y cocine por 5-10 minutos más.
5. Diluya con más crema si espesa demasiado y retire del fuego.
6. Sazone con la sal y la pimienta.
7. Mezcle con las espinacas cocidas y vierta en un molde de hornear.
8. Cocine en horno precalentado a 375ºF por 25-30 minutos.

Torta rellena y coronada de merengue
Cecíl Ortiz

Ingredientes:
Bizcocho -
1/2 taza de mantequilla
1/2 taza de azúcar
4 yemas de huevo batidas
1 cucharadita de vainilla
1 taza de harina preparada *(self rising)*
3 cucharadas de leche
6 claras de huevo
1 1/4 taza de azúcar
1/2 taza de almendras rebanadas
2 cucharadas de azúcar
1 cucharada de canela

Crema para relleno -
1/2 taza de azúcar
4 cucharadas de maicena
1/4 cucharadita de sal
4 yemas de huevo
2 cucharadas de mantequilla derretida
2 tazas de leche tibia
1 cucharadita de vainilla

Procedimiento:
1. Bata la mantequilla con el azúcar hasta formar una crema.
2. Incorpore las yemas, la vainilla, la harina y la leche.
3. Vierta en dos moldes redondos llanos para bizcocho, engrasados y reserve.
4. Bata aparte las claras a punto de nieve y añada poco a poco la 1 1/4 taza de azúcar.
5. Vierta en los moldes anteriores ocupados con la mezcla de bizcocho aún sin cocinar.
6. Corone con las almendras y espolvoree con un poco de azúcar y canela.
7. Cocine en horno precalentado a 350ºF por 25 minutos.
8. Mezcle el azúcar con la maicena, la sal, las yemas y la mantequilla.
9. Agregue poco a poco la leche hasta formar una crema suave.
10. Cocine a baño de María moviendo constantemente hasta que cuaje.
11. Deje enfriar; añada la vainilla y coloque la crema entre las dos capas de bizcocho.

1 hora
10 personas

"Prudente padre es aquel que conoce a sus hijos"

Shakespeare

Hierbas culinarias y especias II

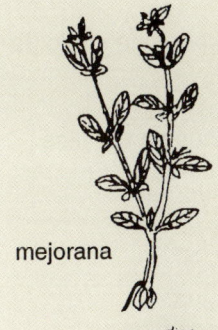
mejorana

orégano

perejil

salvia

perifollo

Nombre en español e inglés	Descripción	Uso
laurel bay leaf	hoja	en guisos, escabeches, caldos y estofados
macis mace	cáscara	en embutido y encurtidos, galletas, bizcochos
malagueta allspice	hoja	en rellenos, encurtidos de vegetales, en bizcocho de frutas, con curry
mejorana marjoran	flores y hojas	en guisos, sopas de pollo, en rellenos para carnes
menta mint	hoja	en té; con frutas, vegetales
mostaza en polvo mustard powder	semilla	en embutidos, salsa, sopas y carnes, en aliño de ensalada
nuez moscada nutmeg	semilla	en croquetas, salsas blancas, ponches, natillas
orégano oregano	hojas y flores	en salsas de tomates, aliños para ensaladas, guisados
perejil parsely	hoja	para adornar ensaladas; salsas de pescado y mantequilla
perifollo chervil	hoja	con huevos, pollo, vegetales con queso crema, requesón y para asados
pimentón paprika	fruto	en embutidos; condimentar carnes y sopas
pimienta de cayena cayenne	semilla	con pescados, sopas, carnes y con pepinillos
pimienta de Jamaica Jamaican pepper	semilla	en sopas y salsa tipo *chutney*
pimienta negra black pepper	semilla seca	todo tipo de cocina
pimienta blanca white pepper	semilla sin cáscara	para ensaladas
pimienta verde green pepper	semilla fresca	para salsas de carne en paté
rábano picante horseradish	raíz	con roast beef, con ostras o con jamones
romero rosemary	hojas y flores	en sopas, guisos, con cordero, relleno de aves
salvia sage	hoja	con cerdo, en rellenos, en ensaladas, guisos
tomillo thyme	hoja	en rellenos, con pescado y aves y vegetales

viene de la página 259

Descubrimiento de Puerto Rico

- Sopa de amarillo y plátano
- Carne estofada en escabeche
- Arroz con pimientos verdes
- Habichuelas fritas
- Crema dulce de chayote

Sopa de amarillo y plátanos
Sonia González de Mora

1 hora
4-6 personas

Ingredientes:
6 sobrecitos de .32 onzas *(cup a soup)* de caldo de pollo concentrado
2 litros de agua
1 plátano verde grande o 2 medianos en rueditas
1 plátano maduro grande o 2 medianos en rueditas
4 ramas de cilantro

Procedimiento:
1. Cocine la sopa de pollo en el agua.
2. Incorpore el plátano verde cuando hierva.
3. Cocine a fuego bajo por 1 1/2 hora hasta que espese.
4. Incorpore el plátano maduro frito al servir.

"¡Borinquen!, nombre al pensamiento grato
como el recuerdo de un amor profundo,
bello jardín, de América el ornato,
siendo el jardín América del mundo."

José Gautier Benítez
Canto a Puerto Rico

Carne estofada en escabeche
Sara Marie Pagán González

2 1/2 hora
6-8 personas

Ingredientes:
1 lechón de mechar de 3 libras
2 cucharadas de aceite
1 cebolla rebanada
2 cucharadas de adobo criollo
4 tazas de agua

Salsa-
1 taza de aceite de oliva
3/4 taza de vinagre
2 cebollas rebanadas
2 cucharaditas de ajo molido
2 pimientos verdes rebanados
10 granos de pimienta
4 hojas de laurel

Procedimiento:
1. Dore la carne en el aceite para sellarla e incorpore la cebolla, el adobo y el agua.
2. Hierva por 2 horas; escurra y reserve.
3. Mezcle los ingredientes de la salsa y cocine a fuego bajo por 20 minutos.
4. Desmenuce la carne y mezcle con la salsa.

* Prepare con anticipación para que la carne tome más gusto.

Arroz con pimiento verde
Jacqueline Biscombe

30 minutos
4-6 personas

Ingredientes:
3 tazas de agua
2 cucharaditas de sal
1 cucharada de aceite
2 tazas de arroz
1 pimiento verde grande en tiras

Procedimiento:
1. Hierva el agua con la sal y el aceite.
2. Agregue el arroz cuando el agua hierva.
3. Coloque el pimiento sobre el arroz.
4. Baje el fuego y cocine tapado por 17 minutos.

Habichuelas fritas
María Rosa Cervoni

30 minutos
6-8 personas

Ingredientes:
1 paquete de 8 onzas de tocineta picada
1 cebolla grande picadita
2 latas de 16 onzas de habichuelas blancas
pimentón rojo a gusto

Procedimiento:
1. Fría la tocineta y en la grasa que suelte sofría la cebolla.
2. Enjuague las habichuelas y rehogue con la tocineta moviendo ocasionalmente.
3. Sazone con pimentón.

Crema dulce de chayote
Cynthia Morales

45 minutos
8 personas

Ingredientes:
4 chayotes picados horizontalmente en mitades
2 cucharadas de maicena
4 tazas de leche
1/2 cucharadita de sal
1/2 taza de azúcar
4 huevos separados
1/2 cucharadita de vainilla
1/4 cucharadita de sal
2 cucharadas de azúcar
1/2 cucharadita de canela en polvo

Procedimiento:
1. Hierva los chayotes en agua con sal; escurra, reserve la cáscara y maje la pulpa.
2. Prepare una crema con la maicena, la leche, la sal, el azúcar y las yemas según las instrucciones de la caja de maicena.
3. Combine la crema con la pulpa de chayote y las claras batidas a punto de nieve.
4. Sazone con la vainilla, la sal y azúcar a gusto.
5. Rellene las cáscaras con esta mezcla.
6. Espolvoree con canela y refrigere.
7. Sirva bien frío.

Noche de San Juan

- Pâté de pollo
- Plátanos al vino
- Filete a la barbacoa
- Arroz mamposteao
- Crema planchada

Menú de Fechy Bernal

Pâté de pollo

1 hora
8 personas

Ingredientes:
4 chalotes *(shallots)* grande picaditos
1 cucharadita de mantequilla
1/2 taza de *Cognac*
1/2 taza de jerez
1 libra de hígado de pollo limpio sin grasa
1 libra de mantequilla derretida
pimienta verde en grano *(green peppercorns)* a gusto
pasas blancas a gusto

Procedimiento:
1. Sofría ligeramente los chalotes en mantequilla.
2. Incorpore el *Cognac* y el jerez y deje secar a fuego mediano.
3. Triture en el procesador de alimentos el hígado con la libra de mantequilla.
4. Vierta poco a poco el hígado y luego apague.
5. Agregue los chalotes, la pimienta y las pasas; prenda y apague el procesador cuatro veces.
6. Vierta en un molde de hornear tipo *meat loaf*, cubierto con lonjas de tocineta.
7. Hornee a baño de María a 375ºF por 35-45 minutos.
8. Deje enfriar y voltee en un platón.
9. Adorne con vegetales y guarde en la nevera hasta el momento de servir.

"Mata de plátanos: a ti, a ti te debo la mancha / que ni el jabón ni la plancha/ quitan de encima de mí. / Desque jíbaro nací,/ al hombro cargo el tesoro / de su racimo de oro, / y de tu hoja verde y ancha / llevaré, siempre la mancha / por secula, seculorum."

Luis Llorens Torres
La Mata de Plátanos en Peñuelas

Plátanos al vino

45 minutos
6-8 personas

Ingredientes:
3-4 plátanos maduros pelados
2 cucharadas de mantequilla
4 rajas de canela
8-10 clavos de olor
1/4 taza de agua
2 tazas de azúcar
1 taza de vino tinto de cocinar

Procedimiento:
1. Remoje los plátanos en agua con sal por 15 minutos; luego escurra y seque los plátanos.
2. Dore los plátanos en la mantequilla.
3. Incorpore la canela y los clavos.
4. Bañe con la mezcla de agua, azúcar y vino.
5. Cocine a fuego bajo hasta que ablande y sirva a temperatura ambiente.

Filete a la barbacoa

Ingredientes:
1 filete de res de 3-4 libras limpio

Salsa para marinar-
3 cucharadas de aceite de oliva
1 cucharada de salsa soya
1 cucharada de jugo de limón
1 cucharadita de romero (opcional)

Salsa para untar-
4 cucharadas de mantequilla derretida
2 dientes de ajo machacados
1 cucharadita de jugo de limón
1 cucharadita de perejil seco

Salsa para acompañar-
4 chalotes *(shallots)* grandes picaditos
1 cajita de 10 onzas de setas frescas rebanadas
1 cucharada de la salsa para untar
1 lata de 10 onzas de consomé
1 cucharadita de perejil seco
2 cucharadas de maicena
1 cucharada de *Cognac*

Procedimiento:
1. Marine el filete por 1-2 horas antes de cocinarlo.
2. Retire de la salsa y sazone con sal y pimienta.
3. Selle el filete para que no pierda sus jugos, cocinándolo cerca de los carbones 5 minutos de un lado y 5 del otro.
4. Suba la parrilla para distanciar el filete de los carbones; cocine por 20-30 minutos más según punto de cocción deseado; volteando y untando con la mantequilla preparada.
5. Sofría los chalotes y las setas en una cucharada de salsa para untar.
6. Agregue el consomé, el perejil y por último la maicena para espesar.
7. Retire del fuego; añada el *Cognac* y sirva en una salsera acompañando el filete.

1 1/2 horas
6-8 personas

¡Aserrín, aserrán!
Las maderas de San Juan
piden queso, piden pan;
las de Juan comen pan,
las de Pedro comen queso
las de Enrique alfeñique.

Folklore puertorriqueño

Arroz manposteao

Ingredientes:
1 pedazo de longaniza equivalente en tamaño a 2 chorizos
2 onzas de jamón de cocinar picadito
2 cucharadas de sofrito preparado
1/2 cucharadita de orégano
1/2 cucharadita de cilantrillo
1 cucharadita de adobo en polvo
1 cubito de caldo de pollo
1/2 latita de 8 onzas de salsa de tomate
2 cucharadas de aceite
1 pimiento morrón en tiras
2 latas de 16 onzas de habichuelas rositas
3 tazas de arroz
4 tazas de agua

Procedimiento:
1. Sofría las longanizas sin que se quemen y bote parte de la grasa que suelta.
2. Incorpore el jamón y el sofrito; sofría unos minutos y sazone con el orégano, el cilantrillo y el adobo en polvo.
3. Agregue el caldo, la salsa y el aceite mezclando bien.
4. Añada el pimiento morrón, las habichuelas y por último el arroz y el agua.
5. Baje el fuego cuando seque; revuelva y tape.
6. Cocine por 20 mins. o hasta que el grano esté tierno.

1 hora
8-10 personas

Crema planchada

Ingredientes:
2 litros de leche
8 cucharadas rasas de maicena
1 taza de azúcar
3 yemas de huevo cremadas
cáscara de un limón verde grande
2 rajas de canela

Cubierta -
3 claras de huevo   1/2 taza de azúcar

Procedimiento:
1. Mezcle todos los ingredientes menos las claras; cocine a fuego moderado moviendo hasta que espese.
2. Vierta en un platón y deje enfriar.
3. Espolvoree azúcar sobre la crema fría y queme cor una plancha bien caliente.

Cubierta -
1. Bata las claras con el azúcar a punto de nieve.
2. Coloque por cucharadas encima de la crema.
3. Refrigere y sirva fría.

40 minutos - preparación
6-8 personas

Tradiciones de la Fiesta de San Juan Bautista

La víspera de San Juan:

- Al punto de la media noche, se bañan en la playa para quitarse la mala suerte y para rejuvenecerse.
- Se dice que lo soñado esa noche se hace realidad.
- Esa noche florece la higuera; el que consiga la flor tendrá un talismán para la buena suerte.

El día de San Juan:

- Por la mañana se mira al cielo y según las formas de las nubes así se pasará el día.
- Se le ponen los nombres de los pretendientes a unos palos de fósforo; se coloca el de la muchacha con el de los pretendientes en forma de X y se prenden; el que se pegue al de la chica será la persona con quien se va a casar
- El que se recorte el pelo ese día le crecerá más hermoso y abundante.

La joven casadera:

- Pone tres dientes de ajo debajo de la almohada. Por la madrugada coge sin mirar uno de los ajos. Si le sale ajo sin pelar, se casa con un hombre rico; si el medio pelado, se casa con un hombre joven de la clase media; si el pelado, se casa con un hombre pobre.
- Al acostarse, se come un huevo bien salado; quien le traiga agua en el sueño será su esposo.
- Prepara tres papelitos con el nombre de tres jóvenes que le interesan y los echa doblados en un vaso de agua. Al día siguiente, el más abierto de los tres indicará el nombre del futuro marido.
- Reza la oración de San Roque para soñar con el futuro marido; aun cuando no lo conozca le verá la cara en el sueño.

- Reza esta oración para atraer a un hombre:

    " Con tres te miro,
    con tres te ato;
    con la palabra de Dios
    y el Espíritu Santo.
    Que vengas a mí
    como vino Dios
    a los pies de Pilatos ".

Noche de elecciones

- *Crostini* de *mozzarella* y anchoa
- Dip de alcachofas
- Ensalada de langosta y camarones
- Garbanzada
- Arroz blanco (sugerido)
- Bizcocho de limón

Crostini de *mozzarella* y anchoa
Sonia González de Mora

25 minutos
6 personas

Ingredientes:
12 ruedas de pan de agua o italiano de 1/4" de grosor
6 lascas de queso *mozzarella*
12 filetes de anchoas en aceite desmenuzados

Procedimiento:
1. Coloque en cada rueda de pan media lasca de *mozzarella* y un filetito de anchoa desmenuzado.
2. Hornee a 350ºF por 10 minutos hasta que el queso se derrita.

Dip de alcachofas
Marina Martínez de Fernández Paoli

15 minutos
8 personas

Ingredientes:
4 onzas de mantequilla
1 dip de 4 onzas de queso crema y azul
1 lata de 14 onzas de alcachofas escurridas y picadas
1 cebolla pequeña picadita

Procedimiento:
1. Mezcle todos los ingredientes.
2. Caliente por 1-2 minutos en el microondas.
3. Sirva acompañado de galletitas.

Ensalada de langosta y camarones
Fechy Bernal

20 minutos
6-8 personas

Ingredientes:
Salsa-
2 tazas de mayonesa
1/3 taza de perejil
1/3 taza de cebolla
1/3 taza de espinacas sin venas, lavadas y secas
1/4 taza de crema agria
1/4 taza de jugo de limón fresco
pizca de sal y pimienta
salsa inglesa a gusto

Mariscos -
2 libras de camarones
3 colas de langosta
4 tazas de agua con sal
jugo de un limón grande

Procedimiento:
1. Prepare la salsa mezclando todos los ingredientes en la licuadora; luego guarde en la nevera.
2. Hierva los camarones y las langostas en agua con sal y limón por 15 minutos o hasta que estén rosados.
3. Escurra y pele los mariscos; corte la langosta en ruedas.
4. Sirva sobre hojas de lechuga y acompañe con la salsa.

Garbanzada
Diana Doval

Ingredientes:
5 papas rebanadas y hervidas con 1 cabeza entera de ajo
2 latas de 16 onzas de garbanzos
1/2 repollo hervido y picadito
3 chorizos en rueditas
4 onzas de pimientos morrones en tiritas
1 lata de 8 onzas de salsa de tomate
3/4 taza de aceite de oliva
1/4 taza de vinagre de vino
4 onzas de tocineta en tiras

Procedimiento:
1. Coloque en un recipiente hondo de hornear todos los ingredientes en el mismo orden en que aparecen, empezando con las papas y terminando con la tocineta.
2. Cocine a 350ºF por 50 minutos o hasta que dore la tocineta.

1 1/2 horas
8-10 personas

Bizcocho de limón
Jacqueline Biscombe

Ingredientes:
5 cucharadas de mantequilla sin sal
1 taza de azúcar blanca
2 huevos
1 cucharadita de vainilla
1/3 taza de crema agria
2 1/2 cucharadas de leche
1 1/2 taza de harina
1 cucharadita de polvo de hornear
pizca de sal
1/2 taza de nueces o almendras molidas
jugo de 1 limón grande o 2 pequeños
1/2 taza de azúcar negra

Procedimiento:
1. Bata la mantequilla con el azúcar blanca hasta quedar cremosa.
2. Incorpore los huevos, la vainilla, la crema, la leche y una bien.
3. Cierna la harina, el polvo de hornear y la sal.
4. Agregue junto con las nueces a la mezcla de huevo.
5. Vierta en un molde rectangular 9"x5" y hornee a 350ºF por 50 minutos.
6. Rocíe el bizcocho, tan pronto lo saque del horno, con la mezcla de limón y azúcar negra.
7. Deje reposar por 10 minutos antes de quitar el molde.

* Este bizcocho puede guardarlo en la nevera y calentarlo antes de servir. También puede congelarlo.

1 1/2 horas
6-8 personas

Cena con el Presidente de la Universidad

- Crema fría de espinacas
- Filete *Wellington* expreso
- Zanahorias y calabacines blanqueados
- Ensalada verde (opcional)
- Peras rellenas con jengibre, piña y queso crema

Menú de
Ivette Torres Toro

Esposa del Dr. José Jaime Rivera, noveno Presidente de la Universidad del Sagrado Corazón, 1993-

Filete *Wellington* expreso

Es un filete de calidad cubierto con una pasta de setas y pâté, envuelto en una masa fina en la que se hornea.

• filete

Ingredientes:
3 libras de filete limpio
adobo de su gusto
2 onzas de mantequilla

Procedimiento:
1. Adobe el filete la noche anterior con el adobo de su gusto o una mezcla de ajo machacado con sal, pimienta y aceite de oliva.
2. Sofría el filete el día de la cena en la mantequilla por 5-8 minutos para sellarlo.
3. Déjelo refrescar media hora a temperatura ambiente.

• pasta de setas

Ingredientes:
1 cebolla picadita
4 chalotes (shallots) picaditos
3 onzas de hígado de pollo picaditos
3 onzas de jamón de cocinar picaditos
1 1/4 libras de setas frescas picaditas
3 onzas de vino blanco chablis
3 cucharaditas de perejil

Procedimiento:
1. Sofría la cebolla, los chalotes, el hígado, el jamón y las setas en la mantequilla en que selló el filete.
2. Añada el vino y el perejil.
3. Tape y guarde en la nevera hasta 24 horas con antelación a la cena.

• masa de pan

Ingredientes:
3 tazas de harina cernida
7 onzas de mantequilla fría
4 cucharadas de manteca vegetal fría
2 cucharaditas de sal
3/4 taza de agua bien fría

Procedimiento:
1. Mezcle todos los ingredientes hasta formar una bola.
2. Envuelva esta masa en papel de cera.
3. Refrigere por dos horas mínimo antes de usarla o desde el día anterior a la cena.

- **salsa de trufas y vino Madeira**

    Ingredientes:
    3 chalotes picaditos finamente
    2 onzas de mantequilla
    1 hoja de laurel
    3 tazas de consomé de res
    3 trufas picaditas
    1/2 taza de vino Madeira

    Procedimiento:
    1. Sofría los chalotes en la mantequilla a fuego lento.
    2. Incorpore el laurel y el consomé; deje hervir por 3 mins.
    3. Mezcle aparte las trufas con el vino y añada a la salsa caliente.
    4. Retire del fuego y reserve hasta 24 horas antes de la cena.

- **mezcla para cubrir el filete**

    Ingredientes:
    pasta de setas
    2 cucharaditas de la salsa de trufas con vino Madeira
    3 onzas de *pâté de foie gras*

    Procedimiento:
    1. Mezcle todos los ingredientes y reserve.

- **ensamblaje del filete**

    Procedimiento:
    1. Estire la masa de pan con un rodillo hasta formar un rectángulo con el que se pueda cubrir todo el filete.
    2. Unte la mezcla para cubrir el filete sobre el rectángulo de la masa.
    3. Coloque el filete en el medio de esta masa y enrolle la masa alrededor sellando la costura con un poco de agua.
    4. Coloque el filete en una plancha de hornear con la costura de la masa hacia abajo.
    5. Barnice la masa con una mezcla de huevo batido y un poco de leche.
    6. Decore el filete, si lo desea, con unos pedacitos de la masa cortados como pétalos con los que formará una flor sobre el filete; barnícela también.
    7. Pinche la masa con un tenedor en varios lugares.
    8. Hornee a 400ºF por 25-30 minutos.
    9. Deje refrescar el filete 15 minutos antes de cortarlo para que no se desmorone.
    10. Corte el filete en ruedas de 1 1/2" con un cuchillo de pan.
    11. Sirva acompañado de la salsa de trufas y un buen vino tinto.

    * Adobe el filete, prepare la pasta, la masa y la salsa con un día de antelación; haga el ensamblaje el mismo día de la cena.

1 1/2 horas preparación
1 hora ensamblaje y cocción
8 personas

Crema fría de espinacas

Ingredientes:
1 paquete de 10 onzas de espinacas frescas
3-4 papas peladas y cortadas en pedazos medianos
4-5 tazas de agua
4 cucharadas de mantequilla
12 onzas de crema de leche o leche evaporada
sal a gusto
hojas de berro o perejil para adornar

Procedimiento:
1. Lave las espinacas y remueva los tallos.
2. Hierva las espinacas y las papas en el agua hasta que estas últimas ablanden; luego deje refrescar.
3. Licúe las espinacas y las papas con el agua en que hirvieron.
4. Caliente la mezcla de espinacas en una cacerola con la mantequilla y la crema de leche hasta homogeneizar bien.
5. Sazone con sal.
6. Enfríe en la nevera hasta el momento de servir.
7. Sirva en escudillas pequeñas de sopa.
8. Adorne con hojitas de berro o perejil.

30 minutos
8 personas

* Prepare con un día de antelación para que adquiera más sabor.

"La educación crítica es la futurista.... Afirma que los hombres son seres que se superan, que van hacia adelante y miran hacia el porvenir...."

Paulo Freire

Zanahorias y calabacines blanqueados

Ingredientes:
4 zanahorias grandes cortadas en tiras
3 calabacines zucchini cortados en tiras
2 tazas de agua hirviendo
3 cucharadas de mantequilla derretida
sal y pimienta a gusto

Procedimiento:
1. Ponga las zanahorias y los calabacines en el agua hirviendo tres minutos y luego escurra.
2. Incorpore la mantequilla.
3. Sazone con sal y pimienta.
4. Sirva caliente.

25 minutos
8 personas

Peras rellenas con jengibre, piña y queso crema

25 minutos
8 personas

Ingredientes:
18 galletitas de jengibre trituradas
1/2 taza de piña triturada *(crushed)* sin el almíbar
4 onzas de queso crema
8 mitades de peras enlatadas y escurridas
1/2 taza de azúcar
3 cucharadas de jugo de limón
1/2 taza de jugo de china
1 huevo batido
1/4 cucharadita de sal
1/2 taza de crema para batir bien fría

Procedimiento:
1. Mezcle las galletitas trituradas con la piña y el queso crema.
2. Rellene las mitades de peras con esta mezcla y refrigere.
3. Mezcle a baño de María el azúcar con el jugo de limón y de china, con el huevo y la sal, moviendo hasta que espese.
4. Retire del fuego y refrigere hasta que enfríe.
5. Bata las peras con esta salsa al servirlas.

* Puede, con antelación de un día, rellenar las peras y preparar la base de la salsa; reserve la crema para incorporarla el día de la cena.

"Solamente será la sociedad la que debe ser, cuando la mujer, adecuadamente preparada, coadyuve a la obra general de la vida humana a que estamos consagrados todos los seres racionales ... La razón no es masculina o femenina: es medio orgánico de indagación y adquisición de la verdad."

Eugenio María de Hostos

"El educador debe saber utilizar todo lo que enseña para llegar al fin principal: formar la inteligencia y el corazón de sus alumnos."

Santa Magdalena Sofía Barat
Esprit et plan des études dans la Societé du Sacre Coeur

Bibliografía e Indice de recetas

Piso de la galería de la Sala de Mayores, hoy galería del Decanato de Asuntos Académicos, primer piso, ala derecha del Edificio de Administración.

Bibliografía

Enciclopedia Universal Ilustrada - europeo americana, Espasa-Calpe S.A., Editorial Espasa-Calpe, Madrid, 1991.

New York Times Food Encyclopedia, Craig Claiborne New York Times Book Company, New York, 1985.

The World Book Encyclopedia, World Book Inc., a Scott Fetzer Company, Chicago, 1986.

Gran Diccionario de Frases Célebres, Jorge Sintes Pros, Editorial Suites, Barcelona, 1960.

Diccionario de la Lengua Española, Real Academia Española, Editorial Espasa-Calpe S.A., Madrid, 1970.

Diccionario de Gastronomía, Carlos Delgado, Alianza Editorial, Madrid, 1985.

Larrouse Gastronomique, Proper Montagné, Nina Frud and Charlotte Tourgeon, Paul Hamlyn Ed., London, 1966.

Bocuse, Paul - **Paul Bocuse's French Cooking,** Pantheon Books, New York, 1977.

Cabanillas de Rodríguez, Berta - **El Folklore en la Alimentación Puertorriqueña,** Editorial Universidad de Puerto Rico, Río Piedras, 1983.

Cabanillas de Rodríguez, Berta - **El Puertorriqueño y su Alimentación a través de su Historia (siglos XVI al XIX),** Instituto de Cultura Puertorriqueña, Puerto Rico, 1973.

Camps Cardona, María Dolores - **Cocina Color-Exitos Culinarios,** Editorial Alfredo Ortells, Valencia, 1973.

Crocker, Betty - **Italian Cooking,** recetas por Antonio Cecconi, Prentice Hall Press, New York, 1991.

Luján, Nestor y Perucho, Juan - **El Libro de la Cocina Española-Gastronomía e Historia,** Ediciones Danae, Barcelona, 1970.

Martín, Tovah - "Athleticism in a Passion Flower", **New York Times,** Sunday October 4, 1992.

Martínez Llopis, Manuel - **Historia de la Gastronomía Española,** Editorial Nacional, España, 1981.

Meredith Corp.- **The Avon International Cookbook,** Meredith Publishing Services, Des Moines, 1983.

Ministerio de Comercio - Dirección General de Comercio Alimentario, **Recetario de Productos del Cerdo,** Imprime G. Jomagar, Madrid, 1974.

Norash, Marian - **The Victory Garden Cookbook,** Alfred A. Knopf Inc., United States of America, 1990.

Queyrat, Enrique - **Los Buenos Vinos Argentinos,** La Prensa Médica Argentina S.R.L., Buenos Aires, 1975

The Reader's Digest Association Inc., **Secretos de la Buena Cocina,** Impresora y Editora Mexicana S.A. de C.V., México D.F., 1978.

Tiano, Myrette - **365 Postres (uno para cada día del año)** Editorial Everest S.A., Madrid, 1984.

Índice de recetas

Arroz

al *curry*	10
al limón	109
cazuela de arroz y cebolla	254
con alcachofas	27
con castañas chinas	20
con calabacines y maíz	103
con canela y clavos	200
con cebollas, cebollines y aceitunas negras	101
con cilantro y perejil	261
con culantro	116
con espinaca	18
con guingambó	134
con habichuelas blancas	169
con hojas verdes	105
con leche	233
con lentejas	99
con maíz y cebolla	17
con maíz y pimiento verde	121
con pasas y piñones	12
con perejil y laurel	130
con pimientos morrones y perejil	85
con pimientos verdes	273
con setas	133
con setas y perejil	22
con tocineta	8
con tocineta y cebolla moruna	34
con vegetales mixtos	2
con *vermicelli*	238
con zanahoria y perejil	93
emsalada de arroz con chorizo	146
gratinado	119
griego con cebolla y pimientos morrones	115
griego con col	257
mamposteao	276
marroquí con salsa soya	245
paella valenciana	249

Aves

alitas rechupete	150
antipasto de pollo	209
casserole de pollo con arroz	14
casserole de spaghetti con pollo	54
conchiglie con pollo y uvas	44
chilaquiles	173
ensalada de pollo	143
ensalada de pollo con papa	128
ensalada de pollo con piña y uvas	154
gallinitas rellenas con mofongo de guineos verdes	20
hígados de pollo al vino	214
lasagne de pollo	50
lasagne de pollo y espinaca	56
mollejas de pollo al vino con especias	217
paella valenciana	249
pastelón de maíz con pollo	4
pastelón de panapén con pollo	147
paté de pollo	274
pavo relleno de maíz, castañas o arándanos	239
pechugas con avellanas	28
pechugas de pavo al *vermouth*	252
pechugas de pavo en salsa de albaricoques	118
pinchos de pollo	11
pollo a la toronja	12
pollo al ajo con uvas	26
pollo al caldero con leche	18
pollo al jerez con *curry*	8
pollo al ron	22
pollo al *vermouth*	6
pollo con puerros en salsa de soya	34
pollo en crema de setas	24
pollo en salsa de chocolate	16
pollo en salsa de naranja	2
pollo en vino blanco	32
pollo horneado con queso	31

Bebidas

batida de melocotones y mantecado de vainilla	139
bul de *champagne*	252
bul de fresas	158
bul de frutas	238
café al *Cointreau*	77
café árabe	198
coctel de *champagne*	225
coctel de manzana, vino y ginebra	211
coctel de parcha	222
coquito de ron	231
mimosa de china con *champagne*	244
mimosa de parcha con *champagne*	154
ponche al ron	231
refresco de cerveza y limón	156
sangría con frutas	219
sangría de tres vinos	215
sangría de vino blanco	251

Carnes

albondigón aguadillano	134
albondiguitas agridulces	210
bigos (guiso de col con costillas y salchichas)	195
cabrito en cerveza	232
calabaza rellena de carne	132
carne cecina	168
carne estofada en escabeche	272
carne chili con nachos	142
chorizos al vino	225
chuletas de cordero en salsa de lentejas	187
chuletas rellenas con manzana y pasas	124
chuletas rellenas con manzana y tocineta	268
conejo al vino	256
cordero al *curry*	200
corned beef brisket estilo Nueva Inglaterra	170
dip de jamón	221
emparedados calientes de pavo, jamón y queso	138
filete a la barbacoa	275
filete al tiempo	213
filete con mostaza	264
filetes de cerdo al tamarindo	260
filetitos de cerdo con soya y ajonjolí	126
filete en salsa de china	114
filete navideño	229
filete relleno de queso y *prosciutto*	117
filete *Wellington* expreso	280
golumbki (col rellena con carne molida)	194
hamburguesas rellenas	136
jamón con hueso	208
jamón con salsa de arándanos o especias	244
kibbeh de cordero	196
lengua a la vinagreta	179
mezcla de jamón para emparedado	137
osso buco (garrón de ternera)	190
pâté de hígado de ternera	205
pierna de cordero	236
quiche de espinaca con embutidos	128
roast beef	204
rollitos de jamón con espinaca y queso	159
sesos en mantequilla	187
ternera con alcachofas	120
ternera guisada al vino	130

Ensaladas

aguacates rellenos de habichuelas negras	114
alcachofas con habichuelas tiernas y rojas	161
caliente de espinaca y tocineta	257
César	248
cocida con aderezo de limón	55
con aderezo de parcha	71
de aguacate al ron	96
de aguacate y huevo	172
de arroz con chorizo	146
de atún	143
de berros con china y cebolla	58
de brécol, setas y lechuga	266
de chayote y espinaca	116
de col	233
de coliflor con anchoas	68
de coliflor cn mostaza	38
de espinaca con aderezo tibio de tocineta	20
de espinaca con ajonjolí	118

de espinaca con setas y tocineta	85
de espinaca, piñones y peras	237
de frutas y tomates	157
de huevo, lechuga y anchoas	52
de langosta y camarones	278
de manzanas y uvas	57
de palmito, manzana y piña	49
de papas con pimiento	247
de papas y alcachofas	151
de papas y berros	158
de papas y pepinillos	164
de papas y tomates	83
de pepinillo con yogurt	201
de pimientos tricolor	50
de pollo	142
de pollo con papas	128
de pollo con piña y uvas	154
de repollo, zanahorias y cebollines	10
de setas y brotes de habichuelas	162
de tomate y aguacate	46
de tomates y cebollines	95
de tomate con orégano	35
de tomate y queso mozzarella	191
de tomates y pimientos asados	230
de tomatitos con perejil	66
de tomatitos con setas	15
flor de alcachofas a la vinagreta	88
gelatina de sangría	242
picadita	43
tabuleh (de perejil, trigo, tomate y cebolla)	197
tomatitos con salmón	206
variada	79

Entremeses

albondiguitas agridulces	210
antipasto de atún	146
antipasto de brécol	48
antipasto de pollo	209
bocaditos de maíz y canela	205
bolitas de queso	212
brochetas de camarones	210
camarones al limón	216
camarones en cerveza	213
canapés de queso y mayonesa	204
carne chili con nachos	142
coca mallorquina	182
crostini con caviar	238
crostini con mostaza	235
crostini con mozzarella y anchoa	278
crostini con tomate y queso	92
dip de aguacate	142
dip de alcachofas con mayonesa	208
dip de alcachofa con queso	278
dip de berenjenas	252
dip de camarones	224
dip de espárragos	217
dip de frijoles	136
dip de habichuelas, queso y tomate	264
dip de jamón	221
dip de queso con frutas	150
endibias con salmón	236
endibias rellenas con queso	214
escargots con setas al ajo	225
fondue de queso	220
frituras de panapén	135
frituras de yautía	232
frituras de yuca	228
hígados de pollo al vino	214
king crab a la vinagreta	244
mezcla de jamón para emparedado	137
mofonguitos de plátano	218
mollejas al vino	217
mousse de aguacate	234
mousse de salmón	221
pan con cebollines	141
palitos tostados con queso	183
pâté de atún	216
pâté de hígado de ternera	205
pâté de pollo	274
pie de caviar	208
pierogi (masitas rellenas)	192
platanutres largos	139
platón de crudités	204
queso del país en vinagreta	228
quiche Lorraine	212
salchichas en salsa de taco	138
sandwichón de cuatro rellenos	156
setas con escargots	221
setas rellenas	224
sorpresa brie	218
tapenade	204
tomatitos con salmón	206
uvas glaseadas	220

Mariscos y Pescados

bacalao con china	42
bacalao guisado con guingambó	98
berenjenas rellenas con cangrejo y cerdo	100
brochetas de camarones	210
camarones al vino	102
camarones al limón	216
camarones en cerveza	213
chillo al estragón	88
clafouti de mariscos	110
capellini con caviar negro y pesto	68
crostini con caviar	238
crostini con mozzarella y anchoas	278
dip de camarones	224
dorado al whisky	84
endibias con salmón	236
ensalada de langosta y camarones	278
escargots con setas	221
fettuccine con salmón	52
gazpacho de bacalao	96
guisado de jueyes con funche de coco	94
king crab a la vinagreta	244
langosta en salsa de chocolate	76
lenguado relleno y envuelto en lechuga	82
lingüine con frutos del mar	38
merluza en salsa de guisantes verdes	80
mousse de salmón	221
pâté de atún	216
pie de caviar	208
pulpo al vino	92
pulpo y carrucho al ajillo	268
rodaballo al champagne	108
salmón en salsa de aguacate	78
tortellini de queso con caviar rojo	62
vieiras al vino	104

Pastas

cabello de ángel al ajo	160
capellini con caviar negro y pesto	68
casserole de spaghetti con pollo	54
conchiglie con habichuelas	40
conchiglie con pollo y uvas	44
farfalle con calabacines	58
fettuccine con salmón	52
fettuccine de espinaca con queso	48
fettuccine en salsa de setas	42
lasagne de brécol	60
lasagne de espinaca	46
lasagne de pollo	50
lasagne de pollo y espinaca	56
lingüine al pesto	190
lingüine con frutos del mar	38
lingüine con mantequilla, ajo y perejil	24
lingüine con prosciutto y setas	64
ravioli con salsa de carne y zanahoria	66
spaghetti con perejil y tomates	29
spaghetti con salsas variadas	70
tortellini de queso con caviar rojo	62

Postres

ámbar de frutas	19
arroz con leche	233
barritas de dátiles y nueces	198
barritas de dátiles y pasas	149
besitos de coco	263
bienmesabe	169
bizcochitos de nueces y caramelo	67
bizcocho con dulce de leche y melocotones	23
bizcocho de china	5
bizcocho de chocolate y canela	111
bizcocho de limón	279
bizcocho de piña	61
bizcocho de un huevo con azucarado	129
bizcocho económico	47
bizcocho esponjoso con salsa de fresas	262
bizcocho tradicional	247
bocadito de coco y nueces	225
bocaditos de limón	211
bombones de chocolate	215
brazo gitano borracho	152
brownies del pecado	144
budín de almendras	258
budín amelcochado de chocolate	141
budín de arroz	231
budín de chocolate quebradillano	237
budín de mangó mayagüezano	133
budín de zanahoria e higo	163
buñuelos	184
caleidoscopio de melocotones	41
charlotte de manzana	189
chiffon de chocolate	255
chinas nebo al Moscatel	119
clafouti de peras	3
clastki (galletas)	194
cocada relámpago	11
crema dulce de chayote	273

crema de arroz	135
crema de ciruela	33
crema de chocolate	95
crema de limón abizcochada	90
crema planchada	276
crema quemada	9
crêpes de queso con melocotones	180
dulce de coco	29
dulce de piña con *kiwis*	7
flan al *Cognac*	117
flan de calabaza	15
flan de coco y caramelo	251
flan de china	125
flan de panapén	21
flan de piña	101
flan de queso con mermelada de guayaba	115
flan de queso del país	103
flan fácil de queso	99
flan meloso	27
fresas a la crema con *Cointreau*	109
fresas con chocolate	53
frutas tricolor	191
galletas de avena	145
galletas de queso crema	137
halwa (*fudge* de zanahoria)	201
helado de guanábana	93
helado de parcha	39
mangó al *Cointreau*	13
mantecado de huevo	235
manzanas rellenas asadas	127
manzanitas glaseadas	31
merengón	51
merengue con chocolate y fresas	266
merengón con fresa y *kiwis*	155
mousse de chocolate	86
mousse de fresa	55
mousse de guanábana con salsa de tamarindo	63
natilla de vainilla con licor	77
nectarines a la menta con helado	17
orejones de toronja en almíbar	148
pan de coco	177
pan de guineo	165
parfait de limón	49
parfait de vainilla	157
pastel *chiffon* de guayaba	131
pastel de albaricoques	35
pastel de pera	106
pastel de queso crema	97
pastel frío de piña	57
pecan pie	171
peras al vino	72
peras rellenas de jengibre, queso, piña	283
piña al licor	59
polvorones de avellana	255
polvorones de nueces	219
ponqué con crema de guanábana	161
requesón	148
rueditas de dátiles	222
sherbet de mangó	177
sherbet de tamarindo	79
tarta caliente de manzana	83
tarta choco-pera	81
tarta de calabaza	242
tarta de chocolate	65
tarta de frambuesa y nueces	25
tarta de guineo y piña	159
tarta de nísperos	122
tarta melo-coco	45
tarta rápida de manzana	43
tartitas de guayaba	206
tiramisu	69
torta rellena y coronada de merengue	270
torrejas	174

Sopas

crema de jueyes	102
crema fría de espinacas	280
gazpacho	40
kapusta (sopa de col)	193
pote asturiano	183
sopa de ajo	118
sopa de amarillo y plátano	272
sopa de apio	104
sopa de avellana	10
sopa de brécol	120
sopa de calabacines	256
sopa de calabaza	168
sopa de col	260
sopa de lentejas	196
sopa de pepinillo y remolacha	84
sopa de puerros	78
sopa de tomates	172
sopa de zanahoria y coliflor	30
sopón *calalú*	176
sopón de mariscos	234
sopón de siete habichuelas	140
vichyssoise fácil	186

Vegetales

alcachofas con habichuelas tiernas y rojas	161
apio verde escaldado	89
arañitas de plátano	176
batatas al licor	13
berenjenas con queso	160
bigos (guiso de col)	195
bocaditos de maíz y canela	205
bollitos de repollo	164
Boston baked beans casserole	171
budín de batata	237
budín de berenjena	105
budín de calabacines	28
budín de maíz	14
budín de zanahorias	83
brazo gitano de plátano	6
brazo gitano de queso	246
brécol al limón	64
brécol con almendras	103
brécol con cebollines y setas	76
calabacines con zanahorias	24
calabacines gratinados	121
calabaza con alcachofas	8
casserole de espárragos	155
casserole de espinacas estilo *creole*	269
casserole de espinacas con setas	44
casserole de habichuelas tiernas y habas verdes	32
casserole de papas con anchoas	101
cebollas horneadas	127
cebollas rellenas	119
coles de Bruselas al ajillo	241
coles de Bruselas con *prosciutto*	62
enrollado de espinaca	253
espárragos con mayonesa y mostaza	12
fritos de *purée* de papa	33
frituras de calabaza	165
frituras de panapén	135
frituras de yautía	218
frituras de yuca	228
gandules en vinagreta	233
garbanzada	279
garbanzos aromáticos	254
garbanzos con cebolla y tocineta	60
garbanzos fritos	124
guineítos niños con queso parmesano	98
habichuelas fritas	273
habichuelas tiernas al ajo	132
habichuelas tiernas al limón	93
habichuelas tiernas almendradas	7
habichuelitas tiernas y tomates en crema agria	22
hommos (*purée* de garbanzos)	197
maíz con pimientos	151
mangú	95
mofonguitos de plátano	218
mousse de batata con *praline*	241
papas al ajo	77
papas asadas con romero	30
papas con queso	179
papas en crema de setas y cebollas	109
papas escaldadas al ajo	80
papas escaldadas con calabacines	269
papas gratinadas	111
papas rojas con perejil	89
papas y batatas gratinadas	265
plátanos al vino	274
platanutres largos	139
platón de *crudités*	204
puerros y chayotes con mantequilla	2
quiche de espinaca con embutidos	128
rollo de papa	230
rollitos de amarillo	47
rollitos de jamón, espinaca y queso	159
ruedas de berenjena gratinadas	131
salpicón de apio amarillo	126
salpicón de habichuelas tiernas	5
setas con *escargots*	221
setas rellenas	225
soufflé de amarillo con ron	250
soufflé de avellanas	188
soufflé de avena	170
soufflé de calabaza	79
soufflé de coliflor	125
soufflé de plátano maduro	261
sorullitos de maíz con salsa rosada	19
tarta de cebolla	26
tarta de queso y tomate	162
tarta pascualina	178
tomates asados	81
tomates en salsa caliente de ajos y perejil	30
tostones de guineos verdes	50
tostones de pana	168
zanahorias con azúcar y mantequilla	116
zanahorias y calabacines blanqueados	282